BERNHARD DÖLL

Völkerrechtliche Kontinuitätsprobleme bei internationalen Organisationen

NEUE KÖLNER RECHTSWISSENSCHAFTLICHE ABHANDLUNGEN

HERAUSGEGEBEN VON
DER RECHTSWISSENSCHAFTLICHEN FAKULTÄT
DER UNIVERSITÄT ZU KÖLN

HEFT 52

Berlin 1967

WALTER DE GRUYTER & CO.
vormals G. J. Göschen'sche Verlagshandlung · J. Guttentag, Verlagsbuchhandlung
Georg Reimer · Karl J. Trübner · Veit & Comp.

Völkerrechtliche Kontinuitätsprobleme bei internationalen Organisationen

Von

Dr. Bernhard Döll

Köln

Berlin 1967

WALTER DE GRUYTER & CO.

vormals G. J. Göschen'sche Verlagshandlung · J. Guttentag, Verlagsbuchhandlung
Georg Reimer · Karl J. Trübner · Veit & Comp.

Archiv-Nr. 27 08 67 4

Satz und Druck: Saladruck, Berlin 36

VORWORT

Das Manuskript der vorliegenden Arbeit wurde um die Mitte des Jahres 1966 abgeschlossen. Später aufgetretene Kontinuitätsfragen bei internationalen Organisationen, insbesondere die Fusion der Europäischen Gemeinschaften, konnten nicht mehr berücksichtigt werden.

Diese Arbeit hätte nicht ohne die Anregung und Förderung durch meinen hochverehrten Lehrer, Herrn Prof. Dr. Seidl-Hohenveldern, entstehen können, wofür ich ihm tiefen Dank schulde. Mein Dank gilt ferner Herrn Prof. Dr. Berber, der mir in großzügiger Weise gestattete, die Bibliothek des Instituts für Völkerrecht der Universität München zu benutzen.

Köln, Juli 1967 — Bernhard Döll

INHALTSVERZEICHNIS

Zweiter Abschnitt

Die Kontinuitätswahrung bei Wechsel des Funktionsträgers

Erstes Kapitel

Zweites Kapitel

Drittes Kapitel

Der Fortbestand der Funktionen, Rechte und Pflichten bei Fehlen einer vertraglichen Übereinkunft

LITERATURVERZEICHNIS

Ago, Roberto	Die internationalen Organisationen und ihre Funktionen im inneren Tätigkeitsgebiet der Staaten, in Festschrift für Wehberg, Frankfurt, 1956 S. 20—38.
—	Der Begriff des positiven Rechts in der Völkerrechtstheorie, in Arch VR 6 (1956/1957) S. 257—307.
Akademie der Wissenschaften der UdSSR	Völkerrecht, deutsche Übersetzung in Veröffentlichungen des Instituts für internationales Recht an der Universität Kiel, Heft 43, 1960.
Alexandrowicz, Henry Ch.	International Economic Organizations, London, 1953.
Amzalak, Moses B.	Le Café et le Sucre au Point de Vue International, in RdC 78 (1951 I) S. 127—210.
Anand, R. P.	Compulsory Jurisdiction of the International Court of Justice, London, 1961.
Anzilotti, Dionisio	Lehrbuch des Völkerrechts, 3. Aufl., Leipzig/Berlin, 1929.
—	Corso di diritto internazionale, Bd. 1, Pàdova, 1955.
Aubin, Bernhard	Zum Aufbau des Tatbestands in Artikel 101 des Vertrags zur Gründung der Europäischen Wirtschaftsgemeinschaft, in Festschrift für Riese, Karlsruhe, 1964, S. 245—257.
Auboin, Roger	Die Bank für Internationalen Zahlungsausgleich, 1930—1955, Basel, 1955.
Auburtin	Die neuere Rechtsstellung der Europäischen Donaukommission, in ZaöRVR 9 (1939/1940) S. 338—354.
Aufricht, Hans	Guide to League of Nations Publications, New York, 1951.
Bächle, Hans-Ulrich	Die Rechtsstellung der Richter am Gerichtshof der Europäischen Gemeinschaften, Berlin, 1961.
Barandon, Paul	Die Vereinten Nationen und der Völkerbund in ihrem rechtsgeschichtlichen Zusammenhang, Hamburg, 1948.
—	Völkerbund, in WVR Bd. 3, S. 597—611.
Baumgartner, Rudolf	Die Freiheit der Rheinschiffahrt, Bern, 1926.

Baxter, R. R.	The Law of International Waterways, Cambridge (Mass.), 1964.
Bebr, Gerhard	The European Defense Community and Western European Union: An Agonizing Dilemma, in Stan.L.Rev. 7 (1955) S. 169.
Beisswingert, Rolf	Die Einwirkung bundesstaatlicher Kompetenzverschiebungen auf völkerrechtliche Verträge unter besonderer Berücksichtigung der deutschen Entwicklung, Diss. München, 1960.
Bentwich, N. — Martin, A.	A Commentary on the Charter of the United Nations, 2. Aufl., London, 1951.
Berber, Friedrich	Lehrbuch des Völkerrechts, 3 Bde., München/Berlin, 1960, 1962, 1964.
—	Die Rechtsquellen des internationalen Wassernutzungsrechts, München, 1955.
Berenstein, Alexandre	La Charte des Nations Unies er le Pacte de la S.d.N., in FW 45 (1945) S. 393—406.
Berkov, Robert	The World Health Organization, Genève/Paris, 1957.
Bernhardt, Rudolf	Kontinuität, in WVR Bd. 2, S. 295—297.
—	Die Auslegung völkerrechtlicher Verträge insbesondere in der neueren Rechtsprechung internationaler Gerichte, Köln/Berlin, 1963.
Biays, Philippe	La Commission Centrale Du Rhin, in RGDIP 56 (1952) S. 223—278.
Bilfinger, Carl	Gedanken zur Lage des Völkerrechts, in Gedächtnisschrift für W. Jellinek, 2. Aufl., München, 1955 S. 67—76.
—	Vom politischen und nicht-politischen Recht in organisatorischen Kollektivverträgen, Schuman-Plan und Organisation der Welt, in ZaöRVR 13 (1950/1951) S. 615—659.
—	Vollendete Tatsache und Völkerrecht, in ZaöRVR 15 (1953/1954) S. 453—481.
Bindschedler, Rudolf	Rechtsfragen der europäischen Einigung, Basel, 1954.
—	Illusion und Wirklichkeit; Gegenwart und Zukunft des Völkerrechts, in JIR 8 (1957/1958) S. 1—22.
—	Internationale Organisation (Grundfragen) in WVR Bd. 2, S. 70—89.
Birkenhead, Earl of	International Law, 6. Aufl., herausgegeb. von Ronw Moelwyn-Hughes, London/Toronto, 1926.
Bishop, William W. Jr.	International Law, Cases and Materials, New York, 1953.
—	Case concerning the Aerial Incident of July 27th, 1955, in AJIL 53 (1959) S. 923—937.

Black, Henry C.	Black's Law Dictionary, 4. Aufl., St. Paul (Minn., USA), 1951.
Blankenstein, Heimon van	L'Organisation D'Hygiène De La Société Des Nations, Purmerend, 1934.
Bleckmann, Albert	Die Benelux-Wirtschaftsunion, in ZaöRVR 22 (1962) S. 239—295.
Blix, Hans	The Rule of Unanimity in the Revision of Treaties, A Study of the Treaties Governing Tangier, in The International and Comparative Law Quarterly 5 (1956) S. 447—465, 581—596.
Bluntschli, Johann C.	Das moderne Völkerrecht der civilisierten Staaten, Nördlingen, 1868.
—	Draft Code, in AJIL 29 (1935) Suppl., S. 1212, Art. 538.
Bodmer, Heinrich	Die Stellung der Staaten in den internationalen Organisationen, Diss. Zürich, Winterthur, 1955.
Bornemann, Paul	Die Teilnahme politisch geteilter Staaten an der Arbeit internationaler Organisationen. Diss. Köln. 1964.
Bosch, A. van d. — Hogan, W.	Die Vereinten Nationen, Geschichte, Aufbau, Tätigkeit, Wien, 1955.
Bowett, D. W.	The Law of International Institutions, London, 1963.
Brandon, M. — Leriche, A.	Suspension of Rights and Obligations under Multilateral Conventions between Opposing Belligerents on Account of War, in AJIL 46 (1952) S. 532—537.
Brierly, J. L.	Die Zukunft des Völkerrechts, Zürich, 1947.
—	The Law of Nations, 5. Aufl., Oxford, 1955.
Briggs, Herbert	The Law of Nations, 2. Aufl., London, 1953.
Bruns, Viktor	Völkerrecht als Rechtsordnung, in ZaöRVR 1 (1929) S. 1—56.
Caflisch, Lucius	The Law of State Succession, Theoretical Observations, in NedTIR 10 (1963) S. 337—366.
Cahier, Philippe	Etude Des Accords De Siège Conclus Entre Les Organisations Internationales Et Les Etats Où Elles Résident, Milano, 1959.
Calvo, Charles	Dictionnaire Manuel De Diplomatie Et De Droit International Public Et Privé, Berlin/Paris, 1885.
Cansacchi, Giorgio	Realtà e finzione nell'identità degli Stati, in Comunicazioni e Studi, Bd. 4, Milano, 1952, S. 23—97.
—	Istituzioni Di Diritto Internazionale Publico, 3. Aufl., Torino, 1963.
Canyes, Manuel	Transformacion Juridica Del Sistema Interamericano En El Trienio De 1945 A 1948, in Anuario Juridico Interamericano, 1952—1954, S. 18—25.

Carstens, Karl	Das Recht des Europarats, Berlin, 1956.
—	Die Errichtung des gemeinsamen Marktes in der Europäischen Wirtschaftsgemeinschaft, Atomgemeinschaft und Gemeinschaft für Kohle und Stahl, in ZaöRVR 18 (1957) S. 459—525.
—	Die kleine Revision des Vertrages über die Europäische Gemeinschaft für Kohle und Stahl, in ZaöRVR 21 (1961) S. 1—37.
Castberg, Frede	La Méthodologie Du Droit International Public, in RdC 43 (1933 I) S. 309—381.
Catalano, Nicola	La Comunità Economica Europea E L'Euratom, 2. Aufl. Milano, 1959.
—	Manuel de Droit des Communautés Européennes, Paris, o. J.
Cavaré, Louis	Le Droit International Public Positif, Bd. 1, 2. Aufl., Paris, 1961.
Cheever, D. — Haviland, H.	Organizing for Peace, International Organization in World Affairs, Cambridge (USA), 1954.
Chiu, Hungdah	Succession in International Organizations, in International and Comparative Law Quarterly 14 (1965) S. 83—120.
De Clerq, M. — De Clerq, M. J.	Recueil Des Traités De La France 14 (1883—1885), Paris, 1886.
Codding, George A. Jr.	The Universal Postal Union, New York, 1964.
Coing, Helmut	Zur Abwicklung der Reichsschulden, in NJW 1954 S. 817—821.
—	Bank für Internationalen Zahlungsausgleich, in WVR Bd. 1, S. 155—156.
La Commission Européene Du Danube	Un Siècle De Coopération International Sur le Danube 1856—1956.
Conac, Gérard	L'affaire relative à l'incident aérien du 27 juillet 1955 entre Israel et la Bulgarie devant la Cour Internationale de Justice, in RGDIP 64 (1960) S. 711—736.
Conseil Permanent International Pour L'Exploration De La Mer	Rapports Et Procès-Verbaux Des Réunions, Bd. CXVI, Kopenhagen, 1946.
Constantinesco, Léontin	Die Eigentümlichkeiten des Europäischen Gemeinschaftsrecht, in JuS 5 (1965) S. 289—295, 340—347.
Cornides, Wilhelm	Der Europarat als politischer Rahmen der europäischen kulturellen Zusammenarbeit, in EA 9 (1954) S. 6995—7002.
Cot, Jean-Pierre	Affaire relative à l'incident aérien du 27 juillet, 1955, in AF 5 (1959) S. 291—312.
—	Affaire du temple de Préah Vihéar, in AF 7 (1961) S. 229—251.

Council of Europe	European Co-Operation in 1959, Report of the Secretary-General, Strasbourg, 1960.
Cour Permanente De Justice Internationale	Publications De La Cour Permanente De Justice Internationale, Série E Nr. 16, Seizième Rapport De La Cour Permanente De Justice Internationale, 15. 6. 1939—31. 12. 1945, Leyden, 1946.
Dahm, Georg	Völkerrecht, 3 Bde., Stuttgart, 1958, 1961.
Däubler, H.	Funktionsnachfolge, ein neuer Rechtsbegriff, in NJW 1954, S. 5—9.
Daig, Hans-Wolfram	Die Gerichtsbarkeit in der Europäischen Wirtschaftsgemeinschaft und der Europäischen Atomgemeinschaft, in Archiv für öffentliches Recht 83 (1958) S. 132—208.
Davis, George	The Effects of War upon International Conventions and Private Contracts, in Proceedings of the American Society of International Law, 1912, S. 124—142.
Davis, Harold E.	The Charter of the Organization of American States, in The Western Political Quarterly 1 (1948) S. 439—448.
Descamps, E. — Renault, L.	Recueil International Des Traités Du XXe Siècle, Paris, 1905.
Despagnet, Frantz	Cours De Droit International Public, Paris, 1894.
Dischler, Ludwig	Internationale Zivilluftfahrtorganisation, Frankfurt/Berlin, 1951.
—	Weltgesundheitsorganisation und Internationale Gesundheitsordnung, Frankfurt/Berlin, 1952.
Commission Du Droit International,	Doc. A/CN. 4/SR 52. Sitzung am 22. VI. 1950.
Donner, Andreas M.	The Court of Justice of the European communities, in The International Law Quarterly, Supplementary Publication Nr. 1, 1961, S. 66—75.
—	The European Court of Justice, in The Law Society's Gazette, August 1962, S. 444—448.
Dyba, J. F.	Der Einfluß des Krieges auf die völkerrechtlichen Verträge, Diss. Heidelberg, 1954.
Eagleton, Clyde	International Government, 3. Aufl., New York, 1957.
Eek, Hilding	Constitutional Reform in the Community of States, in Clunet 88 (1961) S. 954—985.
Efron, R. — Nanes, A. S.	The Common Market and Euratom Treaties: Supranationality and the Integration of Europe, in The International and Comparative Law Quarterly 6 (1957) S. 670—684.
Elkin, Alexander	The Organization of European Economic Co-Operation, Its Structure and Powers, in EY 4 (1958) S. 96—149.

Enneccerus, L. — Nipperdey, H.-C.	Allgemeiner Teil des Bürgerlichen Rechts, 1. Band, 2. Halbband, 15. Aufl., Tübingen, 1960.
Escher, Peter v.	Die Revision der internationalen Vereinbarungen, Diss. Zürich, 1947.
Eysinga, W. J. M.	Die Zentralkommission für die Rheinschiffahrt, Leyden, 1936.
—	Supranational, in Festschrift für Wehberg, Frankfurt, 1956, S. 130—132.
Fasching, Hans-Walter	Die Aufgaben der internationalen und übernationalen Gerichtsbarkeit, in Österr.ZöR. 10 (1960) S. 169—224.
Féaux De la Croix, Ernst	Die Problematik der Reichsverbindlichkeiten, Karlsruhe, 1955.
Feinberg, Nathan	Unilateral Withdrawal From an International Organization, in BYIL 39 (1963) S. 189—219.
Fenwick, Charles G.	International Law, 3. Aufl., New York, 1948.
—	The Ninth International Conference of American States, in AJIL 42 (1948) S. 553—567.
—	The Order of the International Court of Justice in the Anglo-Iranian Oil Company Case, in AJIL 45 (1951) S. 723—727.
—	The Organization of the American States, Washington, 1963.
Fiore, Pasquale A.	Fiore's Draft Code, in AJIL 29 (1935) Suppl., S. 1212, Art. 1438.
Fischer, Otto	Das Problem der Identität und der Neuheit, Breslau, 1893.
Fitzmaurice, Gerald G.	The Juridical Clauses of the Peace Treaties, in RdC 73 (1948 II) S. 259—367.
—	The Law and Procedure of the International Court of Justice: General Prinziples and Substantive Law, in BYIL 27 (1950) S. 1—41.
—	The Law and Procedure of the International Court of Justice: International Organizations and Tribunals, in BYIL 29 (1952) S. 1—62.
—	Second Report on the Law of Treaties, UN Doc. A/CN 4/107, 1957; Doc. A/CN 4/101, 1956.
Focsaneanu, Lazar	Le Droit Interne De L'Organisation Des Nations Unies, in AF 3 (1957) S. 315—349.
Forsthoff, Ernst	Lehrbuch des Verwaltungsrechts Bd. 1, Allgemeiner Teril, 7. Aufl., München/Berlin, 1958.
Frangulis, Antonie	Théorie et Pratique des Traités Internationaux, in Academie Diplomatique Internationale 8 (1934) Nr. 2, 3, 4, S. 1—122.
Freytag — gen. Löringhoff, Bruno, Baron v.	Logik, Ihr System und ihr Verhältnis zur Logistik, Stuttgart, 1955.

Freytagh — Loringhoven, Axel, Frhr. von	Die Satzung des Völkerbundes, Berlin, 1926.
Gaudet, Michel	The Legal Framework of the Community, in Legal Problems of the European Economic Community and the European Free Trade Association, in The International and Comparative Law Quarterly, Supplementary Publication Nr. 1 (1961), S. 8—22.
Gierke, Otto von	Die Genossenschaftstheorie und die deutsche Rechtssprechung, Berlin, 1887.
—	Vereine ohne Rechtsfähigkeit, 1902.
—	Das Wesen der menschlichen Verbände, Darmstadt, 1954.
Glahn, Gerhard von	Law Among Nations, New York/London, 1965.
Göppert, Otto	Der Völkerbund, in Handbuch des Völkerrechts von Stier/Somlo/Walz, Bd. 4, 1. Abt., Stuttgart, 1938.
Goes, van der van Natters, M.	La Révision des Traités Supranationaux, in NedTIR 6 (1959) S. 120—131.
Goodman, Neville M.	International Health Organizations and Their Work, London, 1952.
Goodrich, Leland M.	From League of Nations to United Nations, in International Organization 1 (1947) S. 3—21.
—	The United Nations, New York, 1959.
Goodrich, L. M. — Hambro, E.	Charter of the United Nations, 2. Aufl., London, 1949.
Goodspeed, Stephen	The Nature and Function of International Organization, New York, 1959.
Gorove, Stephen	Law and Politics of the Danube, An Interdisciplinary Study, Den Haag, 1964.
Gould, Wesley L.	An Introduction to International Law, New York, 1957.
Grammsch, Werner	Grundlagen und Methoden Internationaler Revision, Stuttgart/Berlin, 1937.
Gretschaninow, von	Tätigkeit und Mitgliederbestand des Völkerbundes im gegenwärtigen Kriege, in ZaöRVR 10 (1940/1941)S. 629—682.
Grewe, Wilhelm G.	Die Satzung der Vereinten Nationen, Göttingen, 1948.
—	Revision von Verträgen, in WVR Bd. 3, S. 110—116.
Groeben, H. v. d. — Boeckh, H. v.	Kommentar zum EWG-Vertrag, 2 Bde., Baden-Baden/Bonn, 1958, 1960.
—	Handbuch für Europäische Wirtschaft, Vertrag zur Gründung der Europäischen Wirtschaftsgemeinschaft, Kommentar, Baden-Baden/Bonn, 1965.

Grotius, Hugo	De Jure Belli ac Pacis, deutsche Ausgabe von W. Schätzel, Tübingen, 1950.
Guggenheim, Paul	Beiträge zum Problem der Internationalen Organisation, in Festgabe für Max Huber, Zürich, 1934, S. 127—145.
—	Lehrbuch des Völkerrechts, 2 Bde., Basel, 1948.
—	Traité de Droit International Public, 2 Bde., Genf, 1953, 1954.
—	Landesrechtliche Begriffe im Völkerrecht, vor allem im Bereich der internationalen Organisation, in Festschrift für Wehberg, Frankfurt, 1956, S. 133—151.
Gutzwiller, Max	Die sog. Internationalen Juristischen Personen, in Mitteilungen der Deutschen Gesellschaft für Völkerrecht, Heft 12, 1933, S. 116—177.
Haas, Ernst B.	The Uniting of Europe 1950—1957, Political, Social and Economical Forces, London, 1958.
Hackworth, Green H.	Digest of International Law, Bd. 1, Washington, 1940.
Hagemann, Max	Rechtssoziologische Probleme der Friedenssicherung durch Internationale Organisationen, in Arch VR 1 (1948/1949) S. 302—330.
—	Staatliche Souveränität und Internationale Ordnung, in SchwJIR 16 (1959) S. 53—72.
Hahn, Hugo J.	Euratom, The Conception of an International Personality, in Harvard Law Review, 71 (1958) S. 1001—1056.
—	Die Organisation für Wirtschaftliche Zusammenarbeit und Entwicklung (OECD), in ZaöRVR 22 (1962) S. 49—112.
—	Continuity in the Law of International Organization, in Österr. ZöR 13 (1964) S. 167—239 = Duke Law Journal, (1962) S. 379—422, 522—557.
Hajnal, Henri	Le conflit diplomatique entre le Gouvernement de Roumanie er la Commission Européenne du Danube, in ZVR 13 (1926) S. 398—415.
Hall, Duncan	Mandates, Dependencies and Trusteeships, Washington, 1948.
Hallier, Hans-Joachim	Internationale Gerichte und Schiedsgerichte, Verträge, Satzungen, Verfahrensordnungen, Köln/Berlin/München/Bonn, 1961.
Hallstein, Walter	Der Schuman-Plan, Frankfurt, 1951.
Hambidge, G.	The Story of FAO, 1955.
Hambro, Edvard	The Relations between the International Court of Justice and International Organizations, in The Western Political Quarterly 3 (1950) S. 326—334.

Hartmann, Rüdiger	Die Nachkriegsbündnisse und die europäische Ordnung, Diss. Köln, 1962.
Harvard Law School	Draft Convention on the Law of Treaties, Prepared by the Research in International Law of the Harvard Law School, in AJIL 29 (1935) Suppl., S. 657—665.
Haustein, Werner	Die völkerrechtliche Stellung der Eisenbahnen in Kriegs- und Nachkriegszeiten, Köln/Darmstadt, 1952.
Herbst, Leonore	Staatensukzession und Staatenservitute, Diss. München, 1960.
Hershey, Amos S.	The Essentials of International Public Law and Organization, New York, 1929.
Herz, Hans	Beiträge zum Problem der Identität des Staates, in ZöR 15 (1935) S. 241—268.
Herzfeld, Hans	Die Moderne Welt, 1789—1945, II. Teil, Weltmächte und Weltkriege, 1890—1945, Braunschweig, 1960.
Heydte, Friedrich A., Frhr. von der	Schuman-Plan und Völkerrecht, in Festschrift für Laun, Hamburg, 1953, S. 111—121.
Hirsch, Ernst	Organisation, in Wörterbuch der Soziologie von Bernsdorf/Bülow, Stuttgart, 1955, S. 358—360.
Hobson	The International Institute of Agricultire, Berkeley, 1932.
Hölder, Eduard	Pandekten, Allgemeine Lehren, Freiburg, 1891.
Hoffmann, Stanley	Organisations Internationales et Pouvoirs Politiques Des Etats, Paris, 1954.
Hoffmeister, Johannes	Wörterbuch der philosophischen Begriffe, 2. Aufl., Hamburg, 1955.
Holborn, Luise	The International Refugee Organization, London, 1956.
Holtzendorff, Franz v.	Handbuch des Völkerrechts, 3. Band, Hamburg, 1887.
Honig, Frederick	Der anglo-iranische Ölstreit, in ZaöRVR 15 (1953/1954) S. 691—700.
Hoyt, Edwin C.	The Unanimity Rule in the Revision of Treaties, Den Haag, 1959.
Hsueh, Shou-Sheng	L'Organisation Des Nations Unies et les Etats non membres, Diss. Genf, 1953.
Huber, Max	Die Staatensukzession, Leipzig, 1898.
—	Die soziologischen Grundlagen des Völkerrechts, Berlin, 1928.
Hudson, Manley O.	La Cour Permanente De Justice Internationale, Paris, 1936.
—	The Twentieth Year of the Permanent Court of International Justice, in AJIL 36 (1942) S. 1—7.

— The Twenty-First Year of the Permanent Court of International Justice, in AJIL 37 (1943) S. 1—4.

— The Twenty-Second Year of the Permanent Court of International Justice, in AJIL 38 (1944) S. 1—3.

— The Twenty-Third Year of the Permanent Court of International Justice, in AJIL 39 (1945) S. 1—12.

— International Legislation, A Collection of the Texts of Multipartite International Instruments of General Interest, 9 Bde., New York, 1950.

— The Succession of the International Court of Justice to the Permanent Court of International Justice, in AJIL 51 (1957) S. 569—573.

Hyde, Charles Ch. — International Law, Chiefly as Interpreted and Applied by the United States, Bd. 1, 2. Aufl., Boston, 1947.

Imbert, Louis — Le Régime Juridique Actuel Du Danube, in RGDIP 55 (1951) S. 73—94.

International Bureau of Education — Memorandum on the International Bureau of Education, ohne Ort und Jahr.

International Institute of Refrigeration — 1908—1958, Half a century of international refrigeration activity, ohne Ort und Jahr.

International Labour Office — The International Labour Code, 2 Bde., Genf, 1951, 1952.

International Labour Conference — Twenty-Seventh Session, Record of Proceedings, Appendix VII, Paris, 1945.

Jaenicke, Günther — Die Aufnahme neuer Mitglieder in die Organisation der Vereinten Nationen, in ZaöRVR 13 (1950/1951) S. 291—380.

— Die Sicherung des übernationalen Charakters der Organe internationaler Organisationen, in ZaöRVR 14 (1951/1952) S. 46—117.

— Bundesstaat oder Staatenbund, in Festgabe für Bilfinger, Köln/Berlin, 1954, S. 71—108.

— Der übernationale Charakter der europäischen Wirtschaftsgemeinschaft, in ZaöRVR 19 (1958) S. 153—196.

— Supranationale Organisationen, in WVR Bd. 3, S. 423—428.

— Das Verhältnis zwischen Gemeinschaftsrecht und nationalem Recht in der Agrarmarktorganisation der Europäischen Wirtschaftsgemeinschaft, in ZaöRVR 23 (1963) S. 485—535.

Jahrreiss, Hermann — Die Fortentwicklung des Völkerrechts, in Mensch und Staat, Rechtsphilosophische, Staatsrechtliche und Völkerrechtliche Grundfragen unserer Zeit, Köln/Berlin, 1957, S. 235—253.

Jellinek, Georg	Allgemeine Staatslehre, 3. Aufl., 6. Neudruck, Darmstadt, 1959.
Jenks, Wilfred C.	Les Instruments Internationaux à Caractère Collectif, in RdC 61 (1939 III) S. 451—553.
—	Some Constitutional Problems of International Organizations, in BYIL 22 (1945) S. 11—72.
—	The Legal Personality of International Organizations, in BYIL 22 (1945) S. 267—275.
—	The Revision of the Constitution of the International Labour Organization, in BYIL 23 (1946) S. 303—317.
—	Co-ordination in International Organizations, An Introductory Survey, in BYIL 28 (1951) S. 29—89.
—	The Proper Law of International Organizations, London, 1962.
Jennings, R. Y.	International Civil Aviation and the Law, in BYIL 22 (1945) S. 191—209.
—	Some Aspects of the International Law of the Air, in RdC 75 (1949 II) S. 513—590.
Jerusalem, Franz W.	Das Recht der Montanunion, Berlin/Frankfurt, 1954.
Jiménez de Arechaga, Eduardo	Derecho Constitucional De Las Naciones Unidas, Madrid, 1958.
Johnson, Ralph W.	The Danube since 1948, in Yearbook of World Affairs, 1963, S. 236—253.
Jully, Laurent	Arbitration and Judicial Settlement, in AJIL 48 (1954) S. 380—407.
Kaja, Helmut	Die Funktionsnachfolge, Bonn, 1963.
Kasmé, Badr	La capacité de l'O.N.U. de conclure des traités, Paris, 1960.
Katzarov, Constantin	Die Stellung der Nichtmitglieder der Vereinten Nationen, in Arch VR 3 (1951/1952) S. 1—22.
Kaufmann, Erich	Die völkerrechtlichen Kriegsverträge, in ZaöRVR 19 (1958/1959) S. 225—233.
Kelsen, Hans	The Law of the United Nations, 2. Aufl., London, 1951.
—	Principles of International Law, New York, 1952.
Kerno, Ivan	The Charter as World Constitution, in Revue de Droit International, de Sciences diplomatiques, politiques et sociales 28 (1950) S. 262.
Kipp, Heinrich	UNESCO-Rechte, sittliche Grundlage, Aufgabe, München, 1957.
Kiss, Alexandre-Charles	Quelques Aspects de la Substitution d'une Organisation Internationale à une autre, in AF 7 (1961) S. 463—491.

Klein, Friedrich	Kriegsausbruch und Staatsverträge, in JIR 3 (1950/1951) S. 26—57.
Kleinfeller, Georg	Der Einfluß des Krieges auf völkerrechtliche Verträge, in Niemeyer 25 (1915) S. 383—395.
Knote, Jürgen	Internationale Rohstoffabkommen aus der Nachkriegszeit, Diss. Bonn, 1965.
Köpp, Hans-Eberhard	Die Revision der Verträge zur Gründung der EGKS, der EWG und der EAG nach den Vertragsvorschriften, Diss. Saarbrücken, 1964.
Köver, J. F.	Halbheiten der europäischen Integration, in FW 52 (1953/1955) S. 311—331.
Kojanec, Giovanni	Trattati e Terzi Stati, Pàdova, 1961.
Kordt, E. — Gaudemet, P. — Kern, E.	Der europäische Beamte, München/Berlin, 1955.
Korowicz, Marc Stanislas	Organisations Internationales et Souveraineté des Etats Membres, Paris, 1961.
Krämer, Hans	Die Europäische Wirtschaftsgemeinschaft, Frankfurt/Berlin, 1965.
Kraus, Herbert	Betrachtungen über die rechtliche Struktur der Europäischen Gemeinschaft für Kohle und Stahl, in Festschrift für Smend, Göttingen, 1952, S. 189—209.
Krause, Günther	Internationaler Fernmeldeverein, Frankfurt/Berlin, 1960.
Krieg, Fritz	Das Haager Rechtsgutachten über den Kompetenzstreit Rumäniens und der europäischen Donaukommission vom 8. Dezember 1927, in ZVR 15 (1929) S. 215—244.
Kristensen, Thorkil	Die Rolle der OECD in der europäischen Integration und in der Atlantischen Partnerschaft, in Österreichische Zeitschrift für Außenpolitik 4 (1964) S. 311—321.
Krüger, Herbert	Bundesrepublik Deutschland und Deutsches Reich, in SJZ 5 (1950) S. 114—122.
—	Die Rechtswirkungen der strukturellen und geistigen Umgestaltung des Deutschen Staates nach 1945 auf das Reichskonkordat von 1933, in Der Konkordatsprozeß, München, 1957, S. 1052—1093.
—	Das Prinzip der Effektivität oder über die besondere Wirklichkeitsnähe des Völkerrechts, in Festschrift für Spiropoulos, 1957, S. 265—284.
—	Effektivität, in WVR Bd.1, S. 410—412.
Kunz, Josef L.	Die Staatenverbindungen, in Handbuch des Völkerrechts von Stier/Somlo/Walz, Bd. 2, 4. Abteilung, Stuttgart, 1929.

— The Problem of Revision in International Law, in AJIL 33 (1939) S. 33—55.

— The Bogota Charter of the Organisation of American States, in AJIL 42 (1948) S. 568—589.

— The Danube Regime and the Belgrade Conference, in AJIL 43 (1949) S. 104—113.

— Supra-National Organs, in AJIL 46 (1952) S. 690—698.

— General International Law and the Law of International Organizations, in AJIL 47 (1953) S. 456—462.

— Identity of State under International Law, in AJIL 49 (1955) S. 68—76.

— The Changing Law of Nations, in AJIL 51 (1957) S. 77—83.

— The Systematic Problem of the Science of International Law, in AJIL 53 (1959) S. 379—385.

— Organisation der Amerikanischen Staaten, in WVR Bd. 2, S. 677—681.

Lador-Lederer, J. J. International Non-Governmental Organizations and Economic Entities, Leyden, 1963.

Lagrange, Maurice The Role of the Court of Justice of the European Communities as seen through its Case Law, in Law and Contemporary Problems 26 (1961) S. 400—417.

Lahr, Ingeborg Die Funktions- und Betriebsnachfolge, eine Abgrenzung, Diss. Köln, 1962.

Lalive, Jean-Flavien Statut International Du Sud-Ouest Africain, in Journal Du Droit International 77 (1950) S. 1252—1271.

Latchford Co-ordination of CITEJA with the new International Civil Aviation Organization in Department of State Bulletin 12 (1945) S. 310.

Lauterpacht, E. The Contemporary Practice of the United Kingdom in the Field of International Law, London, 1962.

Lauterpacht, Hersch Private Law Sources and Analogies of International Law, New York/Toronto, 1927.

— The Chinn-Case, in BYIL 16 (1935) S. 162—166.

— Recognition in International Law, Cambridge, 1948.

— International Law Reports, Year 1951, 1956, 1957, London.

— The Development of International Law by the International Court, 2. Aufl., London, 1958.

Laves, W. H. — Thomson, Ch. A. UNESCO, Purpose, Progress, Prospects, Bloomington, 1957.

Lawrence, T. J. — Les Principes De Droit International, 5. Aufl., Oxford, 1920.

League of Nations — The League hands over, Series of League of Nations Publications General 1946, 1, Genf, 1946.

— Resolution for the Dissolution of the League of Nations, League of Nations Official Journal, Special Supplement, Nr. 194, S. 269 ff.

Leca, Jean — Les Techniques De Révision Des Conventions Internationales, Paris, 1961.

Lederle, A. — Die Rechtslage der deutschen Ströme nach ihrer Befreiung, in ZVR 21 (1937) S. 308—325.

Le Goff, Marcel — Manuel De Droit Aérien, Paris, 1954.

Leibholz, Gerhard — Zur gegenwärtigen Lage des Völkerrechts, in Arch VR 1 (1948/1949) S. 415—423.

Lester, Antony P. — State Succession to Treaties in the Commonwealth, in The International and Comparative Law Quarterly 12 (1963) S. 475—507.

Lever, Jeremy — International Legal Aspects of the European Coal and Steel Community, in the Grotius Society 44 (1958/1959) S. 205—220.

Liszt, Franz v. — Das Völkerrecht, bearbeitet von M. Fleischmann, 12. Aufl., Berlin, 1925.

Mahajan, Vidya Dhar — International Law, 3. Aufl., Lucknow/Delhi, 1961.

Malkin, H. W. — Reservations to Multilateral Conventions, in BYIL 7 (1926) S. 141—162.

Marek, Krystyna — Identity and Continuity of States in Public International Law, Genf, 1954.

Martens, Friedrich v. — Völkerrecht, Das Internationale Recht der Civilisirten Nationen, deutsche Ausgabe Bd. 1, Berlin, 1883.

— Nouveau Recueil Général De Traités et Autres Actes Relaties Aux Rapports De Droit International, Troisième Série, herausgegeb. v. Triepel, Leipzig, 1909 ff.

Martius, Georg — Die Entwicklung des zwischenstaatlichen Donauschiffahrtsrechts mit Dokumenten, in Arch VR 1 (1948/1949) S. 233—245.

Masters, Ruth D. — Handbook of International Organizations in the Americas, Washington, 1945.

Matschl, Gustav — Die Europäischen Gemeinschaften und die Freiheit der Rheinschiffahrt, Diss. Köln, 1965.

Mattern, Karl-Heinz — Rechtsgrundlagen und Praxis des Europäischen Parlaments, in EA 1960 S. 449—458.

Maunz, Theodor — Deutsches Staatsrecht, 13. Aufl., München/Berlin, 1964.

McIntyre, Stuart H. — Legal Effect of World War II on Treaties of the United States, Den Haag, 1958.

McMahon, J. F. — The Court of the European Communities, Judicial Interpretation and International Organization, in BYIL 37 (1961) S. 320—350.

McNair, Arnold Ducan, Lord — Les Effets de la Guerre sur les Traités, in RdC 59 (1937) S. 527—585.

— Law of Treaties, 1. Aufl., 1938, 2. Aufl., 1961, Oxford.

— The Law of the Air, 2. Aufl., London, 1953.

Meier, Gert — Das Recht internationaler Organisationen zur Schaffung und Bevollmächtigung eigener Organe, in Arch VR 12 (1964) S. 14—33.

Meister, Richard — Die Formen der Internationalität, in Festschrift für Laun, Göttingen, 1962, S. 263—269.

Menges, H. E. — Die Rechtsstellung von Südwest-Afrika nach dem 2. Weltkrieg, Diss. Bonn, 1955.

Menzel, Eberhard — Organisation der Vereinten Nationen für Erziehung, Wissenschaft und Kultur (UNESCO), Frankfurt/Berlin, 1951.

— Völkerrecht, München/Berlin, 1962.

— Spezialorganisationen der Vereinten Nationen, in WVR Bd. 3, S. 288—298.

Merkl, Adolf — Das Problem der Rechtskontinuität und die Forderung des einheitlichen rechtlichen Weltbildes, in ZöR 5 (1926) S. 497—527.

Meyer, Alex — Freiheit der Luft als Rechtsproblem, Rückblick, Gegenwart, Ausblick, Zürich, 1944.

Meyer-Cording, Ulrich — Die europäische Integration als geistiger Entwicklungsprozeß, in Arch VR 10 (1962/1963) S. 42—68.

Möller, Hans — Organisation für Europäische Wirtschaftliche Zusammenarbeit, in WVR Bd. 2, S. 685—692.

Moore, John, B. — A Digest of International Law, Bd 1, Washington, 1906.

Morellet, Jean — Les Amendements à la Constitution de l'Organisation Internationale Du Travail, in RGDIP 18 (1947) S. 65—88.

Mosler, Hermann — Die Aufnahme in internationale Organisationen, in ZaöRVR 19 (1958) S. 275—317.

— Die Erweiterung des Kreises der Völkerrechtssubjekte, in ZaöRVR 22 (1962) S. 1—48.

— Völkerrechtsfähigkeit, in WVR Bd. 3, S. 665—677.

— Internationale Organisation und Staatsverfassung, in Festschrift für Wehberg, Frankfurt, 1956, S. 273—300.

— Der Vertrag über die Gemeinschaft für Kohle und Stahl, Entstehung und Qualifizierung, in ZaöRVR 14 (1951/1952) S. 1—45.

Much, Walter	Die Amtshaftung im Recht der Europäischen Gemeinschaft für Kohle und Stahl, Frankfurt, 1952.
Müller, Walter	Die Rechtsstellung der Schweiz in Bezug auf die revidierte Rheinschiffahrts-Akte vom 17. 10. 1868, in SchwJIR 15 (1958) S. 153—186.
Münch, Fritz	Internationale Organisationen mit Hoheitsrechten, in Festschrift für Wehberg, Frankfurt, 1956, S. 301—323.
—	Vereinte Nationen, in WVR Bd. 3, S. 494—507.
Münch, Ingo v.	Kap Spartel, in WVR Bd. 2, S. 198—199.
Münch, F. — Eynern, G. v.	Internationale Organisationen und Regionalpakte, Köln/Opladen, 1962.
Myers, Denys P.	Liquidation of League of Nations Functions, in AJIL 42 (1948) S. 320—354.
Nettesheim, Martin	Die Vertragsschließungskompetenz der Europäischen Atomgemeinschaft, Diss. Köln. 1963.
Nussbaum, Arthur	Geschichte des Völkerrechts, München/Berlin, 1960.
O'Connell, D. P.	Legal Aspects of the Peace Treaty with Japan, in BYIL 29 (1952) S. 423—435.
—	The Law of State Succession, Cambridge, 1956.
—	International Law, 2 Bde., London/New York, 1965.
Organization for European Economic Co-operation	The Organization for Economic Co-operation and Development, published by the OEEC, Paris, 1960.
Oldenhage, Gerd	Die Reaktionsmaßnahmen internationaler Organisationen gegen Pflichtverletzungen ihrer Mitgliedstaaten, Diss. Göttingen, 1963.
Oliver, Covey T.	Case concerning the Temple of Preah Vihear, in AJIL 55 (1961) S. 978—983.
Oppenheim, L. — Lauterpacht, H.	International Law, Bd. 1, Peace, 8. Aufl., London/New York/Toronto, 1955.
Panhuys, H. F. van	Regional or General International Law, A Misleading Dilemma, in NedTIR 8 (1961) S. 146—164.
Parry, Clive	Food and Agricultural Organization of the United Nations, in BYIL 23 (1946) S. 412—421.
—	The World Meteorological Organization, in BYIL 26 (1949) S. 494—506.
—	The Legal Nature of the Trusteeship Agreements, in BYIL 27 (1950) S. 164—185.
Peaslee, Amos	International Governmental Organizations, Constitutional Documents, 2 Bde., 2. Aufl., Den Haag, 1961.
Permanent Court of Arbitration	Publications of the Permanent Court of Arbitration, Den Haag, 1910.

Pescatore, P.	Les Relations Extérieures Des Communautés Européennes, in RdC 103 (1961 II) S. 9—238.
Pinto, Roger	Chronique de jurisprudence, Affaire relative à l'incident aérien du 27 juillet 1955, in Clunet 87 (1960) S. 232—239.
Plischke, Elmer	Reactivation of Prewar German Treaties, in AJIL 48 (1954) S. 245—264.
Potter, Pitman B.	Origin of the Term International Organization, in AJIL 39 (1945) S. 803—806.
—	An Introduction to the Study of International Organization, 5. Aufl., London/New York, 1948.
Ränk, Richard	Einwirkung des Krieges auf die nichtpolitischen Staatsverträge, Uppsala, 1949.
Rauschning, Dieter	Das Schicksal völkerrechtlicher Verträge bei der Änderung des Status ihrer Partner, Hamburg, 1963.
Reepinghen, Ch. van — Orianne, P.	La Procédure devant la Cour de Justice des Communautés Européennes, Bruxelles/Paris, 1961.
Reinhardt, Rudolf	Identität und Rechtsnachfolge, in NJW 1952 S. 441—445.
Resch, Peter	Das Völkerrecht der heutigen Staatenwelt europäischer Gesittung, 2. Aufl., Graz/Leipzig, 1890.
Riese, Otto	Luftrecht, Das internationale Recht der zivilen Luftfahrt unter besonderer Berücksichtigung des schweizerischen Rechts, Stuttgart, 1949.
Rivier, Alphonse	Lehrbuch des Völkerrechts, 2. Aufl., Stuttgart, 1899.
Robertson, A. H.	Some legal problems of the UNRRA, in BYIL 23 (1946) S. 142—167.
—	The Creation of the Western European Union, in EY 2 (1956) S. 125—138.
—	The Council of Europe. 2. Aufl., London, 1961.
Roselieb, Gerhard	Zur Frage der Supranationalität, in ÖsterrZöR 12 (1963) S. 461—518.
Rosenne, Shabtai	The International Court of Justice, An Essay in Political and Legal Theory, Leyden, 1957.
—	The Time Factor in the jurisdiction of the International Court of Justice, Leyden, 1960.
—	The World Court, What It Is and How It Works, Leyden, 1962.
Rothbarth, Margarete	Entstehung und Aufgabe der UNESCO, in FW 46 (1946) S. 304—311.
Rothholz, Walter	Flüchtlinge, in WVR Bd. 1, S. 536—539.
Rousseau, Charles	Principes Généraux Du Droit International Public, Bd. 1, Paris, 1944.
—	L'Indépendance De L'Etat Dans L'Ordre International, in RdC 73 (1948 II) S. 167—251.
—	Droit International Public, Paris, 1953.

Rouyer-Hameray, Bernard — Les Compétences Implicites Des Organisations Internationales, Paris, 1962.

Roxburgh, Ronald F. — International Conventions and Third States, London, 1957.

Ruegger, P. — Privatrechtliche Begriffe im Völkerrecht, in Niemeyer 28 (1920) S. 426—502.

Rühland, Curt — Zur Theorie und Praxis des Einflusses des Kriegsbeginns auf Staatsverträge, in Niemeyer 32 (1924) S. 74—147.

Rumpf, Helmut — Die Internationale Organisation als neue Rechtsform für Militärbündnisse, in JIR 12 (1965) S. 75—92.

Runge, Christian — Das Recht der Europäischen Gemeinschaften, in JUS 4 (1964) S. 305—308, 341—345, 391—395, 474—477; 5 (1965) S. 9—14.

Russell, R. B. — Muther, J. E. — A History of the United Nations Charter, Washington, 1958.

Sander, Fritz — Das Faktum der Revolution und die Kontinuität der Rechtsordnung, in ZöR 1 (1919) S. 132—164.

Sasse, Horst — Der Weltpostverein, Frankfurt/Berlin, 1959.

Sauer, Ernst — Die völkerrechtliche Bedeutung der Montanunion, in Österr.ZöR 6 (1955) S. 1—9.

Sauser-Hall, Georges — Les Traités De Paix Et Les Droits Privés Des Neutres, 1924.

Savigny, Friedrich Carl v. — System des heutigen Römischen Rechts, Bd. 1 und 3, Berlin, 1840.

Scelle, Georges — Droit International Public, Paris, 1944.

— La Révision dans les Conventions Générales, in Annuaire de l'Institut de Droit International 42 (1948) S. 1—51.

— De l'influence de l'état de guerre sur le droit conventionnel, in Clunet 77 (1950) S. 26—87.

— Le phénomène juridique du dédoublement fonctionnel, in Festschrift für Wehberg, Frankfurt, 1956, S. 324—342.

Schätzel, Walter — Vom Völkerbund zu den Vereinten Nationen, in Arch VR 1 (1948/1949) S. 3—25.

— Die Universalität der Weltorganisation, in Festschrift für Wehberg, Frankfurt, 1956, S. 343—360.

— Die Charta der Vereinten Nationen mit Nebenbestimmungen, 3. Aufl., München/Berlin, 1963.

Schätzel, W. — Veiter, Th. — Handbuch des internationalen Flüchtlingsrechts, Wien/Stuttgart, 1960.

Schaumann, Wilfried — Anerkennung, in WVR Bd. 1, S. 47—55.

Schermers, Henricus G. — De Gespecialiseerde Organisaties, Hun Bouw En Inrichting, Leyden, 1957.

Scheuner, Ulrich	L'influence du droit interne sur la formation du droit international, in RdC 68 (1939 II) S. 99—206.
—	Die Vereinten Nationen und die Stellung der Nichtmitglieder, in Festgabe für Bilfinger, Köln/Berlin, 1954, S. 371—403.
—	Die Funktionsnachfolge und das Problem der staatsrechtlichen Kontinuität, in Festschrift für Nawiasky, München, 1956, S. 9—48.
—	Die Rechtssetzungsbefugnis internationaler Gemeinschaften, in Festschrift für Verdross, Wien, 1960, S. 229—242.
Schey, Josef v.	Über Rechtsverwandlungen, in Grünhut 8 (1881) S. 110—161.
Schiffer, Walter	The Legal Community of Mankind, New York, 1954.
Schlochauer, Hans-Jürgen	Die Einwirkungen des Krieges auf den Bestand völkerrechtlicher Verträge, in DRZ 1 (1946) S. 161—163.
—	Rechtsformen der europäischen Ordnung, in Arch VR 5 (1955/1956) S. 40—62.
—	Zur Frage der Rechtsnatur der europäischen Gemeinschaft für Kohle und Stahl, in Festschrift für Wehberg, Frankfurt, 1956, S. 361—373.
—	Das Verhältnis des Rechts der Europäischen Wirtschaftsgemeinschaft zu den nationalen Rechtsordnungen der Mitgliedstaaten, in Arch VR 11 (1963) S. 1—34.
Schmidt, H. — Steller, J.	Philosophisches Wörterbuch, 13. Aufl., Stuttgart, 1959.
Schmitt, Carl	Verfassungslehre, Neudruck der 13. Aufl., von 1928, Berlin, 1957.
Schneider, J. W.	Treaty-Making Power of International Organizations, Genf/Paris, 1959.
Schönborn, Walther	Staatensukzessionen, in Handbuch des Völkerrechts von Stier/Somlo, Bd. 2, 3. Abteilung, Stuttgart, 1913.
Schüle, Adolf	Methoden der Völkerrechtswissenschaft, in Berichte der Deutschen Gesellschaft für Völkerrecht, Heft 3, Karlsruhe, 1959, S. 1—22.
—	Methoden der Völkerrechtswissenschaft, in WVR Bd. 3, S. 775—781.
Schuschnigg, Kurt v.	International Law, An Introduction to the Law of Peace, Milwaukee, 1959.
Schwantes, Klaus-Dieter	Die Supranationalität, Eine Untersuchung internationaler wirtschaftlicher Organisationen Europas im 19. und 20. Jahrhundert, Diss. Köln, 1962.
Schwarz-Liebermann	Vormundschaft und Treuhand des römischen und

v. Wahlendorf, Hans A. — englischen Privatrechts und ihre Anwendbarkeit auf völkerrechtlicher Ebene, Tübingen, 1951.

— Mehrheitsentscheid und Stimmenwägung, Tübingen, 1953.

Schwarzenberger, Georg — The Inductive Approach to International Law, in Harvard Law Review 60 (1964/1947) S. 539—570.

— Power Politics, A Study of International Society, 2. Aufl., London, 1951.

— International Law, Bd. 1, 3. Aufl., London, 1957.

— A Manual of International Law, 2 Bde., 4. Aufl., London/New York, 1960.

— Zum Recht der internationalen Institutionen, in Festschrift für Schätzel, Düsseldorf, 1960, S. 429—440.

— The Inductive Approach To International Law, London, 1965.

Schwelb, Egon — The Amending Procedure of Constitutions of International Organizations, in BYIL 31 (1954) S. 49—95.

Scupin, Ernst Ottomar — Die völkerrechtliche Stellung der Südafrikanischen Union hinsichtlich Südwestafrikas, Diss. München, 1963.

Seidl-Hohenveldern, Ignaz — Rechtsbeziehungen zwischen internationalen Organisationen und den einzelnen Staaten, in Arch VR 4 (1953/1954) S. 30—58.

— Der Zugang internationaler Organisationen zum Internationalen Gerichtshof, in FW 54 (1957/1958) S. 16—28.

— Die Belgrader Donaukommission von 1948, in Arch VR 7 (1958/1959) S. 253—261.

— Die völkerrechtliche Haftung für Handlungen internationaler Organisationen im Verhältnis zu Nichtmitgliedstaaten, in Österr.ZöR 11 (1961) S. 497—506.

— Völkerrecht, Köln/Berlin/Bonn/München, 1965.

Sereni, Angelo P. — Diritto Internazionale, Bd. 1 und 2, 2. Teil, Milano, 1956, 1960.

— Le Organizzazioni Internazionali, Milano, 1959.

Seyersted, Finn — United Nations Forces, Some Legal Problems, in BYIL 37 (1961) S. 351—475.

— Can the United Nations Establish Military Forces and Perform Other Acts Without Specific Basis in the Charter?, in ÖsterrZöR 12 (1962/1963) S. 188—229.

— Objective international personality of intergovernmental organisations, in NordTIR 34 (1964) S. 1—112.

Shachor-Landau, Chava The Judgment of the International Court of Justice in the Aerial Incident Case between Israel and Bulgaria, in Arch VR 8 (1959/1960) S. 277—290.

Sharp, Walter The Specialized Agencies and the United Nations, in International Organization 1 (1947) S. 460—474.

Shihata, Ibrahim F. J. The power of the International Court to determine its own jurisdiction, Compétence de la Compétence, Den Haag, 1965.

Shotwell, James T. The Origins of the International Labour Organization, New York, 1934.

Sibert, Marcel Traité De Droit International Public, 2 Bde., Paris, 1951.

Simpson, Smith The International Labour Organization in 1940, in AJIL 35 (1941) S. 359—363.

Simson, Werner v. Der politische Wille als Gegenstand der Europäischen Gemeinschaftsverträge, in Festschrift für Riese, Karlsruhe, 1964, S. 83—98.

Sinclair, J. M. The Danube Commission of 1948, in BYIL 25 (1948) S. 398—404.

Singh, Nagendra Termination of Membership of International Organizations, London, 1958.

Siorat, Lucien L'Article 37 Du Statut De La Cour Internationale De Justice, in AF 8 (1962) S. 285—330.

Smend, Rudolf Integrationslehre, in Handwörterbuch der Sozialwissenschaften 5 (1956) S. 299.

Soder, Josef Die Vereinten Nationen und die Nichtmitglieder, Bonn, 1956.

Soerensen, Max The Modification of Collective Treaties Without the Consent of All the Contracting Parties, in NordTIR 8 (1938) S. 150 ff.

Sofronie, George Le Statut International Du Danube Maritime Et La Position De La Roumanie, in RGDIP 49 (1945) S. 53—77.

Sonnewald, Karl-Heinz Internationale Flüchtlingsorganisation, Hamburg, 1951.

Stabreit, Immo Die Revision multilateraler völkerrechtlicher Verträge durch eine begrenzte Anzahl der Vertragsparteien, Diss. Heidelberg, 1964.

Steiger, H. Die Unabhängigkeit der Rechtsetzung der Europäischen Gemeinschaften, Diss. Münster, 1964.

Steinbömer, Feuke Die Funktionsnachfolge, Heidelberg, 1957.

Steindorff, Ernst Europäische Gemeinschaft für Kohle und Stahl, in WVR Bd. 1, S. 458—466.

Stevenson, John R. Case Concerning The Barcelona Traction, Light and Power Company, Limited, in AJIL 59 (1965) S. 131—160.

Stockdale, Frank	The Work of the Caribbean Commission, in International Affairs 23 (1947) S. 213—220.
Stuart, Graham H.	The International Lighthouse at Cape Spartel, in AJIL 24 (1936) S. 770—776.
Thévenaz, Henri	La Nouvelle Cour Internationale De Justice, in FW 45 (1945) S. 406—413.
Thieme, Werner	Das Grundgesetz und die öffentliche Gewalt internationaler Staatengemeinschaften, in Veröffentlichungen der Vereinigung Deutscher Staatsrechtslehrer, Heft 18, Berlin, 1960.
Thomas, A. W. — Thomas A. J.	The Organization of American States, Dallas, 1963.
Tobin, H. J.	The Termination of Multipartite Treaties, New York, 1933.
Toynbee, Arnold	Survey of International Affairs 1939—1946, The Realignment of Europe, London/New York/Toronto, 1955.
Tuhr, Andreas v.	Der Allgemeine Teil des deutschen bürgerlichen Rechts I, München/Leipzig, 1910.
Ullmann, E. v.	Völkerrecht, Tübingen, 1908.
Union Internationale Des Télécommunications	Documents de la Conférence Télégraphique Internationale de Paris, 1865; Rome, 1872; Petersbourg, 1875; Bruxelles, 1928; Madrid, 1932.
Union Postale	L'Union Postale (Universal Postal Union) Official Organ, Bern, 1941.
—	Documents Du Congrès Postal De Paris, 1878.
Valentine, D. G.	The Court of Justice of the European Communities, London/South Hackensack, 1965.
Vattel, E. de.	Le Droit Du Gens Ou Principes De La Loi Naturelle, deutsche Ausgabe von Euler/Guggenheim, Tübingen, 1959.
Vellas, Pierre	The International Organization of Legal Metrology, in Clunet 87 (1960) S. 5—65.
Verdross, Alfred	Die Verfassung der Völkerrechtsgemeinschaft, 1926.
—	General International Law and the United Nations Charter, in International Affairs 30 (1945) S. 342—348.
—	Völkerrecht, 4. und 5. Aufl., Wien, 1959, 1964.
Vink, Jeanette C. de	Het Einde Van Het Lidmaatschap Van Den Volkenbond, Diss. Utrecht, 1936.
Virally, Michel	La Valeur Juridiques Des Recommandations Des Organisations Internationales, in AF 2 (1956) S. 66—96.
Visscher, Charles de	Problèmes D'Interprétation Judiciaire en Droit International Public, Paris, 1963.
Vitta, Cino	La Coopération Internationale En Matière D'Agriculture, in RdC 56 (1936 II) S. 305—412.

Volle, Hermann	Die Belgrader Donaukonferenz von 1948, in EA 3 (1948) S. 1641—1648 und 1705—1708.
Wagner, Heinz	Grundbegriffe des Beschlußrechts der europäischen Gemeinschaften, Köln, 1965.
Walters, F. P.	A History of the League of Nations, 2. Aufl., London/New York/Toronto, 1960.
Wartmann, Urs	Wege und Institutionen zur Integration Europas, 1945—1961, Paris/Köln/Opladen, 1961.
Weber, Wilhelm	Ernährungs- und Landwirtschaftsorganisation der Vereinten Nationen, in WVR Bd. 1, S. 435—438.
Wegener, Wilhelm	Die internationale Donau, Völkerrechtliche Bemerkungen zum Belgrader Donau-Schiffahrtsabkommen von 1948, Göttingen, 1951.
Wehberg, Hans	Einführung in die Satzung der Vereinten Nationen, in FW 45 (1945) S. 329—393.
—	Der Internationale Gerichtshof, Offenbach, 1948.
—	Entwicklungsstufen der internationalen Organisation, in FW 52 (1953/1955) S. 193—218.
Weis, Paul	The International Protection of Refugees, in AJIL 48 (1954) S. 193—221.
Weissberg, Guenter	The International Status of the United Nations, New York/London, 1961.
Wengler, Wilhelm	Völkerrecht, 2 Bde., Berlin/Göttingen/Heidelberg, 1964.
Wenzel, Udo	Das Recht der internationalen Rohstoffabkommen, Göttingen, 1961.
Whiteman, Marjorie	Digest of International Law, Bd. 3, Washington, 1964.
Wicharz, Michael	Die Ernährungs- und Landwirtschaftsorganisation der Vereinten Nationen, Hamburg, 1953.
Wiebringhaus, Hans	Die Entscheidung des Haager Gerichtshofs im britisch-iranischen Ölstreit, in Annales Universitatis Saraviensis 2 (1953) S. 70—83 und 161—172.
—	A Propos Du Transfert De Compétences Entre Organisations Internationales; Le Cas du transfert de certaines activités de l'U.E.O. au Conseil de l'Europe, in AF 7 (1961) S. 537—550.
Windscheid, B. — Kipp, Th.	Lehrbuch des Pandektenrechts. Bd. 1, 9. Aufl., Frankfurt, 1906.
Wohlfarth, E. — Everling, U. — Glaesner, H.-J. — Sprung, R.	Die Europäische Wirtschaftsgemeinschaft, Kommentar zum Vertrag, Berlin/Frankfurt, 1960.
Wolfram, Dieter	Die Assoziierung überseeischer Gebiete an die EWG, Köln/Berlin/Bonn/München, 1964.
Wood, H. McKinnon	The Dissolution of the League of Nations, in BYIL 23 (1946) S. 317—323.

Woodbridge, G. — History of the UNRRA, New York, 1950.

Wright, Quincy — The Jural Personality of the United Nations, in AJIL 43 (1949) S. 509—516.

— Völkerrecht und internationale Organisation, in ZaöRVR 13 (1950/1951) S. 266—290.

— The Outlawry of War and the Law of War, in AJIL 47 (1953) S. 365—376.

— Problems of Stability and Progress in International Relations, Berkeley/Los Angeles, 1954.

— International Law and the United Nations, Bombay, 1960.

Yakemtchouk, Romain — La Révision Des Traités Multilatéraux En Droit International, in RGDIP 60 (1956) S. 337—400.

Yearbook of International Organizations — herausgegeb. von der Union of International Associations, 11. Aufl., Brusssels, 1966/67.

Yearbook of the United Nations — herausgegeb. vom Department of Public Information United Nations, Lake Success, New York, 1946 ff.

Zancla, P. — Saggio allo Statuto dell'O.N.U., Palermo, 1951.

Zemanek, Karl — Internationale Organisationen als Handlungseinheiten in der Völkerrechtsgemeinschaft, in Österr. ZÖR 7 (1956) S. 335—372.

— Das Vertragsrecht der internationalen Organisationen, Wien, 1957.

— Zwischenabhängigkeit, in WVR Bd. 3, S. 896—897.

Zentralkommission für die Rheinschiffahrt — Rheinurkunden, Sammlung zwischenstaatlicher Vereinbarungen, Landesrechtlicher Ausführungsverordnungen und sonstiger wichtiger Urkunden über die Rheinschiffahrt seit 1803, 2 Bde., Den Haag/München/Leipzig, 1918.

Zollikofer, P. — Les Relations Prévues entre les Institutions Spécialisées des Nations Unies et la Cour Internationale de Justice, Leyden, 1955.

Aufsätze ohne Angabe des Verfassers

Carribean Organization, in International Organization 15 (1961) S. 315—316.

The Food and Agriculture Organization of the United Nations — in International Organization 1 (1947) S. 121—123.

The Status of International Organizations under the Law of the United States — in Harvard Law Review 71 (1957/1958) S. 1300—1324.

World Meteorological Organization — in International Organization 5 (1951) S. 386—387.

ABKÜRZUNGSVERZEICHNIS

AF	Annuaire Francais De Droit International
AJIL	American Journal of International Law
Arch VR	Archiv des Völkerrechts
BGB	Bürgerliches Gesetzbuch
BGBl	Bundesgesetzblatt
BGHZ	Entscheidungen des Bundesgerichtshofs in Zivilsachen
BRD	Bundesrepublik Deutschland
BYIL	British Yearbook of International Law
CINA	Convention Internationale portant Réglementation de la Navigation Aérienne
CITEJA	Comité International Technique D'Experts Juridiques Aériens.
Clunet	Clunet, Journal Du Droit International
CTO	Central Treaty Organization
De Clercq	M. De Clercq et M. J. De Clercq, Recueil Des Traités De La France
Diss	Dissertation
Doc	Documents
DRZ	Deutsche Rechts-Zeitschrift
EA	Europa Archiv
EAG	Europäische Atomgemeinschaft
EDK	Europäische Donaukommission
EGKSt	Europäische Gemeinschaft für Kohle und Stahl
ER	Europarat
EWG	Europäische Wirtschaftsgemeinschaft
EY	European Yearbook
FAO	Food and Agriculture Organization of the United Nations — Ernährungs- und Landwirtschaftsorganisation der Vereinten Nationen
FW	Friedenswarte
GATT	General Agreement on Tariffs and Trade — Allgemeines Zoll- und Handelsabkommen
GG	Grundgesetz der Bundesrepublik Deutschland

Grünhut	Grünhut, Zeitschrift für das Privat- und Öffentliche Recht
ICAO	International Civil Aviation Organization —Internationale Zivilluftfahrt-Organisation
ICEM	Intergovernmental Committee for European Migration
ICJ	International Court of Justice
IDK	Internationale Donaukommission
IGH	Internationaler Gerichtshof — International Court of Justice, Reports of Judgments, Advisory Opinions and Orders
ILO	International Labour Organization — Internationale Arbeitsorganisation
ILR	H. Lauterpacht, International Law Reports
IMO	International Meteorology Organization — Internationale Organisation für Meteorologie
int. O	internationale Organisation
IRO	International Refugee Organization — Internationale Flüchtlingsorganisation
ITU	International Telecommunication Union — Internationaler Fernmeldeverein
JIR	Jahrbuch für internationales Recht
JuS	Juristische Schulung
Komm	Kommentar
Lit	Literatur
LNTS	League of Nations Treaties Series
Martens N.R.G.	Martens, Nouveau Recueil Général De Traités
NATO	North-Atlantic Treaty Organization — Nordatlantik-Pakt
NedTIR	Nederlands Tijdschrift voor Internationaal Recht
Niemeyer	Niemeyers Zeitschrift für internationales Recht
NJW	Neue Juristische Wochenschrift
NordTIR	Nordisk Tidsskrift for International Ret
OAS	Organization of American States — Organisation der amerikanischen Staaten
OECD	Organization for Economic Co-operation and Development — Organisation für Wirtschaftliche Zusammenarbeit und Entwicklung
OEEC	Organization for European Economic Co-operation — Organisation für Europäische Wirtschaftliche Zusammenarbeit
Öster. ZöR	Österreichische Zeitschrift für öffentliches Recht, neue Folge
OIHP	Office International d'Hygiène Publique

OLG	Oberlandesgericht
OVN	Organisation der Vereinten Nationen
PASO	Pan American Sanitary Organization
PCIJ	Permanent Court of International Justice
Peaslee	Peaslee, International Governmental Organizations, 2. Aufl.
PICAO	Provisional International Civil Aviation Organization
Prot	Protokoll
RdC	Recueil des Cours
Resol	Resolution
rev	revidiert
RG	Reichsgericht
RGA	Rechtsgutachten
RGBl	Reichsgesetzblatt
RGDIP	Revue Générale De Droit International Public
RGZ	Reichsgericht, Entscheidungen in Zivilsachen
SchwJIR	Schweizerisches Jahrbuch für internationales Recht
SJZ	Süddeutsche Juristenzeitung
Stan.L.Rev	Stanford Law Review
Suppl	Supplement
UNCIO	United Nations Conference on International Organization
UNESCO	United Nations Educational, Scientific and Cultural Organization — Organisation der Vereinten Nationen für Erziehung, Wissenschaft und Kultur
UNICEF	United Nations International Children's Emergency Fund
UNIDROIT	Institut International Pour L'Unification Du Droit Privé
UNRRA	United Nations Relief and Rehabilitation Administration — Organisation der Vereinten Nationen für Unterstützung und Wiederaufbau
UNTS	United Nations Treaties Series
UNYB	United Nations Yearbook
UPU	Universal Postal Union — Weltpostverein
VB	Völkerbund
V. d. BRD	Verträge der Bundesrepublik Deutschland
VR	Völkerrecht
VV	Vertrag von Versailles
WEU	Westeuropäische Union
WHO	World Health Organization — Weltgesundheitsorganisation

WMO	World Meteorological Organization — Weltorganisation für Meteorologie
WVR	Wörterbuch des Völkerrechts von Strupp/Schlochauer
ZaöRVR	Zeitschrift für ausländisches öffentliches Recht und Völkerrecht
ZK	Zentralkommission für die Rheinschiffahrt
ZöR	Zeitschrift für öffentliches Recht
ZVR	Zeitschrift für Völkerrecht

EINLEITUNG

I. Einführung in das Thema

Gegenstand dieser Untersuchung sollen die Veränderungen in der Rechtspersönlichkeit, Form und Struktur bei internationalen zwischenstaatlichen Organisationen sein[1]. Diese sind dynamische Gebilde[2], ihre Aufgaben und Strukturen ändern sich mit dem Wechsel der politischen und wirtschaftlichen Gegebenheiten. Besonders nach dem Zweiten Weltkrieg stieg nicht nur ihre Zahl durch Neugründungen beträchtlich an[3], auch die bestehenden Organisationen machten vielfach einschneidende Änderungen durch. Die Ursache liegt in der fortschreitenden Verschmelzung der sozialen und wirtschaftlichen Bereiche, die zu einer gegenseitigen Abhängigkeit der Staaten und damit zwangsläufig auch zu einer politischen Interdependenz führt[4]. Die durch das Völkerrecht überlieferten Formen von Staatenverbindungen zur Regelung gemeinsamer Angelegenheiten genügten nicht mehr; es wurde nach neuen Typen gesucht, insbesondere nach solchen, die geeignet waren, die Souveränität der Staaten stärker einzu-

---

[1] Die folgenden Ausführungen werden sich nur mit internationalen zwischenstaatlichen Organisationen befassen. Die Stellung der internationalen nichtzwischenstaatlichen Organisationen, d. h. derjenigen internationalen Verbände, die nicht auf der Grundlage eines zwischenstaatlichen Übereinkommens entstanden sind, zum Völkerrecht ist eine andere als die der zwischenstaatlichen Organisationen; s. dazu DAHM, Völkerrecht, Bd. 1, S. 321, und LADOR-LEDERER, International Non-Governmental Organizations, S. 59 ff.

[2] BINDSCHEDLER, Internationale Organisation (Grundfragen), in WVR, Bd. 2, S. 71; ROUYER-HAMERAY, Les Compétences Implicites Des Organisations Internationales, S. 96 ff.

[3] KUNZ, General International Law and the Law of International Organizations, in AJIL 47 (1953), S. 461; WEHBERG, Entwicklungsstufen der internationalen Organisation, in FW 52 (1954), S. 204 ff.; das Jahrbuch der Internationalen Organisationen (Yearbook of International Organizations, 10. Aufl., 1964/65) zählt 130 Neugründungen von zwischenstaatlichen Organisationen nach dem Zweiten Weltkrieg.

[4] Zum Begriff der Zwischenabhängigkeit s. HUBER, Die soziologischen Grundlagen des Völkerrechts, S. 61 ff.; ZEMANEK, Zwischenabhängigkeit, in WVR, Bd. 3, S. 896 f.

schränken[5]. Bei allen diesen Veränderungen der internationalen Wirklichkeit stellt sich das Problem der völkerrechtlichen Kontinuität. Es handelt sich um den Versuch, zwischenstaatliche Vorgänge, die faktisch den Fortbestand von internationalen Organisationen in Frage stellen, rechtlich zu überbrücken[6].

Um diese Bemühungen im Hinblick auf die Fortdauer internationaler Organisationen würdigen zu können, ist zuerst eine Erörterung des völkerrechtlichen Kontinuitätsbegriffs erforderlich.

II. Der Begriff der Kontinuität im Völkerrecht

1. Inhalt

Kontinuität (Fortbestand, Fortdauer) bedeutet im weitesten Sinn: ununterbrochener, lückenloser Zusammenhang von Größen, Mengen, äußeren oder inneren Vorgängen[7].

Dieser allgemeine Kontinuitätsbegriff umfaßt den speziellen juristischen. Unter Kontinuität im juristichen Sinn versteht man den Fortbestand von Rechtssubjekten, Rechtssätzen und -Verhältnissen trotz eingetretener äußerer oder innerer Veränderungen[8].

In dieser weitgefaßten Bergiffsbestimmung ist die engere, völkerrechtliche Definition enthalten[9]; völkerrechtliche Kontinuität bedeutet Fortbestand von Völkerrechtssubjekten, Völkerrechtssätzen und -verhältnissen über äußere oder innere Veränderungen hinweg[10].

---

[5] MOSLER, Internationale Organisation und Staatsverfassung, in Festschrift für WEHBERG, S. 273 ff.; ders., Der Vertrag über die Gemeinschaft für Kohle und Stahl, Entstehung und Qualifizierung, in ZaöRVR 14 (1951/52), S. 26; SCHLOCHAUER, Rechtsformen der Europäischen Ordnung, in Arch VR 5 (1955/56), S. 40 ff.

[6] BERBER, Lehrbuch des Völkerrechts, Bd. 1, S. 246 f.; SCHEUNER, Die Funktionsnachfolge und das Problem der staatsrechtlichen Kontinuität, in Festschrift für NAWIASKY, S. 11.

[7] BLACK, Black's Law Dictionary, S. 392; HOFFMEISTER, Wörterbuch der philosophischen Begriffe, S. 357; SCHMIDT-STELLER, Philosophisches Wörterbuch, S. 324.

[8] REINHARDT, Identität und Rechtsnachfolge, in NJW 1952, S. 441 ff.; SCHEUNER, a. a. O., S. 46 ff.

[9] Hierbei wird das Völkerrecht als Teil der Gesamtrechtsordnung, als echtes Recht, begriffen und nicht als eine „Sollordnung anderer Art"; BERBER, a. a. O., Bd. 1, S. 9; s. dazu ANZILOTTI, Lehrbuch des Völkerrechts, S. 30 ff.; SEIDL-HOHENVELDERN, Völkerrecht, S. 3 ff.

[10] KUNZ, Identity of State under International Law, in AJIL 49 (1955), S. 70 ff.; MAREK, Identity and Continuity of States in Public International Law, S. 4 ff. Die Begriffsbestimmung von BERNHARDT, in WVR, Bd. 2, S. 295, ist insofern zu eng, als sie sich nur auf den Fortbestand von Völkerrechtssubjekten bezieht. Unter den Kontinuitätsbegriff fallen aber auch diejenigen Sachverhalte, bei denen der Fortbestand der Rechte und Pflichten bei Substitution des Rechtsträgers gesichert ist; s. unten S. 27 f.

2. Kontinuität und Identität

Jede Kontinuitätsaussage beruht auf einem Identitätsurteil, da sie die Übereinstimmung einer Sache mit sich selbst feststellt[11]. Sie unterscheidet sich aber von der Identitätsaussage dadurch, daß bei ihr die Wesensgleichheit einer Sache über einen gewissen Zeitraum hinweg festgestellt wird. Der allgemeine, und damit auch der juristische, Kontinuitätsbegriff enthält somit stets eine mit einem Zeitfaktor verbundene Identitätsfeststellung[12]. Die Begriffe Kontinuität und Identität sind unzertrennlich miteinander verbunden[13].

Die Beurteilung der Wesensgleichheit von Rechtsgebilden beruht aber nicht auf einem absoluten Identitätsbegriff, d. h. auf einer Identitätsaussage im Sinne logisch-mathematischer Gleichheit[14]. Das juristische Identitätsurteil hat relativen Charakter[15]. Gewisse Merkmale und Eigenschaften der Rechtsgebilde werden als unwesentlich beiseite gelassen. Ihre Veränderungen berühren die Identität nicht, während Veränderungen anderer Art sie aufheben. Dabei können — je nach der Wahl des Standpunktes — mannigfache Gesichtspunkte für die Abgrenzung der erheblichen von den unerheblichen Veränderungen in Betracht kommen: politische, rechtliche, soziologische oder wirtschaftliche Vorstellungen[16].

---

[11] Black, a. a. O., S. 880; Calvo, Dictionaire Manuel De Diplomatie Et De Droit International Public Et Privé, S. 208; Herz, Beiträge zum Problem der Identität des Staates, in ZöR 15 (1935), S. 260; Hoffmeister, a. a. O., S. 318; Marek, a. a. O., S. 5.

[12] Diese Betrachtung einer Wesenseinheit über einen Zeitraum hinweg meint wohl Lester, wenn er von: „... continuity of identity ..." spricht, in State Succession To Treaties In the Commenwealth, in International and Comparative Law, Quarterly 12 (1963), S. 480.

[13] Marek, a. a. O., S. 6; Cansacchi, Realtà e finzione nell' identità degli Stati, in Comunicazioni e Studi 4 (1952), S. 23 ff., verwendet den Begriff der Identität nur für diejenigen Sachverhalte, in denen ein Staat nach einer Periode des Nichtvorhandenseins seine Existenz im zwischenstaatlichen Bereich zurückerlangt. Ein Kontinuitätssachverhalt liegt nach ihm dann vor, wenn ein Staat trotz seines Erlöschens weiter besteht. Diese Unterscheidung erscheint willkürlich. Auch in den beiden genannten Fällen gehören die beiden Aspekte der Wesensgleichheit und der Fortdauer über einen bestimmten Zeitraum hinweg zusammen; s. auch Kunz, a. a. O., S. 70.

[14] Dabei ist zu beachten, daß die Beurteilung der Wesensgleichheit einer Sache über einen gewissen Zeitraum hinweg nicht auf Grund einer rein logischen Identitätsaussage erfolgt, sondern auf Grund ontologischer Betrachtungen, s. v. Freytag-Löringhoff, Logik, S. 16. Die rein logische Identitätsaussage ist frei von zeitlichen Beziehungen, unklar Marek, a. a. O., S. 5.

[15] Herz, a. a. O., S. 260 f.; Caflisch, The Law of State Succession, Theoretical Observations, in NedTIR 10 (1963), S. 339; Fischer, Das Problem der Identität und der Neuheit, S. 5 ff.

[16] Herz, a. a. O., loc. cit.

Im philosophischen Sinn ist jede Veränderung geeignet, die Wesensgleichheit einer Sache aufzuheben. Alle Veränderungen sind insoweit also gleichrangig. Dies ist bei dem juristischen Identitätsurteil nicht der Fall. Seine Eigenart besteht eben darin, daß von Rechts wegen festgesetzt wird, daß zwei im philosophischen Sinn durchaus verschiedene Gegebenheiten rechtlich als ein und dieselbe behandelt werden sollen. Das juristische Identitätsurteil — und damit auch die völkerrechtliche Kontinuitätsaussage — hat somit nicht nur relativen, sondern auch normativen Charakter[17].

3. Schlußfolgerungen

Durch diese Inhaltsbestimmung des juristischen Kontinuitätsurteils wird der weitere Gang der Untersuchung abgegrenzt. Der relative und normative Charakter bedingen, daß jede juristische, und damit auch völkerrechtliche, Fortbestandsaussage ihr Augenmerk auf dreierlei zu lenken hat:

i) Zuerst ist das Wesen desjenigen Rechtsgebildes zu untersuchen, das Gegenstand einer Kontinuitätsaussage sein soll, denn jede Fortbestandsbetrachtung enthält ja die Feststellung der Wesensgleichheit einer Sache.

ii) Zweitens erfordert der relative Charakter des juristischen Kontinuitätsurteils eine Abgrenzung der erheblichen von den unerheblichen Veränderungen; erheblich sind nur diejenigen Erscheinungen, die im juristischen Sinn Zweifel am Fortbestand eines Rechtsgebildes aufkommen lassen.

iii) Drittens folgt aus dem normativen Charakter, daß eine Norm vorhanden sein muß, die von Rechts wegen festsetzt, daß zwei im philosophischen Sinn verschiedene Gebilde rechtlich als ein und dasselbe behandelt werden sollen. Es ist somit eine Prüfung derjenigen Merkmale und Argumente notwendig, aus denen heraus das Völkerrecht jeweils zu einer Bejahung oder Verneinung der Identität gelangt (Identitätskriterien).

III. Aufbau und Methode der Arbeit

Innerhalb dieser Grenzen sind Aufbau und Methode der Arbeit festgelegt.

---

[17] BERNHARDT, a. a. O., loc. cit.; CALVO, a. a. O., loc. cit.; HERZ, a. a. O., loc. cit.; KRÜGER, Bundesrepublik Deutschland und Deutsches Reich, in SJZ 5 (1950), S. 114; ders., Die Rechtswirkungen der strukturellen und geistigen Umgestaltung des Deutschen Staates nach 1945 auf das Reichskonkordat von 1933, in Der Konkordatsprozeß, S. 1053; KUNZ, a. a. O., S. 71; MAREK, a. a. O., S. 4 ff.; REINHARDT, a. a. O., S. 442; SCHEUNER, a. a. O., S. 11 ff.

Zu Beginn wird im ersten Teil der Untersuchung das Wesen des Gebildes „internationale Organisation“ in einer für diese Abhandlung befriedigenden Begriffsbestimmung definiert, die bei den Organisationen auftretenden Veränderungen dargelegt und diejenigen Kriterien festgestellt, auf denen eine Kontinuitäts- bzw. Diskontinuitätsaussage beruht.

Dieser — auf Grund deduktiver Inhaltsbestimmung erarbeitete[18] — Kontinuitätsbegriff wird in der im zweiten Teil sich anschließenden Falluntersuchung der völkerrechtlichen Praxis gegenüber gestellt und somit auf seine Brauchbarkeit hin überprüft. Dies erscheint folgerichtig, denn jeder Untersuchung der völkerrechtlichen Praxis liegen die theoretisch angenommenen Prinzipien der gesuchten Lösung zugrunde, ohne die eine Abgrenzung, Gruppierung und Auswertung der Praxis kaum möglich ist[19]. Diese Darstellung folgt überwiegend der induktiven Methode, um jeden Vorgriff auf bestimmte Ergebnisse zu vermeiden, die doch zunächst nur aus dem bestehenden Recht, der Praxis der Staaten und Organisationen sowie aus den Entscheidungen internationaler und nationaler Gerichte erkennbar werden können[20]. An diese Erörterungen schließt sich jeweils die Darstellung der Lehrmeinungen an.

In der abschließenden Zusammenfassung soll eine Antwort auf die Frage nach vorhandenen völkerrechtlichen Regeln, die sich auf den Fortbestand internationaler Organisationen beziehen, sowie nach dem Ziel und Zweck einer solchen Kontinuitätswahrung gefunden werden.

---

[18] SCHÜLE, Methoden der Völkerrechtswissenschaft, in Berichte der Deutschen Gesellschaft für Völkerrecht, Heft 3, S. 18; CASTBERG, La Méthodologie Du Droit International Public, in RdC 43 (1933 I), S. 320 f.; AGO, Der Begriff des positiven Rechts in der Völkerrechtstheorie, in Arch VR 6 (1956/57), S. 291.

[19] Ausführliche Darstellung dieser Art des Vorgehens bei RAUSCHNING, Das Schicksal völkerrechtlicher Verträge bei der Änderung des Status ihrer Partner, S. 3.

[20] Zur induktiven Methode und ihrer Bedeutung im Völkerrecht s. SCHÜLE, a. a. O., S. 19; ders., Methoden der Völkerrechtswissenschaft, in WVR, Bd. 3, S. 780 f.; AGO, a. a. O., S. 291 ff.; SCHWARZENBERGER, International Law, Bd. 1, S. 5 ff.; ders., The Inductive Approach to International Law, in Harvard Law Review 60 (1946/47), S. 566 ff.; ders., The Inductive Approach to International Law, S. 8 ff.; Einwände gegen diese Art des Vorgehens äußert BRUNS, Völkerrecht als Rechtsordnung, in ZaöRVR 1 (1929), S. 2.

ERSTER TEIL

Der Begriff der Kontinuität bei den internationalen Organisationen

ERSTES KAPITEL

Allgemeines

Genauso wie die natürlichen Personen in den innerstaatlichen Rechtsordnungen sich zu juristischen Personen zusammenschließen können, so haben die Staaten im Völkerrecht als die wichtigsten, ursprünglichen Völkerrechtssubjekte[21] die Möglichkeit, Zusammenschlüsse zu gründen, die in ihrer Rechtspersönlichkeit von der ihrer Mitglieder verschieden sind[22]. Um zu einer befriedigenden Begriffsbestimmung der internationalen Organisation zu gelangen, ist somit von dem Begriff des internationalen staatlichen Zusammenschlusses, der Staatenverbindung, auszugehen, der seinerseits einen Teilaspekt der internationalen Integration bildet[23].

Begreift man das Völkerrecht als die Summe der Normen, die die Verhaltensweisen vorschreiben, die zu einem geordneten Zusammenleben der Menschen notwendig sind und die nicht dem innerstaatlichen Recht der einzelnen Staaten angehören, so setzt eine solche Normenordnung ein gewisses Maß gegenseitigen Verkehrs voraus[24]. Diese für das Völkerrecht begriffsnotwendigen Beziehungen können von der Stufe des bloßen Miteinanderauskommens bis zu einer auf

---

[21] Berber, a. a. O., Bd. 1, S. 113; Mosler, Die Erweiterung des Kreises der Völkerrechtssubjekte, in ZaöRVR 22 (1962), S. 18 ff.

[22] Seidl-Hohenveldern, a. a. O., S. 133; Bishop, International Law, S. 205; Gould, An Introduction to International Law, S. 436; Gutzwiller, Die sog. Internationalen Juristischen Personen, in Mitteilungen der Deutschen Gesellschaft für Völkerrecht, Heft 12, S. 117 ff.; Cahier, Etude Des Accords De Siège Conclus Entre Les Organisations Internationales Et Les Etats Où Elles Résident, S. 18 ff.

[23] Kunz, Die Staatenverbindungen, S. 2 ff.; Bindschedler, Rechtsfragen der europäischen Einigung, S. 17; Carstens, Das Recht des Europarats, S. 39; Schwarzenberger, Power Politics, S. 235.

[24] Huber, a. a. O., S. 25; Seidl-Hohenveldern, a. a. O., S. 1 und 12; Verdross, Völkerrecht, S. 10 ff.

Gemeinsamkeit von Lebenszielen beruhenden engen soziologischen, politischen oder wirtschaftlichen Verflechtung reichen. Die Gesamtheit derjenigen Prozesse, die der institutionellen Intensivierung der internationalen Beziehungen zwischen den Staaten und ihren Einzelgliedern dienen, werden durch den Begriff der internationalen Integration gekennzeichnet[25]. Dieser Begriff ist metajuristisch. Er umfaßt nicht nur die auf Rechtsnormen beruhenden zwischenstaatlichen Beziehungen, sondern die Summe aller soziologischen, kulturellen, politischen, rechtlichen und wirtschaftlichen Vorgänge, die sich zwischen den Staaten und ihren Einzelgliedern abspielen[26]. Dabei bezeichnet der Begriff der Integration nicht nur einen Zustand, etwa den erreichten Höhepunkt einer Integrierung, sondern auch eine Entwicklung, einen in ständiger Bewegung befindlichen Prozeß[27]. Da diesen Beziehungen die Aufgabe zufällt, ein geordnetes Zusammenleben der Staaten und damit der in diesen lebenden Menschen zu sichern und weiterzuentwickeln, neigt der zwischenstaatliche durch Staat und Gesellschaft getragene Verkehr zur Ausbildung von Institutionen[28]. Die auf diesem Vorgang beruhende internationale Verbandsbildung erzeugt die verschiedensten Formen von Zusammenschlüssen, von denen die auf den Normen des Völkerrechts beruhenden Beziehungen als

---

[25] BERBER, a. a. O., Bd. 3, S. 170; HUBER, a. a. O., S. 61 ff.; MEISTER, Die Formen der Internationalität, in Festschrift für LAUN, S. 263 ff.; EEK, Constitutional Reform in the Community of States, in Clunet 88 (1961), S. 972 ff.; v. d. HEYDTE, Schuman-Plan und Völkerrecht, in Festschrift für LAUN, S. 120 ff.

[26] BERBER, a. a. O., Bd. 3, S. 165 ff.

[27] Dies erklärt den dynamischen Charakter der internationalen Organisationen. Da der Begriff der Organisation unter den Oberbegriff der Integration zu subsumieren ist, sind die beiden oben genannten Aspekte ebenfalls in ihm enthalten; denn Organisation bezeichnet als zweckbewußte Zuordnung von Personen oder Personengruppen eines sozialen Gebildes zu sachlichen Funktionen einmal den dynamischen Vorgang des Organisierens, d. h. die Zuordnung selbst, zum anderen das organisierte Gebilde, das Ergebnis der Zuordnung; s. dazu HIRSCH, Organisation, in Wörterbuch der Soziologie, S. 358.

[28] BERBER, a. a. O., Bd. 3, S. 169 ff.; s. auch KUNZ, The Changing Law of Nations, in AJIL 51 (1957), S. 79 ff.; SCHÄTZEL, Die Universalität der Weltorganisation, in Festschrift für WEHBERG, S. 355 ff.; — Die zwischenstaatlichen Institutionen beschleunigen selbst wieder den internationalen Integrationsprozeß. Sie sind also mehr, als dessen notwendige Ergänzung; s. JAENICKE, Die Sicherung des übernationalen Charakters der Organe internationaler Organisationen, in ZaöRVR 14 (1951/52), S. 117; als Beispiel können die Integrationsbemühungen der EWG zum Problem der Angleichung der zwischenstaatlichen Rechtsunterschiede in den einzelnen Mitgliedstaaten genannt werden, s. AUBIN, Zum Aufbau des Tatbestands in Artikel 101 des Vertrages zur Gründung der Europäischen Wirtschaftsgemeinschaft, in Festschrift für RIESE, S. 245 ff.

völkerrechtliche Staatenverbindungen im weiteren Sinn bezeichnet werden[29]. Solche Verbindungen können durch Verträge oder durch einseitige Akte entstehen[30] und, im Hinblick auf die Stellung ihrer Mitglieder, auf gleicher oder ungleicher Basis zustande kommen[31].

Da somit jedes rechtliche Verhältnis zwischen zwei oder mehreren Staaten eine Staatenverbindung darstellt, ist es notwendig, durch Einführung weiterer Begriffsmerkmale, den engeren Begriff der Staatenverbindung herauszuarbeiten. Als Unterscheidungsmerkmale kommen in Betracht: der Rechtsgrund der Staatenverbindung, die Stellung der Mitglieder und das Vorhandensein von Organen[32]. Alle drei Unterscheidungsmerkmale sind für die Begriffsbestimmung der internationalen Organisation wichtig[33].

Ergebnisse:

Der Fortbestand internationaler Organisationen kann unter einem dreifachen Aspekt begriffen werden:

i) allgemein als eine dem rechtlichen Bereich vorgelagerte Frage nach der Kontinuität zwischenstaatlicher Integration,

ii) als Unterfall der Fortdauer von völkerrechtlichen Staatenverbindungen, und

iii) als völkerrechtliches Kontinuitätsproblem der einzelnen Organisation.

Der zweite und dritte Aspekt bilden den eigentlichen Gegenstand der Untersuchung. Zu ihrer Erörterung ist der erste heranzuziehen,

---

[29] Bindschedler, a. a. O., S. 17; Carstens, a. a. O., S. 39; Kunz, Die Staatenverbindungen, S. 2. — Diese Gesamtheit der internationalen Beziehungen werden auch mit dem Begriff der internationalen Organisation in seiner abstrakten Form bezeichnet; s. Zemanek, a. a. O., S. 6; Potter, Origin of the Term International Organization, in AJIL 39 (1945), S. 803.

[30] Verdross, a. a. O., S. 353; Schlochauer, a. a. O., S. 42, subsumiert unter diesen Begriff nur solche Verbindungen, die auf Vertrag beruhen.

[31] Zu der ersten Gruppe gehören die internationalen Organisationen in ihrer konkreten Form, zu der zweiten die einseitigen Abhängigkeitsverhältnisse, wie z. B. das Protektorat; s. Seidl-Hohenveldern, a. a. O., S. 133 und 136.

[32] Carstens, a. a. O., S. 40 f.; s. auch die Einteilungsversuche von Guggenheim, Lehrbuch des Völkerrechts, Bd. 1, S. 221, und Verdross, a. a. O., S. 353, sowie die Kritik von Carstens, a. a. O., loc. cit.

[33] Nach Wolfram, Die Assoziierung überseeischer Gebiete an die EWG, S. 28, ist jede organisierte völkerrechtliche Staatenverbindung eine int. Organisation. Das ist, wie auf S. 12 f. erläutert werden wird, nicht richtig. Die Stellung der Mitgliedstaaten spielt ebenfalls eine entscheidende Rolle, denn auch völkerrechtliche Staatenverbindungen auf ungleicher Basis können mit Organen ausgestattet sein.

denn — wie später erläutert wird — spielen bei jedem Kontinuitätssachverhalt alle drei Gesichtspunkte eine bedeutsame Rolle[34/35]. Der Begriff „Kontinuitätssachverhalt" bezeichnet in diesem Zusammenhang die in der Vergangenheit aufgetretenen, den Fortbestand einer einzelnen Organisation in Frage stellenden tatsächlichen Vorgänge und die entsprechenden zur Kontinuitätswahrung ergriffenen rechtlichen Maßnahmen.

Das Problem der Kontinuität internationaler Integration ist metajuristischer Natur. Seine Lösung ist innerhalb einer völkerrechtlichen Untersuchung nicht möglich. In diesem Rahmen können nur kurze Hinweise auf die die Integration fördernden und hindernden Vorgänge gegeben werden, die den Besonderheiten der einzelnen Organisationen Rechnung tragen. Diese individualisierende Betrachtungsweise ist erforderlich, da die Organisationen nach Inhalt und Umfang ihrer Aufgaben, nach ihrer Struktur und Mitgliederkreis verschieden sind[36]. Allgemein läßt sich folgendes sagen:

Jede Organisation bildet als Institution zwischenstaatlicher Integration einen Teil der erreichten internationalen Gemeinschaftsordnung. Sie enthält einen Ordnungskern, nach Hagemann „jenes Ordnungsminimum, ohne welches sie Ordnung überhaupt in Frage gestellt wäre"[37], das auf einem Mindestmaß an gegenseitiger Übereinstimmung der Mitgliedstaaten beruht[38]. Diese gemeinsame Überzeugung und der Ordnungskern, aus dem Blickwinkel völkerrechtlicher Betrachtung soziologische Axiome, die durch die jeweilige politische und wirtschaftliche Konstellation vorgegeben sind[39], folgen aus dem Wesen der Integration. Als weiterer metajuristischer Faktor

---

[34/35] Zur Notwendigkeit einer soziologischen Analyse im Recht der internationalen Institutionen, s. SCHWARZENBERGER, Zum Recht der internationalen Institutionen, in Festschrift für SCHÄTZEL, S. 431.

[36] Dabei wird nicht übersehen, daß sich gewisse Typen herausgebildet haben; doch können die auftretenden gleichartigen Merkmale auch nur auf Grund einer Einzelbetrachtung näher bestimmt werden, s. dazu SCHWARZENBERGER, a. a. O., S. 429 ff.

[37] HAGEMANN, Rechtssoziologische Probleme der Friedenssicherung durch Internationale Organisationen, in Arch VR 1 (1948/49), S. 310 ff.; s. auch GUGGENHEIM, Beiträge zum Problem der Internationalen Organisation, in Festgabe für HUBER, S. 128.

[38] HAGEMANN, a. a. O., S. 323; MEYER-CORDING, Die europäische Integration als geistiger Entwicklungsprozeß, in Arch VR 10 (1962/63), S. 47; SMEND, Integrationslehre, in Handwörterbuch der Sozialwissenschaften, Bd. 5, S. 299.

[39] HAGEMANN, a. a. O., S. 306; G. JELLINEK führt dazu aus, daß jeder Vertragsschluß auf der Anknüpfung an ein soziales vorjuristisches Dasein beruht, welches der Vertrag vorfinden muß, aber nicht schaffen kann; s. Allgemeine Staatslehre, S. 774 ff.

sind diejenigen politischen Gegebenheiten anzuführen, die die Stellung der an der Organisation beteiligten Staaten bestimmen[40]. Bei den Organisationen ist dies die Basis der Nebenordnung[41].

Zu diesen allgemeinen Merkmalen tritt die rechtliche Ausgestaltung der Organisationen. Da diese sich als Rechtsgebilde im völkerrechtlichen Bereich und unter Umständen auch in den innerstaatlichen Rechtsordnungen entfalten, hat sich die folgende Untersuchung auf ihre Strukturen, auf ihre Rechtspersönlichkeit und Stellung gegenüber den anderen Rechtspersonen zu erstrecken.

ZWEITES KAPITEL

Der Begriff der internationalen Organisation

I. Begriffsbestimmung

Wie oben erläutert, ist der Begriff der internationalen Organisation vieldeutig. Es wird in seiner konkreten Bedeutung als bestimmte Rechtsform internationaler Zusammenarbeit wiederum in Organisationen im weiteren und engeren Sinn eingeteilt. Zu der ersten Gruppe gehören auch die supranationalen Organisationen. Von Supranationalität kann man nach Seidl-Hohenveldern dann sprechen, wenn die Organe der Organisation ihre Herrschaftsgewalt auf einzelne staatliche Personen und Personenvereinigungen, die nicht in ihrem Dienst stehen, erstrecken können[42].

Die einzigen gegenwärtig bestehenden supranationalen Organisationen sind die drei Europäischen Gemeinschaften[43]. Da bei diesen Kontinuitätsfragen aufgetreten sind[44], ist der Untersuchung eine Definition zugrunde zu legen, die dem weiten Organisationsbegriff entspricht.

Der Begriff der internationalen Organisation wird in verschiedenen Definitionen umschrieben, die enger oder weiter gefaßt sind. Nach

---

[40] BRIERLY, Die Zukunft des Völkerrechts, S. 103 f.; BILFINGER, Gedanken zur Lage des Völkerrechts, in Gedächtnisschrift für JELLINEK, S. 75.

[41] HAGEMANN, a. a. O., S. 304 ff.; s. z. B. Art. 2 der UN-Charta, PEASLEE, Bd. 2, S. 1777; s. unten S. 12.

[42] SEIDL-HOHENVELDERN, a. a. O., S. 133; es besteht in der Völkerrechtslehre keine Einigkeit, welche Merkmale die Supranationalität ausmachen; s. CARSTENS, a. a. O., S. 42; ROSELIEB, Zur Frage der Supranationalität, in Österr. ZöR 12 (1963), S. 461 ff., insbes. S. 475 ff. (Überblick über die Meinungen); DAHM, a. a. O., Bd. 2, S. 36 ff.; SERENI, Le Organizzazioni Internazionali, S. 83 f., 204, lehnt den Begriff ab. Diese Zusammenschlüsse sind für ihn Beispiele von internationalen Organisationen, in denen Akte der Organisation gegen Individuen möglich sind.

[43] EGKSt, EWG und EAG, s. PEASLEE, Bd. 1, S. 459 ff.; 519 ff.; 399 ff.

[44] S. unten S. 86 f.

Carstens gibt es keine positiv-rechtliche Umschreibung des Begriffes, die ihn völlig erfaßt[45].

Sereni versteht unter einer internationalen Organisation „un' associazione volontaria di soggetti di diritto internazionale, costituita mediante atti internazionali e disciplinata nei rapporti fra le parti da norme di diritto internazionale, che si concreta in un ente a carattere stabile, munito die un ordinamento giuridico interno proprio e dotato di organi e instituti propri, attraverso i quali attua finalità comuni dei consociati mediante l'esplicazione di particolari funzioni e l'exercizio dei poteri all' uopo conferitile."[46]

Die Commission Du Droit International definiert: „Une organisation internationale est un organisme établi par un certain nombre d'Etats, qui possède des organes permanents ayant capacité d'agir au nom de ces Etats dans la sphère de sa compétence".[47]

Die Begriffsbestimmung von Carstens lautet: „Eine internationale Organisation ist eine auf Vertrag beruhende, nach dem Grundsatz der Nebenordnung der Staaten aufgebaute, organisierte Staatenverbindung".[48]

Zemanek definiert: „Eine durch Kollektivvertrag geschaffene autonom organisierte völkerrechtliche Verbindung von Staaten zur Verfolgung gemeinsamer Interessen der Mitgliedsgemeinschaft".[49]

Aus diesen Definitionen geht allgemein hervor, daß es sich bei internationalen Organisationen um Staatenverbindungen handelt, die auf dem Grundsatz der Nebenordnung der Staaten beruhen[50], durch Vertrag begründet wurden und mit gemeinschaftlichen Organen ausgestattet sind, die im Rahmen ihrer Zuständigkeit gemeinsame Interessen der Mitgliedstaaten verfolgen sollen. Zu diesen Merkmalen treten noch zwei weitere hinzu: die Organisationen müssen ein auf Dauer berechnetes Gebilde darstellen und einem völkerrechtlich erlaubten Zweck dienen.

Unter diese Begriffsbestimmung fallen ebenfalls die supranationalen Organisationen, denn auch sie sind durch Vertrag begründete, organi-

---

[45] Carstens, a. a. O., S. 38, Art. 57 UN-Charta (Peaslee, S. 1786) und Art. 95 OAS-Satzung (Peaslee, S. 1656) enthalten nur spezielle Begriffsbestimmungen.

[46] Sereni, a. a. O., S. 34; dergl. Diritto Internazionale, Bd. 2, Teil 2, S. 804.

[47] Doc A/CN. 4/SR 52, S. 9 der Commission Du Droit International, 52. Sitzung am 22. Juni 1950.

[48] Carstens, a. a. O., S. 41.

[49] Zemanek, a. a. O., S. 17.

[50] Dieses Kriterium wird in den Definitionen von Sereni, Zemanek und der Commission Du Droit International nicht erwähnt. Seine Anführung ist gleichwohl von Bedeutung, da es zur Abgrenzung von anderen Arten von Staatenverbindungen dient; s. Carstens, a. a. O., S. 39 f.; Bindschedler, Rechtsfragen der europäischen Einigung, S. 18; Kunz, Die Staatenverbindungen, S. 42 f. und S. 113.

sierte Staatenverbindungen, bei denen nur noch im Verhältnis zu den anderen Organisationen ein Moment oder mehrere Merkmale hinzutreten[51].

Da bei der allgemeinen Fortbestandsbetrachtung der internationalen Organisationen die Frage nach der Kontinuität der einzelnen Wesensmerkmale von Bedeutung sein kann[52], sind diese kurz zu erläutern.

1. Die Nebenordnung der Staaten

Dieses Merkmal ist nicht mit vollkommen rechtlicher Gleichstellung zu verwechseln[53]. Der Gegensatz zur Nebenordnung ist die Unterordnung, die z. B. beim Protektorat vorliegt[54].

Der Gesichtspunkt der Nebenordnung ist zwar für die Begriffsbildung der internationalen Organisation von Bedeutung, kann aber bei der folgenden Untersuchung außer acht gelassen werden, da jeder Wandel von der Neben- zur Über- oder Unterordnung über eine Kontinuitätsbetrachtung *zwischen* internationalen Organisationen hinausführt[55]. Gegenstand dieser Abhandlung sollen aber nur Kontinuitätsfragen sein, die entweder innerhalb einer Organi-

---

[51] Es ist in der Völkerrechtslehre umstritten, ob sich die supranationalen Organisationen in die bisherigen Kategorien der Staatenverbindungen einordnen lassen; letzteres wird insbesondere wegen ihres bundesstaatähnlichen Aufbaues bestritten, s. dazu JAENICKE, Supranationale Organisation, in WVR, Bd. 3, S. 425 f.; RUNGE, Das Recht der Europäischen Gemeinschaften, in JuS 5 (1965), S. 12, bezeichnet sie als Staatenverbindungen sui generis; unentschieden: CONSTANTINESCO, Die Eigentümlichkeiten des Europäischen Gemeinschaftsrechts, in JuS 5 (1965), S. 347; für eine Einordnung: SEIDL-HOHENVELDERN, a. a. O., S. 133; VERDROSS, a. a. O., S. 355 f.; ZEMANEK, a. a. O., S. 15; s. auch KUNZ, Supra-National Organs, in AJIL 46 (1952), S. 690 ff.; ROSELIEB, a. a. O., S. 477 f.; WEHBERG, a. a. O., S. 209, und BERBER, a. a. O., Bd. 3, S. 254 ff.; MÜNCH/EYNERN, Internationale Organisationen und Regionalpakte, S. 7 f.; van EYSINGA, Supranational, in Festschrift für WEHBERG, S. 130 ff.; SCHWANTES, Die Supranationalität, Diss. Köln, S. 5 ff.; KORDT/GAUDEMET/KERN, Der europäische Beamte, S. 61, Anm. 2.

[52] Bei der Lehre vom Fortbestand der Staaten ist die Frage nach den für die Staatenkontinuität maßgeblichen Kriterien unlösbar mit dem Problem der Wesensmerkmale des Staates verbunden, s. BERNHARDT, a. a. O., S. 295 ff.; BERBER, a. a. O., Bd. 1, S. 247; OPPENHEIM/LAUTERPACHT, International Law, Bd. 1, S. 153 f.

[53] CARSTENS, a. a. O., S. 41; MOSLER, Der Vertrag über die Gemeinschaft für Kohle und Stahl — Entstehung und Qualifizierung, in ZaöRVR 14 (1951/52), S. 32, führt aus, daß trotz dieses Merkmals die Unterschiede der Macht in einigen Satzungen ihren Ausdruck gefunden haben, s. z. B. Art. 23 u. 27 der UN-Charta, PEASLEE, Bd. 2, S. 1780 f.

[54] S. oben S. 8.

[55] Dazu ausführlich JAENICKE, Bundesstaat oder Staatenbund, in Festgabe für BILFINGER, S. 71 ff.; BINDSCHEDLER, a. a. O., S. 73; MOSLER, a. a. O., S. 32.

sation auftreten, oder zwischen verschiedenen Organisationen stattfinden. Damit scheidet auch die Problematik des Funktionsüberganges von Staaten auf Organisationen bei der Gründung und umgekehrt von Organisationen auf Staaten bei Auflösung der ersteren aus[56]. Die Kontinuität der Nebenordnung wird somit für die weitere Erörterung der Fragestellung vorausgesetzt.

2. Die Satzung

Internationale Organisationen werden stets durch völkerrechtliche Verträge konstituiert[57]. Entgegen dieser herrschenden Ansicht tritt Seyersted dafür ein[58], daß der Gründungsakt einer Organisation nicht notwendigerweise durch den Abschluß eines zwischenstaatchen Vertrages erfolgen muß[59]. Nach ihm genügt das Vorhandensein unabhängiger internationaler Organe, an deren Arbeit die Mitgliedstaaten teilnehmen, ohne dazu rechtlich verpflichtet zu sein[60]. Die internationalen Organisationen sind demnach nicht partikulare Staatenverbindungen, sondern Organe der allgemeinen Völkerrechtsgemeinschaft.

Dieser Theorie ist entgegenzuhalten, daß alle Versuche, zwischenstaatliche Phänomene rechtlich zu begreifen, von der soziologischen Tatsache auszugehen haben, daß die Völkerrechtsgemeinschaft in ihrem heutigen Stand noch im wesentlichen auf souveräne Staaten gegründet ist[61]. Trotz der fortschreitenden Zwischenabhängigkeit ist

---

56 Zu dieser Problematik s. die Übersicht bei RUNGE, a. a. O., S. 13 f.

57 ZEMANEK, a. a. O., S. 9 ff.; SEIDL-HOHENVELDERN, a. a. O., S. 133; O'CONNELL, International Law, Bd. 1, S. 109; DAHM, a. a. O., Bd. 2, S. 5 ff.; GUGGENHEIM, Traité de Droit International Public, Bd. 1, S. 216; OPPENHEIM/LAUTERPACHT, a. a. O., S. 375 ff.; CAVARÉ, Le Droit International Public, Bd. 1, S. 534 ff.; VERDROSS, a. a. O., S. 352; SCHEUNER, Die Rechtssetzungsbefugnis internationaler Gemeinschaften, in Festschrift für VERDROSS, S. 230 ff.; FEINBERG, Unilateral Withdrawal from an International Organization, in BYIL 39 (1963), S. 189 und S. 191 Anm. 1.

58 SEYERSTED, Objektive International Personality of International Organizations, in NordTIR 34 (1964), S. 15 ff.

59 In diesem Zusammenhang gibt SEYERSTED aber zu, daß die meisten Organisationen auf Grund eines Vertrages errichtet wurden, a. a. O., S. 54.

60 Ders., a. a. O., S. 51 f.

61 MOSLER, Die Erweiterung des Kreises der Völkerrechtssubjekte, in ZaöRVR 22 (1962), S. 1 ff.; KUNZ, General International Law, in AJIL 47 (1953), S. 456 ff.; ders., The Changing Law of Nations, in AJIL 51 (1957), S. 77 ff.; BINDSCHEDLER, Illusion und Wirklichkeit, Gegenwart und Zukunft des Völkerrechts, in JIR 8 (1957/58), S. 7 ff.; BERBER, a. a. O., S. 9 ff.; SEIDL-HOHENVELDERN, Völkerrecht, S. 1 f.; BILFINGER, Vollendete Tatsache und Völkerrecht, in ZaöRVR 15 (1953/54), S. 454 ff.; OPPENHEIM/LAUTERPACHT, a. a. O., S. 371; VERDROSS, Die Verfassung der Völkerrechtsgemeinschaft,

das Völkerrecht ein Recht der Staaten[62]. Die Völkerrechtsgemeinschaft als solche hat keine eigenen Organe; ihre Interessen werden dadurch gewahrt, daß Organe eines Staates oder einer Staatenverbindung vielfach nicht nur in ihrem eigenen Interesse handeln, sondern auch in dem der Völkerrechtsgemeinschaft[63]. Soweit es sich nicht um staatliche Organe handelt, beruhen die Organe auf einem zwischenstaatlichen Vertrag, dann dies ist die einzige Rechtsform für internationale Zusammenschlüsse auf der Basis der Nebenordnung[64].

Der Gründungsvertrag ist in der Regel ein Kollektivvertrag[65]. Ihm kommt Doppelnatur zu: er ist Entstehungs- und Geltungsgrundlage[66].

S. 118 ff.; der Ständige Internationale Gerichtshof charakterisierte das Völkerrecht im Lotus-Fall: „International Law governs relations between independent States." PCIJ-Series A, No. 10, S. 18; so auch Bilfinger, Vom politischen und nicht politischen Recht in organisatorischen Kollektivverträgen, in ZaöRVR 13 (1950/51), S. 623 f.; aber auch die Ausführungen von Schwarz-Liebermann v. Wahlendorf, Mehrheitsentscheid u. Stimmenwägung, S. 11 ff. und 183.

[62] Damit wird das Völkerrecht aber nicht als Außenstaatsrecht begriffen. Völkerrecht ist, ausgehend davon, daß Staaten auf jeden Fall Völkerrechtssubjekte sind, das Recht zwischen Staaten. Diese halten als notwendige Pole diese rechtliche internationale Verbindung; s. Schwarzenberger, International Law, S. 15 ff.; Mosler, a. a. O., S. 45.

[63] Seidl-Hohenveldern, a. a. O., S. 143 f.; Scelle, Le phénomène juridique du dédoublement fonctionnel, in Festschrift für Wehberg, S. 324 ff.; Kunz, Supra-National Organs, in AJIL 46 (1952), S. 694.

[64] Verdross, Völkerrecht, S. 353. — Eine andere Frage ist, ob Anfang und Ende der Tätigkeit der Organisationen mit Beginn und Erlöschen der Rechtswirksamkeit ihrer Gründungsverträge zusammenfallen, s. unten S. 101 ff.

[65] Es muß sich aber nicht notwendigerweise um einen multilateralen Vertrag handeln, s. Münch/Eynern, Internationale Organisationen und Regionalpakte, S. 4 f.; anderer Ansicht: Zemanek, a. a. O., S. 10 f.; Bilaterale Abkommen dienten bisher nur in seltenen Fällen als Vertragsgrundlage, z. B. die frühere Anglo-American Carribean Commission, die am 9. März 1942 zwischen den USA und Großbritannien gegründet wurde, s. Peaslee, Bd. 1, S. 121.

[66] Zemanek, a. a. O., S. 11; Dahm, a. a. O., Bd. 2, S. 4; Steiger, Die Unabhängigkeit der Rechtssetzung der Europäischen Gemeinschaften, Diss. Münster, S. 2. Internationale Organisationen können daher logischerweise nicht am Abschluß ihrer eigenen Satzung mitwirken. Sie können aber zusammen mit Staaten andere internationale Organisationen gründen, wenn sich diese Befugnis ausdrücklich oder impliziert aus ihrem Statut ergibt. So gründeten z. B. der VB und Italien das International Institute for the Unification of Private Law, s. Peaslee, Bd. 2, S. 1205; Zemanek, Internationale Organisationen als Handlungseinheiten, in der Völkerrechtsgemeinschaft, in Österr. ZöR 7 (1956), S. 341.

Als Gründungsakte und Verfassung[67] der Organisation bildet der Vertrag die Grundlage einer partikularen völkerrechtlichen Ordnung[68], deren Fortbestand mit der Kontinuität des Vertrages zusammenhängt.

a) Die durch die Satzung geschaffene Rechtsordnung

Wie jedes Rechtsgebilde besitzt die durch die Satzung geschaffene Ordnung eine personelle, örtliche, zeitliche und materielle Gültigkeitssphäre[69]. Der Fortbestand der partikularen völkerechtlichen Gemeinschaft ist deshalb mit dem Problem der Fortdauer dieser vier Geltungsbereiche eng verbunden[70].

aa) Der persönliche Geltungsbereich

Mitglieder internationaler Organisationen sind hauptsächlich die Staaten[71], allerdings auch abhängige, mit beschränkter Handlungsfähigkeit[72]. Die Kontinuität des persönlichen Geltungsbereichs wird dann berührt, wenn Mitglieder ihre Staatenqualität einbüßen. So erlosch die Mitgliedschaft Nassaus in der Zentralkommission für die Rheinschiffahrt, nachdem dieser Staat im Jahre 1866 in das Königreich Preußen einverleibt wurde[73].

---

[67] Scheuner, a. a. O., S. 231; v. Simson, Der politische Wille als Gegenstand der Europäischen Gemeinschaftsverträge, in Festschrift für Riese, S. 85 ff.

[68] Kraus, Betrachtungen über die rechtliche Struktur der Europäischen Gemeinschaft für Kohle und Stahl, in Festgabe für Smend, S. 207; Zemanek, a. a. O., S. 11.

[69] Diese Bereiche werden für die allgemeine Völkerrechtsordnung erwähnt von Verdross, Völkerrecht, S. 188 ff.; Kunz, The Systematic Problem of the Science of International Law, in AJIL 53 (1959), S. 380; im Hinblick auf internationale Organisationen: Schwarzenberger, A Manual of International Law, Bd. 1, S. 228; Bindschedler, Rechtsfragen der europäischen Einigung, S. 37 ff., 50; Carstens, Die Errichtung des gemeinsamen Marktes in der Europäischen Wirtschaftsgemeinschaft, Atomgemeinschaft und Gemeinschaft für Kohle und Stahl, in ZaöRVR 18 (1957), S. 463 ff.

[70] Dieser Gesichtspunkt wurde, soweit ersichtlich, zum erstenmal von Hahn, Die Organisation für Wirtschaftliche Zusammenarbeit und Entwicklung, in ZaöRVR 22 (1962), S. 54 ff., berücksichtigt; ders., Continuity in the Law of International Organization, in Österr. ZöR 13 (1964), S. 219 ff.; 227 ff.; der örtliche und zeitliche Bereich werden von ihm nicht erwähnt.

[71] Carstens, Das Recht des Europarats, S. 39 ff.; Zemanek, a. a. O., S. 9 ff.; O'Connell, a. a. O., Bd. 1, S. 305; Münch/Eynern, a. a. O., S. 18; Bilfinger, Vom politischen und nichtpolitischen Recht in organisatorischen Kollektivverträgen, in ZaöRVR 13 (1950/51), S. 644 ff.; Schermers, De Gespecialiseerde Organisaties, S. 39 ff.; Bornemann, Die Teilnahme politisch geteilter Staaten an der Arbeit internationaler Organisationen. Diss. Köln, S. 33.

[72] Zur Mitgliedschaft von abhängigen Gebieten s. Dahm, a. a. O., Bd. 2, S. 11 f.

[73] van Eysinga, Die Zentralkommission für die Rheinschiffahrt, S. 58.

bb) Der räumliche Geltungsbereich

Der räumliche Geltungsbereich umfaßt in der Regel die Territorien der Mitgliedstaaten, es sei denn, daß ein Staat nur mit einem Teil seines Gebietes und nur für diesen Mitglied ist[74]. Die Kontinuität des räumlichen Geltungsbereichs wird durch einen Wechsel des Mitgliederbestandes oder durch einen Territorialverlust des Mitgliedstaates berührt[75]. Für die Aufnahme eines Staates in eine Organisation — und damit für die Erweiterung der Gültigkeitssphäre — ist es entscheidend, ob die Satzung der betreffenden Organisation eine Beitrittsmöglichkeit vorsieht (offene Organisation), oder den Beitritt weiterer Staaten ausschließt (geschlossene Organisation). Die offenen Organisationen sind entweder allen Staaten zugänglich oder auf einen bestimmten Kreis von Staaten beschränkt[76]. Ist eine Erweiterung des Geltungsbereichs durch Neuaufnahmen vorgesehen, so wird durch den Hinzutritt eines weiteren Staates der Fortbestand der zwischenstaatlichen Gemeinschaftsordnung nicht angetastet. Bei Organisationen mit geschlossenem oder beschränkt offenem Mitgliederkreis erfordert die Aufnahme eines neuen Mitgliedes in der Regel eine Vertragsrevision[77].

Entsprechendes gilt beim Austritt von Mitgliedern.

cc) Der zeitliche Geltungsbereich

Man unterscheidet Organisationen, die auf bestimmte Zeit[78], auf unbestimmte Zeit[79] oder bis zum Eintritt eines bestimmten Ereignisses[80] abgeschlossen wurden. Die Satzungen auf Dauer enthalten häufig neben der Bestimmung über den Zeitraum eine Vertrags-

---

[74] Dahm, a. a. O., Bd. 2, S. 12.

[75] So verlor z. B. Frankreich durch die Abtretung Elsaß-Lothringens an das Deutsche Reich im Jahre 1871 den direkten Zugang zum Rhein; sein Vertreter schied aus der Zentralkommission aus. Frankreich blieb aber weiterhin Vertragspartner d. Mannheimer Schiffahrtsakte von 1868, s. Eysinga, a. a. O., S. 58.

[76] Ders., loc. cit.; s. Art. 227 (2) EWG-Vertrag, Peaslee, a. a. O., Bd. 1, S. 582.

[77] Bei Organisationen mit beschränkt offenem Mitgliederkreis gilt dies nur, wenn das neue Mitglied nicht zu den eintrittsberechtigten Staaten gehört; vgl. Mosler, Die Aufnahme in internationale Organisationen, in ZaöRVR 19 (1958), S. 308.

[78] Die Zeitspannen reichen von einem Jahr bei einer Rohstofforganisation bis zu 50 Jahren bei der Benelux-Wirtschaftsunion oder der EKGSt, s. Art. 97 EKGSt-Satzung, BGBl 1952 II, S. 475, bzw. Art. 2 International Coffee-Organization, s. Peaslee, Bd. 2, S. 1023.

[79] Z. B. der OECD-Vertrag; etwa 85 % aller bestehenden Organisationen sind auf unbestimmte Zeit abgeschlossen.

[80] Z. B. Art. 14 der Satzung der Europäischen Organisation für Kernphysikalische Forschung, BGBl 1954 II, 1021 f.

klausel, die eine Verlängerungsmöglichkeit vorsieht[81], also eine Kontinuitätsregelung, die sich auf den zeitlichen Geltungsbereich bezieht.

Außerdem kennt die internationale Praxis Sachverhalte, in denen kurz vor oder nach Ablauf der Vertragsdauer die Satzung ausdrücklich oder stillschweigend für einen weiteren bestimmten Zeitraum als in Kraft bestätigt wurde, obwohl dies im Vertrag nicht vorgesehen war[82].

Die Fortdauer der zeitlichen Gültigkeitssphäre wird unterbrochen, wenn eine auf unbestimmte Zeit gegründete Organisation aufgelöst oder eine auf bestimmte Zeit abgeschlossene Organisation vorzeitig beendet wird.

dd) Der sachliche Geltungsbereich

Die internationalen Organisationen werden zur Durchführung bestimmter, ihnen von den Staaten übertragener Aufgaben errichtet. Dabei bezeichnet der Begriff „Aufgabe" in diesem Zusammenhang die Zielsetzung, den Zweck, zu dem die Staaten eine vertragliche Bindung eingegangen sind[83]. Der Inhalt dieser Aufgaben läßt sich nicht begrifflich abgrenzen, sondern — wie bei den Staaten — nur empirisch bestimmen[84]. Die Verflechtung aller Lebensbereiche über die Grenzen hinweg hat es bewirkt, daß es heute kaum ein Gebiet staatlicher Betätigung gibt, das den Organisationen grundsätzlich verschlossen wäre[85].

Zur Bewältigung der Aufgaben sind die Organisationen mit mannigfachen Funktionen ausgestattet. „Funktion" bedeutet hier: Verrichtung, Leistung, diejenigen Tätigkeitsweisen, durch die die Organisationen ihren Willen im inner- und zwischenstaatlichen Bereich durchsetzen[86]. Da die Tätigkeit einer Organisation von der ihr auferlegten Zielsetzung abhängt, können auch die Funktionen in ihrem Inhalt nur empirisch bestimmt werden[87]. Form und Umfang der Funktionen

---

[81] Z. B. Art. 11 des Warschauer Paktes; PEASLEE, Bd. 2, S. 1862. Die Verlängerungsklausel ist die Regel. Die bedeutsamste Organisation ohne eine solche Klausel ist die EGKSt; hier machte aber die lange Zeitdauer eine derartige Bestimmung unnötig.

[82] S. unten S. 48 f.

[83] AGO, Die internationalen Organisationen und ihre Funktionen im inneren Tätigkeitsgebiet der Staaten, in Festschrift für WEHBERG, S. 20 ff.; HOFFMEISTER, a. a. O., S. 92; DAHM, a. a. O., Bd. 2, S. 23 ff.

[84] MÜNCH/EYNERN, a. a. O., S. 8.

[85] MOSLER, Internationale Organisation und Staatsverfassung, in Festschrift für WEHBERG, S. 283.

[86] HOFFMEISTER, a. a. O., S. 293; ZEMANEK, a. a. O., S. 15 ff.

[87] Nach PEASLEE, Bd. 1, S. XL f., erstrecken sich die von internationalen Organisationen ausgeübten Funktionen auf folgende Sachgebiete: Politik, Recht, Wirtschaft, Ernährung und Landwirtschaft, Sozialwesen, Erziehung, Wissenschaft und Kultur, Transport- und Nachrichtenwesen.

sind bei den einzelnen Organisationen sehr verschieden. Sie reichen über eine bloß informierende und verwaltende Aktivität bis zu Befugnissen, die nicht nur die Mitgliedstaaten rechtlich verpflichten, sondern auch deren Einzelglieder in ihren Befehlsbereich einbeziehen[88].

Die Aufgaben und Funktionen können ausdrücklich in der Satzung geregelt sein[89]. Damit die Organisationen die ihnen gestellten Aufgaben erfüllen können, sind sie bei deren Durchführung nicht nur auf die ausdrücklich erwähnten Funktionen beschränkt. Um den Vertragszweck zu erreichen, besteht in der internationalen Praxis die Tendenz, einen Hauptgrundsatz der völkerrechtlichen Vertragsauslegung, nach dem Einschränkungen der Unabhängigkeit der Staaten nicht vermutet werden[90], bei den Satzungen internationaler Organisationen stärker als sonst hinter der effet utile Regel zurücktreten zu lassen[91].

Nach dieser Auslegungsregel entnimmt man der Satzung Lösungen, die die Vertragspartner zwar nicht berücksichtigt haben, die aber einerseits zweckmäßig und andererseits aus dem Vertragswortlaut ableitbar erscheinen[92].

Läßt sich ein solcher Anhaltspunkt im Text der Satzung nicht finden, so ziehen internationale Praxis und Völkerrechtslehre zwei Institute heran, die für die Funktionsausübung der Organisationen von großer Bedeutung sind:

Auf Grund der implied powers Lehre wird aus dem Gesamtwerk des Vertrages die Berechtigung abgeleitet, die in der Satzung vorhandenen Lücken nach dem wahren Willen der Parteien auszufüllen, weil anderenfalls das Vertragsziel nicht erreicht werden kann[93].

---

[88] S. dazu den Überblick bei MÜNCH, Internationale Organisationen mit Hoheitsrechten, in Festschrift für WEHBERG, S. 311 ff.; AGO, a. a. O., S. 20 ff.

[89] So z. B. Art. 1 und 10 ff. UN-Charta, PEASLEE, Bd. 2, S. 1776 und S. 1778 f.

[90] SEIDL-HOHENVELDERN, a. a. O., S. 69 f.; DAHM, a. a. O., Bd. 1, loc. cit.; s. das Urteil des StIGH vom 7. September 1927 im Lotus-Fall, PCIJ Series A, No. 10, S. 18, und das Rechtsgutachten desselben Gerichts vom 21. November 1925 im Türkisch-Irakischen Grenzstreit über Art. 3 Ziff. 2 des Vertrages von Lausanne, PCIJ Series B, No. 12, S. 25, und SCHWARZENBERGER, International Law, Bd. 1, S. 123 ff. mit weiteren Hinweisen.

[91] ROUYER-HAMERAY, a. a. O., S. 90 ff.; SEIDL-HOHENVELDERN, a. a. O., S. 71; DAHM, a. a. O., Bd. 1, S. 160 f.

[92] SEIDL-HOHENVELDERN, a. a. O., S. 71; an Entscheidungen seien erwähnt: Urteil des StIGH im Chorzow-Fall vom 26. Juli 1927, PCIJ Series A, No. 9, S. 24; Urteil des IGH im Corfu-Kanal-Fall vom 9. April 1949, ICJ Reports 1949, S. 25; RGA des IGH über den internationalen Status von Südwestafrika vom 11. Juli 1950, IGH 1950, S. 135.

[93] Dieses Vorgehen gehört somit in den Bereich der Vertragsinterpretation, s. BERNHARDT, Die Auslegung völkerrechtlicher Verträge, S. 97 ff.; MCMAHON, The Court of the European Communities, in BYIL 37 (1961),

Demgegenüber stellt die inherent powers Lehre auf die Eigenschaften und den Zweck der Organisation ab, den diese im zwischenstaatlichen Bereich zu erfüllen hat. Sie ist keine Auslegungsregel, sondern ein Teil der Lehre von der Rechtsnatur der internationalen Organisationen[94].

Außer der Vermutung, daß internationale Oganisationen alle Kompetenzen haben, die zur angemessenen Erfüllung der ihnen anvertrauten Aufgaben unentbehrlich sind, können die Organisationen nach Schwarzenberger noch zwei weitere Vermutungen zugunsten ihrer Zuständigkeit anführen: die Vermutung, den Umfang ihrer eigenen Zuständigkeit selbst zu bestimmen und die Vermutung ihrer ausschließlichen Kompetenz in Angelegenheiten ihres eigenen Zuständigkeitsbereiches[95].

Alle diese Hilfsmittel zur Feststellung der Befugnisse der Organisationen setzen deren Existenz voraus. Wie später dargestellt wird, sind sie nicht in der Lage, über die Errichtung, Auflösung und Fortbestand der Organisationen eine Aussage zu machen[96].

Der Funktionsbegriff ist metajuristischer Art. Die Kontinuität der Funktionen beruht auf einem soziologischen Sachverhalt, auf der Tatsache des Bedürfnisses und der Notwendigkeit der ständigen Zusammenarbeit der Staaten im internationalen Bereich[97]. Vom Völkerrecht her betrachtet ist ihre Fortdauer jedenfalls dann gesichert, wenn diejenigen Bestimmungen der Satzungen und Protokolle, die Inhalt, Form und Umfang der Funktionen festlegen, weder aufgehoben noch geändert werden.

Der Fortbestand der Funktionen ist für die weitere Untersuchung von großer Bedeutung, weil sich Art und Umfang der Rechte nach der Betätigung richten, die die Organe der Organisationen ausüben. Auf diese Organe ist im folgenden einzugehen.

S. 340 ff.; SEIDL-HOHENVELDERN, a. a. O., S. 71; VISSCHER, Problèmes D'Interprétation Judiciaire en Droit International Public, S. 144 ff.; RGA des IGH vom 28. Mai 1948 betr. Ersatz von im Dienste der Vereinten Nationen erlittenen Schäden, IGH 1949, S. 178 ff., sowie die Sondervoten von HACKWORTH, a. a. O., S. 198 ff., und BADAWI PASHA, a. a. O., S. 213 ff.; Urteil des EGKSt-GH vom 29. November 1956 in Sachen Fédération Charbonnière De Belgique ./. EGKSt, Sammlung der Rechtsspr. Bd. 2, 1955/56, S. 312, und Urteil des GH der Europäischen Gemeinschaften vom 15. Juni 1960 in Sachen Regierung der italienischen Republik ./. EGKSt, Rechtspr. Bd. 6, S. 708—711.

[94] SEYERSTED, a. a. O., S. 21 ff.

[95] SCHWARZENBERGER, Zum Recht der internationalen Institutionen, in Festschrift für SCHÄTZEL, S. 435.

[96] S. unten S. 31 ff.

[97] MOSLER, a. a. O., S. 282 ff.; SCHEUNER, a. a. O., S. 230; ZEMANEK, a. a. O., S. 15 ff.

b) Die durch die Satzung geschaffenen Organe

Verbände und Zusammenschlüsse von Verbänden bedürfen, um überhaupt in Tätigkeit treten zu können, der Organe[98]. Auch die Organisationen können nur durch diese im Rechtsverkehr wirksam werden[99].

Der Begriff des Organs wird in einem abstrakten und in einem konkreten Sinn gebraucht. In seiner abstrakten Bedeutung bezeichnet er einen bestimmten Teil der überindividuellen Einheit in seinem Verhältnis zur gesamten Organisation[100]. Im konkreten Sinn meint er die physischen Personen, die jede Organisation benötigt, um handeln zu können[101]. Letztere Bedeutung ist aber für eine Fortbestandsbetrachtung der Organe uninteressant, da ein Wechsel der physischen Personen über die Kontinuität des betreffenden Organs nichts aussagt.

Die Kontinuität der Organe beruht somit auf dem Fortbestand der Zuordnung, die zwischen einem Teil und dem organisatorischen Ganzen besteht. Ob eine Änderung dieses Verhältnisses für die Kontinuität dieser partikularen völkerrechtlichen Ordnung völkerrechtlich relevant werden kann, ist eine erst später zu beantwortende Frage[102]. Da aber Veränderungen von Zahl und Struktur der Organe zumindest ein Hinweis für die Auflösung oder Umgestaltung einer Organisation sein können, ist eine kurze Beschreibung der vorhandenen Arten von Organen notwendig.

Unter rechtlichen Gesichtspunkten lassen sich die Organe in verschiedene Kategorien einteilen, und zwar nach ihrer Zahl, Zusammensetzung, Kompetenzen, Wirkungskreis, Entstehung und nach den in ihnen geübten Abstimmungsverfahren. Dabei sind beliebige Kombinationen möglich[103].

Über die Zahl und Zusammensetzung der Organe, die eine Organisation besitzt, läßt sich eine Regel nur schwer aufstellen. Der Spielraum reicht von einem Büro bei der International Union for the Publication of Customs Tariffs bis zu den komplizierten

---

[98] Unter diesem Gesichtspunkt der Handlungsfähigkeit ist das Organ sogar mit dem Verband identisch; s. Mosler, Völkerrechtsfähigkeit, in WVR, Bd. 3, S. 671.

[99] Die Betätigungsweisen dieser Organe erfolgen wieder durch das Handeln bestimmter physischer Personen; die Organe bestehen entweder aus einer Personenmehrheit (z. B. ein Komitee) oder aus einer Person (z. B. der Generalsekretär).

[100] Hoffmeister, a. a. O., S. 445.

[101] In diesem Sinn: Dahm, a. a. O., Bd. 1, S. 70, und Seidl-Hohenveldern, Völkerrecht, S. 143.

[102] S. unten S. 33.

[103] Bindschedler, Internationale Organisation, in WVR, Bd. 2, S. 74 ff.

Strukturen der OVN oder der OAS[104]. Für die Mehrzahl der Organisationen gilt folgendes[105]:

Wenn der Aufgabenkreis eng umrissen ist, gibt es neben der Staatenkonferenz, d. h. der Versammlung der Regierungsvertreter in ihrer Gesamtheit[106], als ständiges Organ ein Sekretariat, wie z. B. bei der International Poplar Commission oder dem ehemaligen Inter-American Radio Office[107].

Bei einem größeren Aufgabenkreis tritt bei vielen Organisationen ein weiteres Organ hinzu: der Exekutivrat oder auch Exekutivkomitee genannt, d. h. ein kleineres Gremium, das sich aus einer beschränkten Zahl von Mitgliedstaaten zusammensetzt und auf dem häufig wegen seiner Sachkunde und Homogenität das Schwergewicht der Arbeit liegt, wie z. B. bei der OECD[108].

Nach dem Inhalt der Tätigkeit unterscheidet man Rechtssetzungs-, Verwaltungs- und Entscheidungsorgane[109]. Grundsätzlich sind Einsetzung, Kompetenzen und Verfahren der Organe in der Satzung geregelt. Die Hauptorgane können unter Umständen Unterorgane einsetzen. Die Errichtung und Auflösung von Unterorganen berühren den Fortbestand der Organisation nicht[110]. Die Unabhängigkeit von der Weisungsbefugnis der Staaten ist bei den einzelnen Organen unterschiedlich geregelt. Allgemein läßt sich feststellen, daß die jüngste Entwicklung neben dem althergebrachten Typus der vollkommen abhängigen Organisation eine neue Art entstehen ließ, bei der die Staaten — allerdings in jeweils gradueller Abstufung — auf Grund ihrer Kompetenz-Kompetenz manche Souveränitätsrechte delegierten[111].

---

[104] Für die obengenannten Beispiele: Art. 3 der 1949 modifizierten Satzung der International Union for the Publication of Customs Tariffs, Peaslee, Bd. 2, S. 1507; für die OVN und OAS: Schätzel, Die Charta der Vereinten Nationen, und Peaslee, Bd. 2, S. 1641 ff.

[105] Dahm, a. a. O., Bd. 2, S. 39 ff.; Wehberg, a. a. O., S. 197 ff.; Wengler, Völkerrecht, Bd. 2, S. 1311 ff.

[106] Dahm, a. a. O., Bd. 2, S. 42; Zollikofer, Les Relations Prévues entre les Institutions Spécialisées des Nations Unies et la Cour Internationale de Justice, S. 11 ff.

[107] Peaslee, Bd. 1, S. 877.

[108] Dahm, a. a. O., Bd. 2, S. 42 f.; Art. 7/9/10 und 11 der OECD-Satzung, BGBl 1961 II, S. 1154 f.

[109] Diese Einteilung hat nichts mit dem sogenannten Gewaltenteilungsprinzip bei den Staaten gemeinsam, s. Bindschedler, a. a. O., S. 75; Seidl-Hohenveldern, a. a. O., S. 165.

[110] Meier, Das Recht internationaler Organisationen zur Schaffung und Bevollmächtigung eigener Organe, in Arch VR 12 (1964), S. 30 ff.

[111] Dahm, a. a. O., Bd. 2, S. 24; Kraus, Betrachtungen über die rechtliche Struktur der Europäischen Gemeinschaft für Kohle und Stahl, in Festschrift für Smend, S. 189 ff.

Die Organisationen bedürfen der Organe, um überhaupt in Tätigkeit treten zu können. Es ist nun zu prüfen, ob sie in der Lage sind, im völkerrechtlichen Bereich Rechte geltend zu machen und Pflichten zu erfüllen.

II. Die Rechtspersönlichkeit der internationalen Organisationen

1. Der Begriff

Unter Völkerrechtsfähigkeit versteht man nach überwiegend vertretener Auffassung die Fähigkeit, Träger von völkerrechtlichen Rechten und Pflichten zu sein[112].

2. Seine Anwendung auf die Organisationen

Da das Völkerrecht nach seinem heutigen Stand im wesentlichen die „Ausgleichsordnung"[113] einer Gesellschaft souveräner Verbände darstellt, sind in erster Linie die Staaten Völkerrechtssubjekte. Sie sind notwendigerweise Träger von völkerrechtlichen Rechten und Pflichten; ihre Völkerrechtssubjektivität ist für das Funktionieren der zwischenstaatlichen Ausgleichsordnung unentbehrlich[114].

Alle Einheiten, die für die Erfüllung dieser Funktion entbehrlich sind, nehmen nur aus abgeleitetem Recht an der Völkerrechtsordnung teil. Dies gilt insbesondere für die internationalen Organisationen, die auf einem Rechtssetzungsakt der Staaten beruhen. Die Entwicklung der internationalen Gesellschaft kann aber dahin führen, daß durch die fortschreitende Zwischenabhängigkeit auch andere Gebilde als die Staaten derart unentbehrlich für die Erreichung des Zwecks der Völkerrechtsordnung werden, daß sie ebenfalls zu den notwendigen Völkerrechtssubjekten gerechnet werden müssen. So könnte nach Mosler die Weltorganisation der Staatengemeinschaft in Zukunft eine solche Intensität der Wirkung erreichen, daß sie trotz ihrer Entstehung aus einem völkerrechtlichen Vertrag tatsächlich eine eigenständige, von den Mitgliedern losgelöste Autorität erlangt, die sie in die Gruppe der notwendigen Völkerrechtssubjekte einrücken

---

[112] BERBER, a. a. O., Bd. 1, S. 110; SEIDL-HOHENVELDERN, a. a. O., S. 109; MOSLER, Die Erweiterung des Kreises der Völkerrechtssubjekte, in ZaöRVR 22 (1962), S. 18; Darstellung der Theorien bei CARSTENS, a. a. O., S. 46 ff.

[113] MOSLER, a. a. O., S. 2; s. auch BILFINGER, Gedanken zur Lage des Völkerrechts, in Gedächtnisschrift für JELLINEK, S. 67 ff.

[114] Die Staaten sind deshalb auch ursprüngliche Völkerrechtssubjekte; sie besitzen diese Eigenschaft kraft ihres bloßen Daseins; SEIDL-HOHENVELDERN a. a. O., S. 133; DAHM, a. a. O., Bd. 1, S. 70; OPPENHEIM/LAUTERPACHT, a. a. O., Bd. 1, S. 117 f.; BINDSCHEDLER, Rechtsfragen der europäischen Einigung, S. 94; ZEMANEK, a. a. O., S. 18 ff.

läßt[115]. Aus diesem Grunde sind einige Völkerrechtsautoren der Meinung, daß die Organisation der Vereinten Nationen als notwendiges Organ der allgemeinen Staatengemeinschaft objektive Völkerrechtspersönlichkeit besitzt[116].

Demgegenüber ist festzustellen, daß nach überwiegender Ansicht die internationalen Organisationen nicht notwendige Organe der allgemeinen Staatengemeinschaft sind, sondern partikulare zwischenstaatliche Ordnungen, die dem von den Gründerstaaten bestimmten Zweck dienen[117]. Ihre Völkerrechtspersönlichkeit ist abgeleiteter

---

[115] Mosler, Völkerrechtsfähigkeit, in WVR, Bd. 3, S. 672. — S. dazu auch Dahm, a. a. O., Bd. 1, S. 23 f.; McNair in seinem Sondervotum zum RGA des IGH über den Status von Südwest-Afrika, IGH 1950, S. 153 ff. — van Panhuys, Regional or General International Law, A Misleading Dilemma, in NedTIR 8 (1961), S. 151 und S. 159.

[116] So Jimenez de Arechaga, Derecho Constitucional De Las Naciones Unidas, S. 474; Lalive, Statut International Du Sud-Ouest Africain, in Clunet 77 (1950), S. 1265 und S. 1269; Kerno, The Charter as World Constitution, in Revue de Droit International de Sciences Diplomatiques, Politiques et Soziales 28 (1950), S. 262; Schwarz-Liebermann v. Wahlendorf, Mehrheitsentscheid und Stimmenwägung, S. 183; Wright, Problems of Stability and Progress in International Relations, S. 81 ff.; ders., The Outlawry of War and the Law of War, in AJIL 47 (1953), S. 372; ders., Völkerrecht und internationale Organisation, in ZaöRVR 13 (1950/51), S. 278; ders., The Jural Personality of the United Nations, in AJIL 43 (1949), S. 510; Zancla, Saggio allo Statuto dell'ONU, S. 22 f.; s. auch Scupin, Die völkerrechtliche Stellung der Südafrikanischen Union hinsichtlich Südwestafrikas, Diss. München, S. 48; Kojanec, Trattati E Terzi Stati, S. 205 ff.; Katzarov, Die Stellung der Nichtmitglieder der Vereinten Nationen, in Arch VR 3 (1951/52), S. 16 ff.; Schiffer, The Legal Community of Mankind, S. 278 ff.; Soder, Die Vereinten Nationen und die Nichtmitglieder, S. 23 ff.; Oppenheim/Lauterpacht, a. a. O., Bd. 1, S. 422; Virally, La Valeur Juridiques Des Recommandations Des Organisations Internationales, S. 91; Nach Seyersted, a. a. O., S. 88, genießt jede internationale Organisation die gleiche Art von Rechtspersönlichkeit wie ein Staat. Dies folgt aus seiner Auffassung, die in den Organisationen notwendige Mitglieder der Völkerrechtsordnung sieht; zur Kritik: s. oben S. 13 f.; Birkenhead, International Law, S. 62, charakterisierte schon den Völkerbund als die „organised Family of Nations", s. dazu unten S. 108 Anm. 537.

[117] Mosler, Die Erweiterung des Kreises der Völkerrechtssubjekte, in ZaöRVR 22 (1962), S. 47; Scupin, a. a. O., S. 48; Seidl-Hohenveldern, a. a. O., S. 143; Oppenheim/Lauterpacht, a. a. O., Bd. 1, S. 370 ff.; dies gilt auch für die Organisation der Vereinten Nationen, s. Barandon, Die Vereinten Nationen und der Völkerbund, S. 15; Bentwich/Martin, A Commentary on the Charter of the United Nations, S. 14; Goodrich/Hambro, Charter of the United Nations, S. 22; Grewe, Die Satzung der Vereinten Nationen, S. 6 ff.; Hsueh, L'Organisation Des Nations Unies et les Etats non membres, Diss. Genf, S. 84; Korowicz, Organisations Internationales Et Souveraineté Des Etats Membres, S. 249 ff.; Kunz, Supra-National

Natur[118]. Die Staaten haben als die generellen Völkerrechtssubjekte die Möglichkeit, den Organisationen Kompetenzen zum Erwerb eigener völkerrechtlicher Rechte und Pflichten zu übertragen, aus denen die Völkerrechtsfähigkeit als notwendige Konsequenz hervorgeht[119]. Ob eine internationale Organisation Völkerrechtssubjektivität besitzt, d. h. eine eigene Rechtspersönlichkeit, die von derjenigen der einzelnen Mitgliedstaaten verschieden ist[120], ist eine Frage des positiven Rechts[121].

3. Inhalt und Umfang

Die Völkerrechtsfähigkeit der Organisationen ist nicht genereller, sondern partieller Natur. Die Organisationen besitzen sie nur insoweit, als ihre Mitglieder sie damit ausstatten wollten[122]. Sie besteht für die Organisationen grundsätzlich nur im Rahmen ihrer Zwecke

---

Organs in AJIL 46 (1952), S. 695; SCHEUNER, Die Vereinten Nationen und die Stellung der Nichtmitglieder, in Festgabe für BILFINGER, S. 371; VERDROSS, Völkerrecht, S. 536, sowie das Völkerrechtslehrbuch der Akademie der Wissenschaften der UdSSR, S. 358; VERDROSS, General International Law and the United Nations Charter, in International Affairs 30 (1945), S. 342.

118 MOSLER, a. a. O., S. 23, führt dazu aus: „Die nichtstaatlichen Rechtssubjekte gehören nicht zu der sozialen Grundlage (des Völkerrechts, Anm. v. Verf.). Sie sind im Verhältnis zum prius, d. h. zu dem der Rechtsordnung vorgehenden Faktum, an das diese anknüpft, das posterius, d. h. erst innerhalb der Rechtsordnung konstituierte Subjekte." BERBER, a. a. O., Bd. 1, S. 170; WOLFRAM, a. a. O., S. 28 f.; BINDSCHEDLER, Internationale Organisation (Grundfragen), in WVR Bd. 2, S. 79 f.; MENZEL, Völkerrecht, S. 126; GOULD, An Introduction to International Law, S. 204 f.; JENKS, The Legal Personality of International Organizations, in BYIL 22 (1945), S. 267 ff.; BRIGGS, The Law of Nations, S. 85 ff.; BISHOP, International Law, Cases and Materials, S. 204 ff.; O'CONNELL, International Law, Bd. 1, S. 109 ff.; SEIDL-HOHENVELDERN, Völkerrecht, S. 134; RGA des IGH über den Ersatz von im Dienste der Vereinten Nationen erlittenen Schäden, IGH 1949, S. 184; DAHM, a. a. O., Bd. 2, S. 7; ZEMANEK, a. a. O., S. 20 f.; MÜNCH/EYNERN, a. a. O., S. 22; HAHN, Euratom: The Conception of an International Personality, in Harvard Law Review 71 (1958), S. 1044 ff.; BINDSCHEDLER, Rechtsfragen der europäischen Einigung, S. 94; s. auch CARSTENS, Das Recht des Europarats, S. 46 ff.; NETTESHEIM, Die Vertragsschließungskompetenz der Europäischen Atomgemeinschaft, Diss. Köln, S. 88 ff.

119 HAHN, Euratom, The Conception of an International Personality, in Harvard Law Review 71 (1958), S. 1045; ZEMANEK, a. a. O., S. 19; für die Völkerrechtsfähigkeit der OVN s. das RGA des IGH zur Frage des Ersatzes von im Dienste der OVN erlittenen Schäden, IGH 1949, S. 179 ff.; KASMÉ, La Capacité de L'ONU de conclure des Traités, S. 17 ff.

120 SEIDL-HOHENVELDERN, a. a. O., S. 134.

121 BINDSCHEDLER, a. a. O., S. 94.

122 SEIDL-HOHENVELDERN, a. a. O., loc. cit.

und Aufgaben[123]; sie ist somit nach Inhalt und Umfang von den Rechten und Pflichten abhängig, die zur Funktionsausübung erforderlich sind[124].

Schließlich besitzen die Organisationen nur partikuläre Völkerrechtspersönlichkeit, d. h. nur im Rahmen ihrer Beziehungen zu ihren Mitgliedstaaten und solchen Drittstaaten, die die Rechtspersönlichkeit der Organisation ausdrücklich oder stillschweigend anerkannt haben[125].

Die Völkerrechtsfähigkeit kann ausdrücklich in der Satzung geregelt sein[126]. Ist dies nicht der Fall, so bestimmt sich ihr Inhalt und Umfang nach den Aufgaben und Funktionen, die entweder in der Satzung aufgeführt sind, oder, wenn solche Bestimmungen fehlen, zur angemessenen Durchsetzung des Organisationszwecks aus dem Vertragstext oder dem Wesen des Zusammenschlusses abgeleitet werden. Somit sind die effet utile Regel, die implied powers und inherent powers Lehre auch für die Völkerrechtspersönlichkeit bedeutsam[127]

4. Zusammenfassung und Ergebnis

Die Völkerrechtsfähigkeit hat bei den internationalen Organisationen eine andere Bedeutung als bei den Staaten. Sie ist abgeleiteter, partieller und partikulärer Natur. Ihr Fortbestand kann durch den einhelligen Willen der Mitglieder geändert oder aufgehoben werden.

III. Die Stellung der internationalen Organisation zu Mitglied- und Drittstaaten sowie zu natürlichen und juristischen Personen

Eine internationale Organisation kann in drei verschiedenen Rechtsgebieten tätig werden, im Völkerrecht, innerhalb der inner-

---

[123] Ders., Der Zugang internationaler Organisationen zum Internationalen Gerichtshof, in FW 54 (1957/58), S. 17; nach DAHM, a. a. O., Bd. 2, S. 7, gibt es keinen „Musterfall oder Durchschnittstyp der voll rechtsfähigen oder handlungsfähigen Organisation". Es kann somit auch nicht SCHNEIDER, Treaty-Making Power of International Organizations, S. 133, zugestimmt werden, der jeder Organisation eine gewisse „basic capacity" an Völkerrechtsfähigkeit zugesteht; wie hier, WOLFRAM, a. a. O., S. 29.

[124] MOSLER, a. a. O., S. 47; WEISSBERG, The International Status of the United Nations, S. 202 ff.; ZEMANEK, a. a. O., S. 23.

[125] SEIDL-HOHENVELDERN, Völkerrecht, S. 134 f.

[126] Z. B. Art. 39 ILO-Satzung, PEASLEE, Bd. 2, S. 1246; Art. 6 des EGKSt-Vertrages, PEASLEE, Bd. 1, S. 466; s. auch O'CONNELL, a. a. O., Bd. 1, S. 106 f.; SEIDL-HOHENVELDERN, Die völkerrechtliche Haftung für Handlungen internationaler Organisationen im Verhältnis zu Nichtmitgliedstaaten, in Österr. ZöR 11 (1961), S. 497 f.

[127] SEIDL-HOHENVELDERN, Völkerrecht, S. 134.

staatlichen Rechtsordnungen[128] und im eigenen internen Staatengemeinschaftsrecht[129]. Unter diesem Begriff sind nach Verdross jene Normen des Privatrechts, Strafrechts, Verwaltungsrechts und Prozeßrechts zu verstehen, die von einer organisierten Staatengemeinschaft erlassen werden, und das Verhalten jener Menschen regeln, die ihr unmittelbar unterstellt sind[130]. Nach der oben angeführten Definition des Völkerrechts gehört das interne Staatengemeinschaftsrecht zum Völkerrecht, da es einen Normenkomplex darstellt, der nicht dem innerstaatlichen Recht zugeordnet ist[131].

Kontinuitätsfragen in Verbindung mit internationalen Organisationen können in jeder der genannten Rechtssphären auftreten. Um den Umfang dieser Abhandlung nicht zu sehr auszudehnen, beschränkt sich die Untersuchung auf die Erörterung derjenigen Fortbestandsfragen, die bei Tätigwerden der Organisationen auf dem Gebiet des Völkerrechts mit Ausschluß des internen Staatengemeinschaftsrechts auftreten.

IV. Ergebnis und Schlußfolgerungen

Die internationalen Organisationen sind, ähnlich wie die Staaten, sogenannte „komplexe Gebilde"[132]. Sie stellen einmal eine Verbindung von mehreren Wesenselementen dar, die einander zugeordnet

[128] Sie kann somit auch Privatrechtspersönlichkeit besitzen, so z. B. Art. 211 EWG-Vertrag, PEASLEE, Bd. 1, S. 579; SEIDL-HOHENVELDERN, Rechtsbeziehungen zwischen internationalen Organisationen, in Arch VR 4 (1953/54), S. 32 ff.

[129] CONSTANTINESCO, a. a. O., S. 289; PESCATORE, Les Relations Extérieures Des Communautés Européennes, in RdC 103 (1961 II), S. 32 ff.

[130] VERDROSS, a. a. O., S. 84; DAHM, a. a. O., Bd. 1, S. 3, verwendet für denselben Sachverhalt den Ausdruck Internationales Sonderverbandsrecht; KRAUS, a. a. O., S. 207, spricht von Internem Internationalgemeinschaftsrecht und definiert: „... alles Recht, das die innere Ordnung einer partikulären, organisierten Internationalgemeinschaft mit eigener Rechtspersönlichkeit für die in die Gemeinschaft einbezogenen Staaten und Individuen zu regeln unternimmt." Kraus bemerkt, daß seine Definition weiter als die von Verdross sei, „... der das Recht absondert, welches das Verhalten der Staaten in der Gemeinschaft regelt", a. a. O., S. 207; s. auch JAENICKE, Das Verhältnis zwischen Gemeinschaftsrecht und nationalem Recht in der Agrarmarktorganisation der Europäischen Wirtschaftsgemeinschaft, in ZaöRVR 23 (1963), S. 485; SCHLOCHAUER, Das Verhältnis des Rechts der Europäischen Wirtschaftsgemeinschaft zu den nationalen Rechtsordnungen der Mitgliedstaaten, in Arch VR 11 (1963), S. 1 ff.

[131] S. oben S. 6; SEIDL HOHENVELDERN, Völkerrecht, S. 13; nach DAHM, a. a. O., Bd. 2, S. 33, und FOCSANEANU, Le Droit Interne De L'Organisation Des Nations Unies, in AF 3 (1957), S. 315 ff., handelt es sich um einen selbständigen dritten Rechtsbereich.

[132] HERBST, Staatensukzession und Staatenservitute, Diss. München, S. 3.

sind, zum anderen können sie in verschiedenen Rechtsordnungen tätig werden. Sind die Wesensmerkmale des Staates Staatsvolk, Staatsgebiet und Staatsgewalt[133], vom Völkerrecht her gesehen metajuristischer Natur[134], so gilt dies nicht für die Merkmale internationaler Organisationen. Diese sind keine Personenverbände wie die Staaten, sondern Verbindungen von Verbänden. Sie sind zwischenstaatliche Rechtsgemeinschaften, die auf einem völkerrechtlichen Vertrag beruhen und als solche eine partikulare Ordnung bilden, die innerhalb der vorgegebenen Rechtsordnung des allgemeinen Völkerrechts besteht.

Aber auch das Verhältnis der essentiellen Merkmale zueinander ist ein anderes als bei den Staaten[135]. Der Satzung kommt als Entstehungs- und Geltungsgrundlage höhere Bedeutung zu. Dies hat für die Untersuchung zur Folge, daß die Lehre von der Änderung und Aufhebung völkerrechtlicher Verträge bei der Betrachtung des Fortbestandes der Organisationen eine wichtige Rolle spielt[136].

Der Begriff der Kontinuität bei den internationalen Organisationen bedeutet somit: die Frage nach dem Fortbestand desjenigen internationalen Normenkomplexes, der sich als partikularrechtliche, auf dem Grundsatz der Nebenordnung der Staaten aufgebaute und mit eigenen Organen ausgestattete Rechtsgemeinschaft in der Sphäre des Völkerrechts zwischen den Einzelstaat und die durch das allgemeine Völkerrecht gebildete Völkerrechtsgemeinschaft schiebt.

Die Kontinuitätsbetrachtung bei den internationalen Organisationen unterscheidet sich in vieler Hinsicht von der bei den Staaten. Da die Staaten die soziale Basis der Völkerrechtsordnung bilden und deren Primärsubjekte sind[137], untersucht eine Fortbestandsbetrachtung bei ihnen in erster Linie die Kontinuität des Staates

---

[133] S. die Definition des Staates bei SEIDL-HOHENVELDERN, Völkerrecht, S. 114; ROUSSEAU, L'Indépendance De L'Etat Dans L'Ordre International, in RdC 73 (1948 II), S. 178 ff.

[134] Die Entstehung des Staates ist somit eine tatsächliche, keine rechtliche Frage, s. CAVARÉ, a. a. O., S. 310; BRIGGS, The Law of Nations, S. 66; BRIERLY, The Law of Nations, S. 122; ULLMANN, Völkerrecht, S. 123; MOSLER, a. a. O., S. 22 f.; v. SCHUSCHNIGG, International Law, S. 150; anderer Ansicht ist VERDROSS, Die Verfassung der Völkerrechtsgemeinschaft, S. 129; s. auch HAGEMANN, Staatliche Souveränität und Internationale Ordnung, in SchwJIR 16 (1959), S. 53; HERSHEY, The Essentials of International Public Law and Organization, S. 199.

[135] Das Verhältnis der drei Staatsmerkmale zueinander ist umstritten, s. HERBST, a. a. O., S. 2 Anm. 6.

[136] BINDSCHEDLER, a. a. O., S. 201; ROSELIEB, a. a. O., S. 474; VERDROSS, Völkerrecht, S. 356; SCHEUNER, a. a. O., S. 231.

[137] MOSLER, a. a. O., S. 22 f.

als Rechtsträger. Ist die Kontinuität des Rechtsträgers gewahrt, so bestehen grundsätzlich auch dessen Rechte und Pflichten fort[138].

Erst bei Diskontinuität des Rechtsträgers entsteht die Frage nach der Fortdauer der Rechte und Pflichten[139]. Ist der Fortbestand der Rechte und Pflichten bei einem Wechsel des Rechtsträgers gesichert, so liegt ein Fall der Rechtsnachfolge vor[140].

Bei den internationalen Organisationen läßt sich eine solch einfache Regel nicht aufstellen, denn hier bedeutet Kontinuität: Fortbestand einer partikularrechtlichen Ordnung, eines Normenkomplexes, der nicht unbedingt Völkerrechtspersönlichkeit besitzen muß. Die Stellung der Organisation als Träger von völkerrechtlichen Rechten und Pflichten bestimmt sich nach dem Inhalt und Umfang der Funktionen. Sie hat nur insoweit Rechtspersönlichkeit, als sie der Rechte und Pflichten zur Ausübung ihrer Tätigkeit bedarf. Besitzt sie Rechtspersönlichkeit, dann gilt auch bei ihr das bei den Staaten erläuterte Gesetz: bei Fortbestand des Rechtsträgers bestehen auch dessen Rechte und Pflichten weiter; wechselt der Rechtsträger und ist die Kontinuität der Rechte und Pflichten gesichert, so handelt es sich um einen Fall der Sukzession[141].

---

[138] KELSEN, Principles of International Law, S. 260; O'CONNELL, a. a. O., Bd. 1, S. 424 ff.; SCHUSCHNIGG, a. a. O., S. 157; ULLMANN, a. a. O., S. 130; LESTER, a. a. O., S. 480; CAFLISCH, a. a. O., S. 340.

[139] HUBER, Die Staatensukzession, S. 20 ff., spricht in diesem Zusammenhang von der Diskontinuität der Staatsperson und dem Problem der Kontinuität des Rechtszustandes.

[140] Rechtsnachfolge bedeutet somit Substitution des Rechtsträgers bei Kontinuation der Rechte und Pflichten, so schon v. SAVIGNY, System des heutigen Römischen Rechts, Bd. 3, S. 4; WINDSCHEID/KIPP, Lehrbuch des Pandektenrechts, Bd. 1, S. 298; SCHÖNBORN, Staatensukzessionen, S. 3 ff.; O'CONNELL, The Law of State Succession; s. MAREK, a. a. O., S. 10, führt dazu aus: „... in the case of identity there is one subject of international law; in the case of succession there are at least two", s. auch H. LAUTERPACHT, Private Law Sources and Analogies of International Law, S. 125 f. Die Probleme der Staatensukzession dienten bis in die jüngste Zeit der Völkerrechtslehre zur Darstellung von Kontinuitätsfragen schlechthin. Wie erläutert, ist aber das Problem der Sukzession nur ein Teilaspekt der allgemeinen Kontinuitätsfrage.

[141] Eine große Anzahl der Autoren, die sich allgemein mit Kontinuitätsfragen bei Organisationen auseinandersetzen, erörtern diesen Problemkreis unter dem Gesichtspunkt der Nachfolge und nicht vom übergeordneten Begriff der Kontinuität aus; s. BOWETT, The Law of International Institutions, S. 306 f.; CANSACCHI, Instituzioni Di Diritto Internazionale, S. 266 ff.; DAHM, a. a. O., Bd. 2, S. 120; FITZMAURICE, The Law and Procedure of the International Court of Justice, in BYIL 29 (1952), S. 8 ff.; JULLY, Arbitration and Judicial Settlement, in AJIL 48 (1954), S. 380 ff.; MAHAJAN, International Law, S. 256 ff.; O'CONNELL, International Law,

Die Frage nach der Fortdauer entsteht immer dann, wenn Veränderungen die Kontinuität in Frage stellen. Auf diese Veränderungen ist im folgenden einzugehen.

DRITTES KAPITEL

Erhebliche und unerhebliche Veränderungen, die bei internationalen Organisationen auftreten können und für die Kontinuität von Bedeutung sind

I. Der Begriff der Veränderung

Unter Veränderung versteht man allgemein:
die Aufhebung des Zustandes tatsächlicher Gleichheit[142].

Da der juristischen Kontinuitätsbetrachtung ein relativer Identitätsbegriff zugrunde liegt[143], können nur gewisse Veränderungen die Wesensgleichheit der Rechtsgebilde berühren. Das juristische Identitätsurteil erzeugt somit die dem philosophischen Veränderungsbegriff wesensfremde Differenzierung in erhebliche und unerhebliche Veränderungen.

II. Erhebliche und unerhebliche Veränderungen

Im juristischen Sinn können nur solche Veränderungen von Bedeutung sein, die die Stellung eines Rechtsgebildes innerhalb einer Rechtsordnung berühren[144]. Bei den internationalen Organisationen sind deshalb nur diejenigen Veränderungen relevant, die in ihre völkerrechtliche oder innerstaatliche Rechtsstellung eingreifen und somit ihren Status berühren. Unter „Status" wird im völkerrechtlichen Sprachgebrauch diejenige personenrechtliche Stellung eines Völkerrechtssubjektes verstanden, die sich in seinen verschiedenen rechtlichen Eigenschaften oder Fähigkeiten darstellen läßt[145]. Da

---

Bd. 1, S. 458 ff.; Oppenheim/Lauterpacht, a. a. O., Bd. 1, S. 168 f.; Siorat, L'Article 37 Du Statut De La Cour Internationale De Justice, in AF 8 (1962), S. 287 f.; Schwarzenberger, A Manual of International Law, Bd. 1, S. 82; Bd. 2, S. 458.

[142] Black, a. a. O., S. 293; Schmidt/Steller, a. a. O., S. 618.

[143] S. oben S. 3.

[144] Zur Relativität des juristischen Veränderungsbegriffs s. Kunz, The Problem of Revision in International Law, in AJIL 33 (1939), S. 38 f.

[145] Anzilotti, Corso Di Diritto Internazionale, S. 172 f.; Mosler, Völkerrechtsfähigkeit, in WVR, Bd. 3, S. 665; Rauschning, a. a. O., S. 13; McNair, Law of Treaties, 1. Aufl., S. 389; Weissberg, a. a. O., S. 1 ff.; neben der hier verwandten Bezeichnung kennt das Völkerrecht noch weitere Statusbegriffe, z. B. im Fremdenrecht, oder der Status eines Gebiets.

internationale Organisationen organisierte Staatenverbindungen, d. h. Normenkomplexe sind, denen nicht a priori Völkerrechtspersönlichkeit zukommt, kann der für die Staaten entwickelte und an deren Völkerrechtssubjektivität anknüpfende Statusbegriff auf die Organisationen nicht übertragen werden[146]. Die Stellung der Organisationen als partikularrechtliche Ordnungen wird durch ihre Gültigkeitssphären bestimmt, d. h. durch ihren personellen, örtlichen, zeitlichen und materiellen Gehalt. Relevant sind somit diejenigen Veränderungen, die auf diese Geltungsbereiche einwirken[147]. Es sind somit folgende Veränderungen erheblich:

der Untergang von Mitgliedstaaten,

Erweiterung und Verengung des territorialen Kompetenzbereiches,

Eintritt der vertraglich festgesetzten Befristung oder der vorgesehenen auflösenden Bedingung,

Auflösung einer auf unbestimmte Zeit gegründeten Organisation oder vorzeitige Auflösung einer Organisation auf bestimmte Dauer,

Umgestaltung der Aufgaben und Funktionen, und Änderung der in der Satzung vorgesehenen Organe.

Nicht erheblich sind:

ein Wechsel der in der Organisation beschäftigten Personen,

Satzungsänderungen, die sich nur mit technischen, die Organisation als solche nicht berührenden Bestimmungen befassen und periodisch vorgenommen werden, wie z. B. beim Weltpostverein oder dem Internationalen Fernmeldeverein[148],

interne Strukturumwandlungen, z. B. die Errichtung, Auflösung oder Veränderung von Unterorganen, bzw. eine veränderte

---

[146] Ein solches Vorgehen findet sich in dem Aufsatz The Status of International Organizations under the Law of the United States (ohne Angabe des Verfassers), in Harvard Law Review 71 (1957/58), S. 1300; s. auch KELSEN, The Law of the United Nations, S. 329 f.; WEISSBERG, The International Status of the United Nations, S. 10 ff.

[147] Die von RAUSCHNING, a. a. O., S. 44 f., vorgenommene Statusbestimmung, nach der bei den Organisationen die Aufgaben das entscheidende Kriterium sein sollen, ist deshalb zu eng.

[148] SASSE, Der Weltpostverein, S. 12 ff.; KRAUSE, Internationaler Fernmeldeverein, S. 1 ff.; diese Änderungen gehören nicht zu den sogen. „kleinen Vertragsrevisionen", die meistens durch den Beschluß eines Organs der Organisation vorgenommen werden und die den Aufgaben eine neue, leicht veränderte Zielsetzung geben können, s. CARSTENS, Die kleine Revision des Vertrages über die Europäische Gemeinschaft für Kohle und Stahl, in ZaöRVR 21 (1961), S. 1 ff.; KÖPP, Die Revision der Verträge zur Gründung der EGKS, der EWG und der EAG nach den Vertragsvorschriften, Diss. Saarbrücken, S. 120 ff.

Aufgabenverteilung in horizontaler und vertikaler Gliederung[149].

III. Die Entstehungsgründe der Veränderungen

Eine abschließende Beschreibung derjenigen tatsächlichen Geschehnisse, die erhebliche Veränderungen bewirken können, ist nicht möglich, da das Völkerrecht nach seinem heutigen Stand in erster Linie die Regelung der Außenpolitik der Staaten umfaßt und somit „politisches Recht" darstellt, das sich einer Einteilung in juristische Begriffskategorien weithin entzieht[150].

Die hauptsächlichsten Ursachen sind:

Parteiuntergang,

Krieg[151],

Veränderungen der Umstände, die den Zweck des Vertragsschlusses nachträglich unmöglich machen[152],

Veränderungen der bei Vertragsschluß bestehenden politischen und wirtschaftlichen Konstellation. Es muß sich jedoch die objektive Sachlage geändert haben, nicht nur die Motive, die zum Vertragsschluß führten. Außerdem muß die Sachlage, die sich geändert hat, den objektiven Zweck des Vertrages betreffen[153],

fehlende Integrationsbereitschaft auf Grund von weltanschaulichen Unterschieden[154], und unentwickelte Struktur der Organisation.

Da die relevanten Veränderungen den Fortbestand der Organisationen aufheben oder in Frage stellen können, sind anschließend die Merkmale zu erörtern, auf die sich eine Kontinuitäts-, bzw. Diskontinuitätsaussage stützen kann.

VIERTES KAPITEL

Die Kriterien zur Identitätsbestimmung

I. Allgemeines

Die internationale Organisation stellt als zwischenstaatliche Verbindung eine partikulare völkerrechtliche Ordnung dar, die auf einem Vertrag beruht. Der Gründungsvorgang der Organisation gehört

149 Vgl. das revidierte Reglement des StIGH von 1936, HUDSON, International Legislation, Bd. 7, S. 226 ff., und das Reglement des IGH von 1946; HUDSON, a. a. O., Bd. 9, S. 529 ff.

150 BERBER, a. a. O., Bd. 1, S. 24 ff.; BILFINGER, Vom politischen und nichtpolitischen Recht, in ZaöRVR 13 (1950/51), S. 634 ff.

151 KUNZ, a. a. O., S. 33, legt dar, daß Kriege bisher die wichtigsten Ursachen waren, die zu weitreichenden Veränderungen führten.

152 GUGGENHEIM, Lehrbuch des Völkerrechts, Bd. 1, S. 109 und 119 ff.; OPPENHEIM/LAUTERPACHT, a. a. O., Bd. 1, S. 948 f.

153 BERBER, a. a. O., Bd. 1, S. 462 f.

154 WEHBERG, a. a. O., S. 210; BINDSCHEDLER, Illusion und Wirklichkeit; Gegenwart und Zukunft des Völkerrechts, in JIR 8 (1957/58), S. 11 ff.

als Rechtssetzungsakt selbst dem Völkerrecht an. Er ist nicht wie die Entstehung der Staaten metajuristischer Natur[155]. Eine völkerrechtliche Kontinuitätsbetrachtung des Rechtsgebildes „internationale Organisation" kann somit nur auf Identitätskriterien beruhen, die selbst der Völkerrechtssphäre zugeordnet sind[156].

Ob nach dem Eintritt einer relevanten Veränderung zwischen der „alten", d. h. vor dem Eintritt bestehenden, und der „neuen", nach der Veränderung vorhandenen Rechtsordnung Kontinuität herrscht, ist ein in der Rechtslehre umstrittenes Problem, das mit der Frage nach der Natur des Rechts zusammenhängt[157]. Da das Recht keine reale Existenz besitzt, wie sie den sinnlich wahrnehmbaren Gegenständen zukommt, kann die Identitätsbestimmung auch nur eine ideelle sein[158], die auf einer mehr oder weniger willkürlichen gedanklichen Begrenzung der Identitätsmerkmale beruht[159].

Ob nach dem Eintritt einer relevanten Veränderung zwischen dem „alten" und dem „neuen" Normenkomplex Kontinuität herrscht, läßt sich nicht durch eine Betrachtung dieser Rechtsgebilde, etwa durch einen Vergleich der Satzungen, der Aufgaben und Funktionen oder der Organe, bestimmen, sondern nur durch Rückgang zu dem „Ursprung" dieser zwischenstaatlichen Normenkomplexe, zu ihrem Erzeugungstatbestand[160]. Denn Grenzsituationen wie Entstehung und Untergang eines Rechtsgebildes sind nicht durch Betrachtung derjenigen Systemstufe, zu der dieses Rechtsgebilde zählt, sondern nur durch Bestimmung einer Regel höherer Stufe zu erklären[161]. Diese Regel stellt als „Erzeugungsregel" das tertium comparationis dar, das die Grundlage für das juristische Identitätsurteil bildet[162].

---

[155] S. oben S. 27.

[156] Damit scheidet ein Vorgehen wie bei den Staaten, d. h. ein Vergleich der Wesensmerkmale, aus, s. BERNHARDT, a. a. O., S. 295 ff.; DAHM, a. a. O., Bd. 1, S. 85 ff.; EAGLETON, International Government, S. 77; FENWICK, International Law, S. 158; HACKWORTH, Digest of International Law, Bd. 1, S. 387 ff.; BLUNTSCHLI, Das moderne Völkerrecht der civilisierten Staaten, S. 75 ff.; MOORE, A Digest of International Law, Bd. 1, S. 248 ff.; SEIDL-HOHENVELDERN, a. a. O., S. 114; SCELLE, Droit International Public, S. 100 ff.; v. GLAHN, Law among Nations, S. 117; LAWRENCE, Les Principes De Droit International, S. 93 ff.

[157] FISCHER, a. a. O., S. 5 ff.

[158] v. TUHR, a. a. O., loc. cit.

v. TUHR, Der Allgemeine Teil des deutschen bürgerlichen Rechts, S. 219; HÖLDER, PANDEKTEN, Allgemeine Lehren, S. 185.

[159] v. TUHR, a. a. O., loc. cit.

[160] WINDSCHEID/KIPP, a. a. O., S. 299; SANDER, Das Faktum der Revolution und die Kontinuität der Rechtsordnung, in ZöR 1 (1919), S. 153 f.; A. MERKL, Das Problem der Rechtskontinuität u. die Forderung des einheitl. rechtlichen Weltbildes, in ZöR 5 (1926), S. 522.

[161] MAREK, a. a. O., S. 27; SANDER, a. a. O., loc. cit.

[162] MAREK, a. a. O., S. 27; KAJA, Die Funktionsnachfolge, S. 34.

Auf Grund dieses Ergebnisses können somit folgende Gesichtspunkte als unbeachtlich ausgeschlossen werden:

II. Irrelevante Kriterien

1. Äußere Erscheinungsform

Wie erwähnt, scheiden Veränderungen der äußeren Erscheinungsform, soweit sie überhaupt relevant sind, als Beurteilungsmaßstab für den Fortbestand der Organisation aus. Dies gilt z. B. für eine Änderung des Sitzes der Organisation[163] oder ihres Namens[164].

2. Mitgliederbestand und Strukturumwandlungen

Änderungen des Mitgliederbestandes sind — soweit es sich nur um die Tatsache des Wechsels handelt — ebenfalls kein essentielles Kriterium[165]. Das gleiche gilt auch für Strukturumwandlungen in der Organisation oder für eine veränderte Zusammensetzung der Organe[166].

3. Rechtspersönlichkeit

Da die Völkerrechtspersönlichkeit der Organisation abgeleiteter Natur ist und von der Funktionsausübung abhängt, sind Veränderungen ihres Bestandes oder ihres Umfangs nicht geeignet, eine Identitätsaussage zu stützen.

4. Anerkennung und Effektivität

Mit der Rechtspersönlichkeit scheidet auch das völkerrechtliche Institut der Anerkennung als Kriterium aus. Unter Anerkennung versteht man eine Handlung oder ein Verhalten der Regierung

---

[163] So wurde z. B. der Sitz der Zentralkommission für die Rheinschiffahrt im Jahre 1919 von Mannheim nach Straßburg verlegt, ohne daß diese Maßnahme den Fortbestand der Organisation angetastet hätte, s. EYSINGA, a. a. O., S. 109.

[164] Die Pan American Health Organization wurde im Jahre 1902 als International Sanitary Bureau gegründet. Im Jahre 1920 wurde der Name in Pan American Sanitary Bureau und im Jahre 1947 in Pan American Sanitary Organization umgewandelt. — Ihre heutige Bezeichnung erhielt diese Spezialorganisation der OAS im Jahre 1958; s. PEASLEE, Bd. 2, S. 1668; MASTERS, Handbook of International Organizations in the Americas, S. 325; THOMAS/THOMAS, The Organization of American States, S. 391.

[165] Als Beispiel sei der Wechsel im Mitgliederbestand beim VB erwähnt, s. WALTERS, A History of the League of Nations, S. 257 ff.

[166] MOSLER, Die Erweiterung des Kreises der Völkerrechtssubjekte, in ZaöRVR 22 (1962), S. 26, ist der Ansicht, daß eine wesentliche Änderung des organisatorischen Rahmens die Identität der Organisation aufheben kann. Eine solche Änderung wird in der Regel auf einer Satzungsänderung beruhen; diese kann aber als solche kein Indiz für eine Diskontinuität sein; zur näheren Begründung s. unten S. 34.

eines Staates, mit denen einer anderen politischen Gemeinschaft eine bestimmte völkerrechtliche Stellung zuerkannt wird[167]. Sieht man von der Anerkennung ab, die sich auf kriegführende Parteien bezieht und die hier keine Rolle spielt, so erstreckt sich die Anerkennung auf die Völkerrechtssubjektivität der betreffenden Gemeinschaft. Diese ist aber für die Organisationen nicht von essentieller Bedeutung.

Das Effektivitätsprinzip gibt ebenfalls kein Kriterium ab. Soweit es sich auf die Völkerrechtspersönlichkeit auswirkt, hat es wie die Anerkennung außer Betracht zu bleiben. Soweit es sich auf die Organisation als zwischenstaatlicher Normenkomplex bezieht, kann es ebenfalls keine Fortbestandsaussage stützen. Denn nicht nur die Entstehung sondern auch die Fortdauer eines Vertrages beruhen ausschließlich auf den seinerzeitigen Erklärungen der Partner. Das Effektivitätsprinzip kann in diesem Zusammenhang nur feststellen, daß das vertraglich gesetzte Recht für sich Verbindlichkeit beanspruchen kann[168].

5. Satzung

Nach Rauschning beruht die Identität der Organisationen auf der Kontinuität ihrer Satzung[169]. Dies ist nicht richtig, denn der Vertrag kann, wie die internationale Praxis lehrt, ausgewechselt werden, ohne daß diese Maßnahme die Kontinuität der errichteten Organisation antasten würde[170].

6. Aufgaben und Funktionen

Da die Aufgaben und Funktionen eingeschränkt und erweitert werden können, ist auch ihr Fortbestand für eine Identitätsaussage nicht maßgeblich[171]. Die implied-powers- und inherent-powers-Lehre

---

[167] Berber, a. a. O., Bd. 1, S. 223 ff.; Hyde, International Law, Bd. 1, S. 148; Schaumann, Anerkennung, in WVR, Bd. 1, 47; H. Lauterpacht, Recognition in International Law, S. 7 ff.

[168] Krüger, Das Prinzip der Effektivität oder: Über die besondere Wirklichkeitsnähe des Völkerrechts, in Festschrift für Spiropoulos, S. 267 ff.; ders., Effektivität, in WVR, Bd. 1, S. 411; Hahn, Euratom: The Conception of an International Personality, in Harvard Law Review 71 (1958), S. 1049.

[169] Rauschning, a. a. O., S. 44 f.

[170] Ein solcher Austausch fand z. B. in den Jahren 1947 und 1957 beim Weltpostverein statt, s. Peaslee, Bd. 2, S. 1818.

[171] Als Beispiele seien genannt: die Erweiterung der Kompetenzen der Europäischen Donaukommission auf den Konferenzen von 1865, 1871 und 1878, s. Gorove, Law and Politics of the Danube, S. 25 f.; sowie die Übertragung von kulturellen und sozialen Funktionen der WEU auf den ER, s. Wiebringhaus, A propos du Transfert De Compétences Entre Organisations Internationales; Le Cas du transfert de certaines activités de l'U.E.O. au Conseil de l'Europe, in AF 7 (1961), S. 537 ff.

sind Hilfsmittel, um den Umfang der Funktionen, sowie der Rechte und Pflichten der Organisation festzustellen. Über den Fortbestand der Organisation sagen sie nichts aus.

Alle diese Merkmale üben zwar als solche keine direkte Wirkung auf den Fortbestand der Organisationen aus, ihre Veränderungen können aber ein Indiz für oder gegen die Kontinuität der Organisationen sein.

III. Der Wille der Mitgliedstaaten als relevantes Kriterium

Die Staaten sind im Völkerrechtsbereich Rechtserzeuger und Rechtsunterworfene[172]. Das von ihnen gesetzte Recht ist die Grundlage jeder Staatenvereinigung. Für deren Fortbestand ist somit der Wille der Staaten relevant, auf Grund ihrer Rechtssetzungsbefugnis eine zwischenstaatliche Ordnung zu schaffen oder aufzulösen[173]. Damit beiben die Staaten Herren über die Organisationen und über das von diesen gesetzte Recht[174].

Es ist in der Völkerrechtslehre umstritten, ob dieses Kriterium auch auf die Verträge der drei Europäischen Gemeinschaften, also auf die supranationalen Organisationen, angewandt werden kann. Carstens, Catalano, Gaudet, Haas, Hallstein, Jaenicke, Jerusalem, Much, v. Simson und Wagner bejahen dies[175]. Nach ihnen kann die Supranationalität den gemeinsamen Willen der Staaten nicht ersetzen. Diese Organisationen bestehen erst auf Grund dieses gemeinsamen Willens, und zwar nur insoweit und solange, als dieser gemeinsame Wille es zuläßt[176]. Nach Runge sind die supranationalen

---

[172] v. Simson, a. a. O., S. 88.

[173] Ders., a. a. O., S. 87; Scheuner, a. a. O., S. 237.

[174] v. Simson, loc. cit.; nach Schmitt, Verfassungslehre, S. 69, haben auch die Verfassungsverträge im innerstaatlichen Bereich den Rechtsgrund ihrer Gültigkeit im politischen Willen ihrer Bundesgenossen.

[175] Carstens, a. a. O., S. 6; Catalano, Manuel de Droit des Communautés Européennes, S. 99; Gaudet, The Legal Framework of the Community, in Int. Law Quarterly, Supplementary Publication No. 1 (1961), S. 10; Haas, The Unity of Europe, S. 58 f.; Hallstein, Der Schuman-Plan, S. 19; Jaenicke, Die Sicherung des übernationalen Charakters der Organe internationaler Organisationen, in ZaöRVR 14 (1951/52), S. 196; ders., Der übernationale Charakter der europäischen Wirtschaftsgemeinschaft, in ZaöRVR 19 (1958), S. 196; Jerusalem, Das Recht der Montanunion, S. 16; Much, Die Amtshaftung im Recht der Europäischen Gemeinschaft für Kohle und Stahl, S. 18; v. Simson, a. a. O., S. 87; Wagner, Grundbegriffe des Beschlußrechts der europäischen Gemeinschaften, S. 118; — s. auch Hagemann, a. a. O., S. 62 ff.; Catalano, La Comunità Econimica Europea E L'Euratom, S. 241 f.; Lever, International Legal Aspects of the European Coal and Steel Community, in The Grotius Society 44 (1958/59), S. 209 f.

[176] v. Simson, a. a. O., loc. cit.

Verträge jederzeit abänderbar; die Frage ihrer Aufhebbarkeit könne mit rein rechtlichen Argumenten nicht beantwortet werden[177]. Gegen eine Aufhebbarkeit sprechen sich außer Kelsen, der überhaupt eine Auflösung von auf unbestimmte Zeit geschlossenen Verträgen für rechtlich unzulässig hält[178], noch Steiger, Goes-Naters und Thieme aus[179]. Nach Steiger sind durch die Satzungen der Europäischen Organisationen Gemeinschaften geschaffen worden, „die aus sich selbst heraus existieren sollen, die selbständig neben den Staaten stehen“ und die „gar nicht mehr durch einfachen actus contrarius aus der Welt zu schaffen seien“.[180]

Dem ist entgegenzuhalten, daß die Organisationen als abgeleitete Rechtsgebilde kein Recht auf Fortbestand ihrer Existenz haben[181]. Die supranationalen Organisationen sind völkerrechtliche Staatenverbindungen[182]; ihre Kontinuität bzw. Diskontinuität beruht auf dem entsprechenden Willen derjenigen Rechtssubjekte, die aus eigenem Recht bestehen. Dies sind, wie erläutert, innerhalb der Völkerrechtsordnung die Staaten.

Der Wille der Staaten ist als solcher kein juristisches Kriterium. Er wird dies erst in Form derjenigen „rechtlichen Maßnahmen“, die von den Staaten nach dem Eintritt erheblicher Veränderungen zur Wahrung der Kontinuität oder zur Durchsetzung der Diskontinuität ergriffen werden. Auf diese Arten der Kontinuitätswahrung ist im folgenden einzugehen.

---

177 RUNGE, a. a. O., S. 12.

178 KELSEN, a. a. O., S. 356, schreibt: „Such dissolution by mutual consent is legally excluded if the treaty is concluded for all time.“

179 STEIGER, Die Unabhängigkeit der Rechtsetzung der Europäischen Gemeinschaften, Diss. Münster, S. 38; v. d. GOES-v. NATTERS, La Revision des Traités Supranationaux, in NedTIR 6 (1959), S. 120; THIEME, Das Grundgesetz und die öffentliche Gewalt internationaler Staatengemeinschaften, S. 72.

180 STEIGER, a. a. O., S. 38; sie stehen auch nicht, wie PANHUYS, Regional or General International Law, in NedTIR 8 (1961), S. 157, im Hinblick auf die EGKSt meint, über den Staaten.

181 MOSLER, a. a. O., S. 47; HAHN, Continuity in the Law of International Organization, in Österr. ZöR 13 (1964), S. 208 f.; SCHLOCHAUER, Zur Frage der Rechtsnatur der europäischen Gemeinschaft für Kohle und Stahl, in Festschrift für WEHBERG, S. 371.

182 S. oben S. 11 ff.

FÜNFTES KAPITEL

Die Arten der Kontinuitätswahrung bei den internationalen Organisationen

I. Allgemeines

Unter „Arten der Kontinuitätswahrung“ werden diejenigen rechtlichen Maßnahmen verstanden, die von den Mitgliedstaaten oder den Organisationen ergriffen werden, um den Fortbestand der Organisation, ihrer Aufgaben und Funktionen, sowie ihrer Rechte und Pflichten zu sichern. Sie können sich ihrem Inhalt nach mit relevanten Veränderungen befassen, die

i) erst zukünftig eintreten, oder

ii) bereits eingetreten sind[183].

Die Kontinuitätswahrung kann erfolgen durch Bestätigung der Satzung, durch Maßnahmen, die den Fortbestand während eines Krieges oder anderer Störungen sicherstellen, durch Änderung der Satzung und durch Kontinuitätsregelungen im Fall der Auflösung und Neuerrichtung von Organisationen.

II. Kontinuitätswahrung durch Bestätigung der Satzung

1. Der Begriff der Bestätigung

Die Satzungen internationaler Organisationen können in dreifacher Weise bestätigt werden[184]:

i) durch vertragliche Verlängerung eines auf bestimmte Zeit abgeschlossenen Vertrages (renewal),

ii) durch die Vereinbarung, daß ein anderer Vertrag, dessen Gültigkeit zweifelhaft geworden ist, weiterhin in Kraft bleibt (reconfirmation),

iii) durch einverständliche Wiederbelebung eines schon ungültig gewordenen Vertrages (redintegration).

---

[183] Die genannte Studie von HAHN beschränkt sich auf diese zweite Gruppe, s. S. 208.

[184] BERBER, a. a. O., Bd. 1, S. 466; OPPENHEIM/LAUTERPACHT, a. a. O., Bd. 1, S. 949; ULLMANN, a. a. O., S. 282 f.; MARTENS, Völkerrecht, Bd. 1, S. 426; BLUNTSCHLI, a. a. O., S. 254; RIVIER, Lehrbuch des Völkerrechts, S. 355 f.; KÖPP, a. a. O., S. 12; v. ESCHER, Die Revision der internationalen Vereinbarungen, Diss. Zürich, S. 7; FRANGULIS, Théorie et Pratique des Traités Internationaux, in Académie Diplomatique Internationale 8 (1934), S. 122; DESPAGNET, Cours De Droit International Public, S. 488; v. HOLTZENDORFF, Handbuch des Völkerrechts, Bd. 3, S. 79; RESCH, Das Völkerrecht, S. 226.

Während sich die Fälle der ersten Gruppe in der internationalen Praxis genau bestimmen lassen, kommt es, wie noch zu erläutern sein wird, bei den beiden anderen Gruppen darauf an, welcher Theorie über die Kriegseinwirkung auf völkerrechtliche Verträge man folgt[185].

2. Erscheinungsformen

Die Verlängerung der Satzungen kann ausdrücklich oder stillschweigend erfolgen. Letzteres gilt insbesondere dann, wenn in der Satzung die Klausel enthalten ist, daß der Vertrag nach seinem Ablauf für eine bestimmte Zeit weitergelten soll, wenn er nicht vorher gekündigt wird und eine solche Kündigung unterbleibt[186]. Die stillschweigende Verlängerung kann aber auch darin bestehen, daß die Mitgliedstaaten nach Vertragsablauf fortfahren, tatsächlich die Vertragsbestimmungen zu beobachten[187].

Die Rekonfirmation erfolgt ausdrücklich, und zwar um Zweifel über den Bestand des Vertrages zu beseitigen. Die Wiederbelebung eines schon ungültig gewordenen Vertrages wird in der Praxis ebenfalls ausdrücklich vorgenommen[188].

Die Verlängerung ist auf eine zukünftige relevante Veränderung gerichtet, die anderen beiden Bestätigungsformen setzen sich mit eingetretenen Veränderungen auseinander.

III. Maßnahmen, die den Fortbestand während eines Krieges oder anderer Störungen sicherstellen sollen

In einigen Satzungen internationaler Organisationen findet sich jeweils eine Bestimmung, die das Funktionieren der Organisation im Fall des Eintritts eines Krieges oder anderer Störungen sicherstellen soll[189]. Als „andere Störungen" nennt z. B. Art. 224 des EWG-Vertrages: eine schwerwiegende, innerstaatliche Störung der öffentlichen Ordnung, eine ernste, eine Kriegsgefahr darstellende internationale Spannung, oder Störungen durch Maßnahmen, die ein Mitgliedstaat in Erfüllung der Verpflichtungen trifft, die er im Hinblick auf die Aufrechterhaltung des Friedens und der internationalen Sicherheit übernommen hat[190].

---

[185] S. unten S. 62 f.

[186] Ullmann, a. a. O., S. 283.

[187] Ders., a. a. O., loc. cit.; eine stillschweigende Fortsetzung enthält keine juristische Vermutung einer Verlängerung auf die gleiche Zeitdauer.

[188] Oppenheim/Lauterpacht, a. a. O., Bd. 1, S. 949.

[189] v. d. Groeben/v. Boeckh, Kommentar zum EWG-Vertrag, Bd. 2, S. 395 ff.

[190] BGBl 1957 II, S. 892 ff.

Diese Bestimmungen enthalten echte Maßnahmen der Kontinuitätswahrung. Sie behandeln zukünftige relevante Veränderungen, die die bei Vertragsschluß bestehende politische und wirtschaftliche Konstellation stören.

IV. Kontinuitätswahrung durch Änderung der Satzung

1. Der Begriff der Revision

Die Frage der Revision internationaler Abkommen ist, wie Grewe ausführt, „einerseits ein Teilstück der Lehre von den völkerrechtlichen Verträgen, insbesondere der Lehre von den Rechtsformen der teilweisen oder vollständigen Beendigung der Verträge; sie ist andererseits ein Ausschnitt aus dem Problemkomplex der Verfahren zur Veränderung bestehender rechtlicher oder politischer Verhältnisse überhaupt“[191].

Die Vertragsrevision ist somit die Verfahrensart, in deren Rahmen materielle Endigungsgründe für bestimmte Teile eines Vertrages geltend zu machen sind. Diese materiellen Endigungsgründe können in der Satzung vorgesehen sein, sie können aber auch auf vom Völkerrecht anerkannten, in der Satzung nicht ausdrücklich vorgesehenen Endigungsgründen beruhen, wie z. B. auf nachträglich eintretender Unvereinbarkeit der Satzung oder Nebenabkommen mit zwingendem Völkerrecht oder auf einer wesentlichen Veränderung der Umstände[192].

Bei der Änderung völkerrechtlicher Abkommen handelt es sich um die Ersetzung eines alten völkerrechtlichen Vertrages durch einen neuen Vertrag, der den veränderten Bedingungen angepaßt ist[193].

2. Revision und Vertragsbeendigung

Nach dieser Begriffsbestimmung bedeutet jede ganze oder teilweise Satzungsänderung eine Novation des Gesamtvertrages, da die Satzung einer internationalen Organisation grundsätzlich als ein einheitliches Ganzes und nicht jeder Artikel als ein selbständiger Vertrag betrachtet werden muß[194]. Trotz dieser Ersetzung des alten Vertrages

---

[191] Grewe, Revision von Verträgen, in WVR, Bd. 3, S. 110; s. auch Dahm, a. a. O., Bd. 2, S. 117 ff.; Kunz, a. a. O., S. 33 ff.; Seidl-Hohenveldern, Völkerrecht, S. 78.

[192] Berber, a. a. O., Bd. 1, S. 452 ff.

[193] Verdross, Völkerrecht, S. 183; Grewe, a. a. O., S. 111.

[194] So schon Grotius, De Jure Belli ac Pacis, Buch III, 20. Kap., § 35; Vattel, Le Droit Du Gens ou Principes De La Loi Naturelle, Buch II, § 202, Buch IV, § 47; Verdross schreibt, die oben genannte Regel einschränkend, daß eine Ausnahme von der einheitlichen Nichtigkeit des alten

durch einen neuen Vertrag, der sich den veränderten Umständen anpaßt, unterscheidet sich die Revision von der Aufhebung völkerrechtlicher Abkommen dadurch, daß bei ihr die Vertragspartner die Fortsetzung der vertraglichen Beziehungen anstreben. Dies bedeutet für die internationalen Organisationen, daß eine Satzungsänderung die Organisation als zwischenstaatliche Ordnung mit veränderter Geltungsgrundlage weiterbestehen läßt[195].

3. Revision und Kontinuität

Zu der Frage der Einwirkung von Satzungsänderungen auf den Bestand von internationalen Organisationen kann nach dem Dargestellten schon gesagt werden, daß eine Revision der Satzung die Kontinuität der Organisation als Staatenverbindung nicht antastet. Revision bedeutet somit im Hinblick auf den Bestand der internationalen Organisationen: Fortbestand der zwischenstaatlichen Ordnung bei möglicher Änderung der Organe, der Aufgaben und Funktionen, der Völkerrechtspersönlichkeit, der Rechte und Pflichten der Organisation, sowie der Rechte und Pflichten der Mitgliedstaaten[196].

Eine Revision kann auf den Fortbestand einer Organisation auf zweierlei Weise einwirken:

i) einmal kann sie den materiellen, örtlichen oder zeitlichen Geltungsbereich abändern,

ii) zum andern kann ihre *Durchführung* die Funktionsausübung der Organisation hindern.

Für diesen letzten Gesichtspunkt sind das Revisionsverfahren und das diesem zugrunde liegende Abstimmungsprinzip bedeutsam. Denn die Revision schafft insoweit einen Unsicherheitsfaktor, als möglicher-

---

Vertrages nur dann angenommen werden kann, wenn die Änderung sich auf einen in sich abgeschlossenen, selbständigen Vertragsabschnitt beschränkt, a. a. O., 4. Aufl., S. 119; so auch die Draft Convention on the Law of Treaties, in Suppl. to the AJIL 29 (1935), S. 665. — Das Begriffspaar Teil- und Totalrevision bezieht sich auf den Umfang der Änderungen, ist also mit der hier angeschnittenen Frage nicht identisch, s. Köpp, a. a. O., S. 12.

[195] Dahm, a. a. O., Bd. 2, S. 119 f.

[196] Wenn auch durch eine Revision die Kontinuität der internationalen Organisation als solche nicht berührt wird, so sind doch Fälle denkbar, in denen eine so umfassende Revision die Aufgaben und Funktionen einer Organisation umbildet, daß sie mit der alten Organisation nichts mehr gemeinsam hat. Dies ist jedoch bisher in der internationalen Wirklichkeit nicht vorgekommen. Wenn aber die Aufgaben und Funktionen eine so einschneidende Änderung nicht erfahren, wird auch in Grenzfällen eine Vermutung für die Kontinuität der Organisation sprechen; s. dazu Dahm, a. a. O., Bd. 2, S. 120; Carstens, Das Recht des Europarats, S. 25, hält solche Änderungen in der Form der Satzungsänderung nicht für zulässig; s. auch Hahn, Continuity in the Law of International Organization, in Österr. ZöR 13 (1964), S. 201.

weise verschiedene Satzungen für verschiedene Mitglieder zu verschiedenen Zeitpunkten gelten. Für die Frage der Kontinuität kann auch das Ausscheiden der im Revisionsverfahren überstimmten Mitglieder von Bedeutung sein.

V. Kontinuitätswahrung bei Wechsel des Funktionsträgers

1. Funktionsträgerwechsel und Rechtsnachfolge

Während bei der Bestätigung und Revision in erster Linie der Fortbestand der zwischenstaatlichen Ordnung gesichert werden soll, so bemüht sich die nun zu erörternde Art der Kontinuitätswahrung hauptsächlich um den Fortbestand der Funktionen bei Änderung ihres Trägers. Ein Wechsel des Funktionsträgers liegt dann vor, wenn eine internationale Organisation die Funktionen einer anderen Organisation ganz oder teilweise übernimmt. Der Begriff des Funktionsträgerwechsels bedeutet somit: Substitution des Funktionsträgers bei Kontinuität der Funktionen.

Eng verbunden mit dem Problem des Funktionsübergangs ist die Frage nach der Fortdauer der völkerrechtlichen Rechte und Pflichten, die bei der Ausübung dieser Funktionen entstanden sind. Wie oben erläutert, kann ein Funktionsübergang eine Rechtsnachfolge nachsichziehen, muß es aber nicht[197]. Denn einmal bedarf nicht jede Funktionsausübung der Rechte und Pflichten und zum anderen sind die Rechte und Pflichten an die Organisation in ihrer Eigenschaft als Rechtsträger und nicht als Funktionsträger geknüpft. Es wird im zweiten Teil untersucht werden, ob es im Völkerrecht einen Rechtssatz des Inhalts gibt, daß ein Funktionsübergang die zur Funktionsausübung notwendigen völkerrechtlichen Rechte und Pflichten mit sich zieht[198].

2. Die Arten des Funktionsträgerwechsels

Die internationale Praxis kennt vier Erscheinungsformen, in denen sich die Übertragung von Funktionen vollzieht: Substitution, Verschmelzung durch Aufnahme, Verschmelzung durch Neubildung und Transfer[199].

i) Bei der Substitution werden die Funktionen einer in Auflösung befindlichen Organisation auf eine andere neugegründete Organisation, oder auf mehrere Organisationen, ganz oder teilweise übertragen.

ii) im Fall einer Verschmelzung durch Aufnahme wird eine Organisation in den Strukturbereich einer anderen Organisation einge-

---

[197] S. oben S. 28.

[198] S. unten S. 145 ff.

[199] S. Hahn, a. a. O., S. 171 f.; eine Verschmelzung durch Neubildung wird bei ihm nicht erwähnt.

gliedert; letztere bleibt bestehen, die ihre Selbständigkeit aufgebende Organisation besteht im Rahmen der aufnehmenden Organisation als Unterorgan weiter[200].

iii) Die Verschmelzung durch Neubildung wird durch eine Vereinigung von zwei Organisationen vollzogen, die ihre Funktionen auf die neue Organisation übertragen.

iv) Von Transfer kann man sprechen, wenn einzelne Funktionen einer bestehenbleibenden Organisation auf eine andere Organisation oder auf mehrere Organisationen übertragen werden.

Zusammenfassung

Die Ergebnisse des ersten Teils können wie folgt zusammengefaßt werden:

Kontinuität bei internationalen Organisationen bedeutet Fortbestand desjenigen internationalen Normenkomplexes, der sich als partikularrechtliche, auf dem Grundsatz der Nebenordnung der Staaten aufgebauten und mit eigenen Organen ausgestatteten Rechtsgemeinschaft in der Sphäre des Völkerrechts zwischen den Einzelstaat und die durch das allgemeine Völkerrecht gebildete Rechtsgemeinschaft schiebt.

Diese Organisationen besitzen in dem Umfang Völkerrechtspersönlichkeit, als sie der völkerrechtlichen Rechte und Pflichten zur Funktionsausübung bedürfen.

Es sind diejenigen Veränderungen relevant, die auf den persönlichen, zeitlichen, räumlichen und sachlichen Geltungsbereich der Organisation einwirken, sowie Strukturänderungen, die auf einer Satzungsänderung beruhen.

Der Fortbestand der Organisationen beruht auf dem Willen der Mitgliedstaaten, die als Erzeuger der Organisationen diese jederzeit durch einen einverständlichen Auflösungsakt beenden können. Diese Regel gilt auch für die supranationalen Organisationen.

Als Arten der Kontinuitätswahrung kommen in Betracht: die Bestätigung, vertragliche Regelungen, die den Fortbestand einer Organisation während eines Krieges oder anderer Störungen sicherstellen sollen, die Vertragsänderung und die Sicherung des Fortbestandes von Funktionen bei Wechsel des Funktionsträgers.

---

[200] So z. B. die PASO in die WHO, s. unten S. 135.

ZWEITER TEIL

Die Bemühungen der internationalen Praxis um Kontinuitätswahrung

Allgemeines

Nach der deduktiven Ableitung der These im ersten Teil folgt nun ihre induktive Prüfung. Dabei werden zuerst die Maßnahmen der Kontinuitätswahrung bei Fortbestand der internationalen Organisation als Funktionsträger, dann die Kontinuitätswahrung bei Wechsel des Funktionsträgers dargestellt.

In diesem Zusammenhang ist besonders zu erörtern, ob sich bei den Nachfolgesachverhalten von Regionalorganisationen völkerrechtliche Regeln zur Kontinuitätswahrung gebildet haben, denn das Recht dieser Regionalgemeinschaften beruht in der Regel auf einem größeren Bestand an gemeinsamer Rechtsauffassung als das Recht der Organisationen mit weltweitem Mitgliederkreis.

Die Untersuchung der internationalen Praxis richtet sich im einzelnen nach den Grundsätzen, die in Art. 38 Abs. 1, lit. a-d des IGH-Statuts niedergelegt sind[201]. Danach werden zuerst die Regelungen aufgeführt, die sich in den Satzungen der Organisationen oder in anderen Abkommen finden. Es folgt eine Erörterung der Praxis der Staaten und der Organisationen, der einschlägigen Entscheidungen der internationalen und nationalen Gerichte, sowie eine Stellungnahme zu den Lehrmeinungen der Völkerrechtslehre.

---

[201] Peaslee, Bd. 2, S. 1132.

ERSTER ABSCHNITT

Die Kontinuitätswahrung bei Fortbestand der internationalen Organisation als Funktionsträger

ERSTES KAPITEL

Kontinuitätswahrung durch Bestätigung der Satzung

I. Die Sachverhalte und ihre politischen und soziologischen Voraussetzungen

a) Verlängerung

Die meisten Satzungen internationaler Organisationen sind auf unbestimmte Zeit abgeschlossen, wie z. B. die UN-Charta und die Satzungen ihrer Spezialorganisationen[202]. Die wichtigsten Regionalpakte gelten ebenfalls für unbestimmte Dauer, so der EWG- und der EAG-Vertrag, die OAS-Satzung, das OECD-Abkommen, sowie der NATO- und SEATO-Vertrag. Eine Ausnahme bilden die Gründungsakte der EGKSt[203], das WEU-Abkommen[204], die Benelux-Wirtschaftsunion[205], sowie drei Regionalpakete mit akzentuiert politischem Charakter: der Warschauer Vertrag[206], die Central-Treaty-Organization[207] und die Balkan-Alliance[208].
Diese befristeten Verträge sind aber stets auf eine lange Zeitdauer abgeschlossen[209] und enthalten in der Regel eine Bestimmung, die eine Verlängerung vorsieht[210].

b) Rekonstitution und Redintegration

Wenn die Kontinuitätsmaßnahme der Verlängerung begrifflich nur durch einen Zeitablauf ausgelöst werden kann, so können den Bestätigungsarten der Rekonfirmation und Redintegration theoretisch

---

[202] Zu diesem Begriff s. Art. 57 UN-Charta; PEASLEE, Bd. 2, S. 1786; BERBER, Völkerrecht, Bd. 3, S. 221 ff.

[203] Art. 97 EGKSt-Vertrag, PEASLEE, Bd. 1, S. 497.

[204] Art. 12 WEU-Vertrag, PEASLEE, Bd. 2, S. 1869.

[205] Art. 99 Benelux-Vertrag, PEASLEE, Bd. 1, S. 102.

[206] Art. 11 Warschauer-Vertrag, PEASLEE, Bd. 2, S. 1862.

[207] Art. 7 CTO-Vertrag, PEASLEE, Bd. 1, S. 261.

[208] Art. 13 Balkan-Alliance, PEASLEE, Bd. 1, S. 61.

[209] Die EGKSt und WEU sind auf 50 Jahre abgeschlossen; die kürzeste Dauer von 5 Jahren enthält die CTO-Satzung.

[210] Die Ausnahmen sind: der EGKSt-Vertrag, der WEU-Vertrag, das Internationale Sugar Council (Art. 42, PEASLEE, Bd. 2, S. 1391) und das Asian-African Legal Committee (Art. 3, PEASLEE, Bd. 1, S. 42 f.).

verschiedene Ursachen zugrunde liegen. In der Vergangenheit waren es aber nur Kriege, insbesondere die beiden Weltkriege, die den Fortbestand der Organisationen in Frage stellten. Sieht man von den Sachverhalten der Verlängerung ab, so beruhen alle Kontinuitätssachverhalte dieses Kapitels auf den kriegerischen Auseinandersetzungen, die störend in die Funktionsausübung der Organisationen eingegriffen haben und somit mittelbar auf all den politischen und soziologischen Gegebenheiten, die zu diesen Kriegen führten[211].

II. Die internationale Praxis

1. Regelungen in den Satzungen und anderen Abkommen

a) Regelungen, die eine Verlängerung enthalten

Die wohl älteste Regelung dieser Art enthält Art. 2 des Londoner Protokolls vom 10. März 1883, die sich mit der Verlängerung der Tätigkeit der Europäischen Donaukommission beschäftigt[212].

Von den augenblicklich bestehenden, bei Peaslee angeführten Organisationen, enthalten nur 25 Satzungen eine Zeitklausel. In 19 Satzungen sind Regelungen enthalten, die sich auf eine Verlängerung des Vertrages beziehen. In zwei Verträgen finden sich Bestimmungen über Vorbereitungen zum Abschluß neuer Abkommen.

So bestimmt Art. 13 Abs. 2 Treaty of Alliance, Political Co-Operation and Mutual Assistance between Greece, Turkey and Yugoslavia vom 9. August 1954[213]:

„If not denounced by one of the Contracting Parties one year before its expiry the Treaty shall be automatically renewed for the ensuing year and so on thereafter until it is denounced by one of the Contracting Parties.“

Eine Regelung gleichen Inhalts findet sich in

Art. 99 Satzung der Benelux-Wirtschaftsunion vom 3. Februar 1958[214],

Art. 11 Satzung des Central American Institute of Research and Industrial Technology vom 23. Juli 1955[215],

Art. 28 Satzung der Central American Trade Commission vom 10. Juli 1958[216],

---

[211] Herzfeld, Die moderne Welt, 2. Teil; Nussbaum, Geschichte des Völkerrechts, S. 211 ff.; Verdross, Völkerrecht, S. 74 ff.

[212] de Clerc, 14 (1883—85), S. 179 f.

[213] Peaslee, Bd. 1, S. 61.

[214] Peaslee, Bd. 1, S. 102.

[215] Peaslee, Bd. 1, S. 137.

[216] Peaslee, Bd. 1, S. 148.

Art. 7 Satzung der Central-Treaty-Organization vom 24. September 1959[217],

Art. 3 Satzung der International Commission for the Scientific Exploration of the Mediterranean Sea vom 26. April 1929 (rev. 1958)[218],

Art. 5 Satzung der ehemaligen International Commission of the Cape Spartel Light vom 31. Mai 1865[219],

Art. 3 Satzung des International Council for the Exlporation of the Sea vom 22. Juli 1902 (rev. 1958)[220],

Art. 20 Satzung des International Institute for the Unification of Private Law vom 15. März 1940[221],

Art. 32 Satzung des International Institute of Refrigeration vom 1. Dezember 1954[222],

Art. 11 Satzung der International North Pacific Fisheries Commission vom 9. Mai 1952[223],

Art. 8 Satzung des International Office of Epizootics vom 25. Januar 1924[224],

Art. 36 Satzung der International Organization of Legal Metrology vom 2. Oktober 1955[225],

Art. 9 Satzung des International Regional Office of Animal and Plant Health vom 29. Oktober 1953[226],

Art. 15 Satzung der International Union for the Publication of Customs Tariffs, vom 5. Juli 1890 (rev. 1949)[227],

Art. 10 Satzung des Permanent International Bureau of Analytical Chemistry of Human and Animal Foods vom 16. Oktober 1912[228].

In allen diesen Fällen ist eine Fortdauer des Vertrages durch stillschweigende Verlängerung vorgesehen. Für die Zeitspanne der Verlängerung gilt folgendes: einige Satzungen gelten für die ursprüngliche Laufzeit weiter[229], andere für einen kürzeren Zeit-

---

217 Peaslee, Bd. 1, S. 261.

218 Peaslee, Bd. 2, S. 1040.

219 Peaslee, Bd. 2, S. 1052, aufgehoben durch Protokoll der Vertragsmächte vom 31. März 1958, s. v. Münch, Kap Spartel, in WVR, Bd. 2, S. 199.

220 Peaslee, Bd. 2, S. 1118.

221 Peaslee, Bd. 2, S. 1210.

222 Peaslee, Bd. 2, S. 1222.

223 Peaslee, Bd. 2, S. 1302.

224 Peaslee, Bd. 2, S. 1308.

225 Peaslee, Bd. 2, S. 1323.

226 Peaslee, Bd. 2, S. 1342.

227 Peaslee, Bd. 2, S. 1509.

228 Peaslee, Bd. 2, S. 1718.

229 Z. B. die Central American Trade Commission, s. Art. 28 II.

raum[230] oder für unbestimmte Zeit[231]. In der Regel kann die Verlängerung nach Ablauf der ersten Verlängerungsdauer stets erneut vorgenommen werden. Eine Ausnahme gilt für den Warschauer Vertrag, der nach Art. 11 nur einmal für 10 Jahre verlängert werden kann[232].

Häufig ist auch der Zeitpunkt festgelegt, in dem die Auflösungsabsicht geltend zu machen ist[233]. Nach einigen Bestimmungen soll der Vertrag im Falle des Ausscheidens eines Mitglieds für die anderen Mitglieder weiterhin in Kraft bleiben[234].

Nach Art. 2 der Satzung der International Coffee Organization und Art. 20 der Satzung des International Tin Council kann eine Verlängerung nur ausdrücklich geltend gemacht werden[235]. Diese Rohstoffabkommen haben eine sehr kurze Geltungsdauer, da sie an marktwirtschaftliche Gegebenheiten anknüpfen, die sich schnell verändern. Sie beruhen auf einem Kompromiß zwischen den Erzeuger- und Verbraucherländern, der häufig in Verhandlungen erneuert werden muß[236].

b) Regelungen, die eine Rekonfirmation oder Redintegration ent- enthalten

Nach dem Ersten Weltkrieg wurden in den Pariser Vorortsverträgen diejenigen multilateralen Abkommen mit Deutschland und seinen Verbündeten, die nach dem Kriege fortgelten sollten, ausdrücklich bezeichnet. Dies geschah im Vertrag zu Versailles für das Internationale Landwirtschaftliche Institut in Rom durch Art. 282, für den Telegraphenverein und Weltpostverein durch Art. 283, für die Donaukommission durch Art. 346 und für die Zentralkommission für die Rheinschiffahrt durch Art. 354[237].

In die Friedensverträge mit Bulgarien, Finnland, Italien, Rumänien und Ungarn vom 10. Februar 1947 wurden Bestimmungen, die die

---

[230] Nach Art. 13 Central-Treaty-Organization erstreckt sich die Verlängerung nur auf ein Jahr.

[231] Z. B. das Central American Institute of Research and Industrial Technology, Art. 11.

[232] Peaslee, Bd. 2, S. 1862.

[233] So in Art. 15 II Satzung der International Union for the Publication of Customs Tariffs.

[234] Z. B. Art. 8 Satzung des International Office of Epizootics.

[235] Art. 36 Satzung des International Wheat Council von 1959 (Peaslee, Bd. 2, S. 1552) und Art. 37 Satzung des International Olive Oil Council von 1956 (Peaslee, Bd. 2, S. 1935) enthalten lediglich Bestimmungen über Vorbereitungen zum Abschluß neuer Abkommen.

[236] Knote, Internationale Rohstoffabkommen aus der Nachkriegszeit, Diss. Bonn, S. 118 ff.; Amzalak, Le Café et le Sucre au Point de Vue International, in RdC 78 (1951 I), S. 127 ff.

[237] RGBl 1919, S. 1089 ff.

Weitergeltung von internationalen Organisationen bestätigen, nicht aufgenommen[238]. In dem Friedensvertrag mit Japan vom 8. September finden sich ebenfalls keine Bestimmungen der genannten Art[239].

2. Die Praxis der internationalen Organisationen und der Staaten

a) Zur Verlängerung

In der Praxis wurde oft von der Möglichkeit der stillschweigenden Verlängerung Gebrauch gemacht. Auf diese Weise wurde die Kontinuität folgender Organisationen gesichert:

die Europäische Donaukommission wurde vom Jahre 1904 ab mehrmals verlängert[240],

das Central American Institute of Research and Industrial Technology, verl. 1960[241],

die International Commission for the Scientific Exploration of the Mediterranean Sea, verl. seit 1929[242],

die International Commission for the Cape Spartel Light, seit 1865 häufig verlängert, durch Protokoll vom 31. März 1958 aufgehoben[243],

das International Council for the Exploration of the Sea, seit 1902 verlängert[244],

das International Institute for the Unification of Private Law, seit 1940 verlängert[245],

das International Institute of Refrigeration, verlängert 1964[246],

die International North Pacific Fisheries Commission, verlängert 1962[247],

das International Office of Epizootics, seit 1924 verlängert[248],

---

[238] BRANDON/LERICHE, Suspension of Rights and Obligations under Multilateral Conventions between Opposing Belligerents on Account of War, in AJIL 46 (1952), S. 532 ff.; für die Vertragstexte s. UNTS 41, 21 ff.; 48, 203 ff.; 49, 3 ff.; 42, 3 ff.; 41, 135 ff.

[239] PLISCHKE, Reactivation of Prewar German Treaties, in AJIL 48 (1954), S. 249 f.; MCINTYRE, Legal Effect of World War II on Treaties of the United States, S. 325 ff.; für den Vertragswortlaut s. UNTS 136, S. 45 ff.

[240] WEGENER, Die internationale Donau, S. 14; VOLLE, Die Belgrader Donaukonferenz von 1948, in EA 3 (1948), S. 1641.

[241] PEASLEE, Bd. 1, S. 132.

[242] PEASLEE, Bd. 2, S. 1038.

[243] STUART, The International Lighthouse at Cape Spartel, in AJIL 24 (1936), S. 770 ff.; v. MÜNCH, Kap Spartel, in WVR, Bd. 2, S. 198 f.

[244] PEASLEE, Bd. 2, S. 1116 f.

[245] PEASLEE, Bd. 2, S. 1205 ff.

[246] International Institute of Refrigeration, 1908—1958, S. 32 ff.

[247] PEASLEE, Bd. 2, S. 1295 f.

[248] PEASLEE, Bd. 2, S. 1306 f.

die International Union for the Publication of Customs Tariffs, verlängert seit 1890[249], und

das Permanent International Burau of Analytical Chemistry of Human and Animal Foods, verlängert seit 1919[250].

Eine ausdrückliche Verlängerung fand beim internationalen Weizenabkommen in den Jahren 1949, 1952, 1956, 1959 und 1962 statt. Die neuen Abkommen traten jeweils so frühzeitig in Kraft, daß sie unmittelbar an die auslaufenden Verträge anschließen konnten und ein „verfassungsloser Zustand" nicht entstehen konnte[251]. Dasselbe gilt für die internationalen Zuckerabkommen in den Jahren 1953 und 1958. Auf der Konferenz von 1961 konnte keine Einigung über die Erzeugerquote Cubas erzielt werden. Am 31. Dezember 1961 fiel die Regulierung des Zuckermarktes weg. Der Zuckerrat beschloß, Art. 3, 2 und 3, Art. 7 bis 25, 44, 4 und 7 des Zuckerabkommens von 1958 als nicht mehr wirksam zu betrachten. Die anderen Teile des Vertrages blieben aber in Kraft und damit auch die Bestimmungen über die Organisation[252]. Das internationale Kaffeeabkommen wurde in den Jahren 1959, 1960 und 1961 jeweils verlängert[253].

Es wurde somit keine Organisation aus Gründen des Zeitablaufs aufgelöst. Die auf Zeit gegründeten Organisationen wurden entweder verlängert oder aus anderen Ursachen umgestaltet bzw. aufgelöst[254].

b) Zur Rekonfirmation und Redintegration

aa) Die Praxis der Organisationen

Die Sachverhalte

Der Völkerbund

In den letzten Jahren vor dem Zweiten Weltkrieg war die politische Bedeutung des Völkerbundes immer mehr gesunken. Die Organisation hatte sich bei der Durchführung ihrer politischen Aufgaben als funktionsunfähig erwiesen. Kurz vor Kriegsausbruch versuchte der Plan des Australiers Bruce, die sozialen und wirtschaftlichen Funktionen des Völkerbundes zu retten, doch diese Bestrebungen

249 PEASLEE, Bd. 2, S. 1504.

250 PEASLEE, Bd. 2, S. 1715.

251 KNOTE, a. a. O., S. 57 ff.; International Organization 16 (1962), S. 666 ff.

252 S. Art. 22 bis 31 (PEASLEE, Bd. 2, S. 1544 ff.); KNOTE, a. a. O., S. 64 ff.

253 Ders., a. a. O., S. 70 ff.; WENZEL, Das Recht der internationalen Rohstoffabkommen, S. 83 ff.

254 S. unten S. 69 ff. und S. 93 ff.

wurden durch den Beginn und die Ereignisse des Krieges überholt[255].

Am 5. September 1939 wies der Generalsekretär in einer Ansprache darauf hin, daß die volle Tätigkeit des VB durch den Krieg unterbrochen sei, und daß Maßnahmen ergriffen werden müßten, um die interne Organisation der unvermeidlichen Arbeitseinschränkung anzupassen[256]. In den folgenden Monaten wurde der Beamtenstab reduziert; das Sekretariat und die Kommissionen konzentrierten sich auf die Durchführung von Aufgaben überwiegend technischer Art[257]. Angesichts der politischen Lage und der Verkehrsschwierigkeiten konnten weder die Völkerbundsversammlung noch der Völkerbundsrat zusammentreten.

In den ersten beiden Jahren des Krieges blieb das Sekretariat in Genf. Im Spätsommer des Jahres 1941 wurden einige Abteilungen nach England und den USA verlegt. Genf blieb jedoch weiterhin Hauptsitz.

Der Ständige Internationale Gerichtshof

Der Gerichtshof übte seine Rechtsprechungsfunktion bis zum Jahre 1940 aus. Dann wurde seine Tätigkeit durch den Einmarsch der deutschen Truppen in den Niederlanden bis zum Ende des Krieges unterbunden[258].

Der Ständige Schiedshof

Die Funktionsausübung des Schiedshofs war während des zweiten Weltkrieges suspendiert. Der Generalsekretär und ein kleiner Mitarbeiterstab waren weiterhin tätig[259].

Der Weltpostverein und der Internationale Fernmeldeverein

Die Büros dieser beiden Organisationen haben als Auskunfts-, Beratungs- und Verbindungsorgane während der beiden Weltkriege

---

[255] v. Gretschaninow, Tätigkeit und Mitgliederbestand des Völkerbundes im gegenwärtigen Kriege, in ZaöRVR 10 (1940/41), S. 632 ff. und 662 ff.; Walters, a. a. O., S. 809; zum Bruce-Bericht s. v. Gretschaninow, a. a. O., S. 643 ff.

[256] Ders., a. a. O., S. 632 ff.

[257] Z. B. die Fortführung der Opiumsektion und der hygienischen Abteilung, s. Gretschaninow, a. a. O., loc. cit.

[258] v. Gretschaninow, a. a. O., S. 667 f.; Hudson, The Twentieth Year of the Permanent Court of International Justice, in AJIL 36 (1942), S. 1 ff.; ders., The Twenty-First Year ..., in AJIL 37 (1943), S. 1 ff.; ders., The Twenty-Second Year ..., in AJIL 38 (1944), S. 1 ff.; ders., The Twenty-Third Year ..., in AJIL 39 (1945), S. 1 ff.; Rosenne, The International Court of Justice, S. 18 ff.; Publications De La Cour Permanente De Justice Internationale, Série E, No. 16, S. 7 ff.

[259] Laut freundlicher Auskunft von Herrn Francois, General-Sekretär des Schiedshofs.

fortbestanden. Sie nahmen von den kriegführenden und neutralen Mitgliedern die Beiträge entgegen und setzten in beschränktem Umfang ihre Veröffentlichungen fort. Die Kongresse und Verwaltungskonferenzen sind während der beiden Kriege nicht zusammengetreten[260].

Das Central Office for International Transport by Rail

Während des Ersten Weltkrieges führte das Büro seine Geschäfte in beschränktem Umfang weiter. Das gleiche gilt für die Dauer des Zweiten Weltkriegs[261].

Das Internationale Landwirtschaftsinstitut in Rom

Das Institut arbeitete während des Ersten Weltkrieges weiter und gab seine jährlichen Publikationen heraus. Die Mitgliedstaaten entsandten weiterhin ihre Delegierten in die Ständige Kommission[262]. Während des Zweiten Weltkrieges veröffentlichte das Institut Statistiken, Bücher und Berichte. Es war somit in eingeschränktem Umfang weiterhin aktiv tätig[263].

Das Internationale Institut für geistige Zusammenarbeit in Paris

Durch den Ausbruch des Zweiten Weltkrieges wurde das Institut in seiner Tätigkeit sehr eingeschränkt. Sie wurde mit der Besetzung Frankreichs durch die deutschen Truppen im Jahre 1940 beendet[264].

Das Büro für die International Union for the Protection of Industrial Property and International Union for the Protection of Literary and Artistic Works

Das Büro konnte während des Zweiten Weltkrieges seine Tätigkeit im großen und ganzen fortsetzen. Die Veröffentlichungen erschienen weiterhin[265].

Die International Union for the Publication of Customs Tariffs

Die Organisation wurde durch den Zweiten Weltkrieg nicht aufgelöst. Die Funktionsausübung war aber sehr eingeschränkt[266].

---

260 Krause, a. a. O., S. 16 f.; Tobin, The Termination of Multipartite Treaties, S. 75 ff.; McIntyre, a. a. O., S. 266 ff. und S. 275 ff.; L'Union Postale, Official Organ, 1941, S. 183 ff.; Codding, The Universal Postal Union, S. 45 ff., S. 61 ff.

261 Haustein, Die völkerrechtliche Stellung der Eisenbahnen in Kriegs- und Nachkriegszeiten, S. 76 ff.

262 Tobin, a. a. O., S. 78.

263 McIntyre, a. a. O., S. 287.

264 Rothbarth, Entstehung und Aufgabe der UNESCO, in FW 1946, S. 305.

265 Laut freundlicher Auskunft von Herrn Béguin, Conseiller des Büros.

266 Laut freundlicher Auskunft von Herrn Marchant, Direktor des Büros.

Das International Bureau of Education

Während des Zweiten Weltkrieges arbeiteten die ständigen Organe des Instituts in Genf weiter. Es wurde der Intellectual Aid Service to Prisoners of War gegründet, der die Kriegsgefangenen in den Lagern mit Büchern versorgte[267].

Das International Institute of Refrigeration

Die Arbeit des Büros wurde während des Ersten und Zweiten Weltkrieges in Paris aufrecht erhalten. Auch das Bulletin erschien regelmäßig weiter. Während des Ersten Weltkrieges hielt das Verwaltungskomitee einmal jährlich eine Sitzung ab[268].

Das International Exhibitions Bureau

Der Zweite Weltkrieg berührte die Existenz dieser Organisation nicht. Die Tätigkeit wurde in eingeschränktem Maße fortgeführt[269].

Die Bank für Internationalen Zahlungsausgleich

Die Bank arbeitete während des Zeiten Weltkrieges unter strikter Wahrung der Neutralität weiter. Sie beschloß, wie viele Organisationen, alle Sitzungen des Verwaltungsrats und der Generalversammlungen ausfallen zu lassen und statt dessen die wichtigsten Angelegenheiten auf schriftlichem Wege zu erledigen[270].

Die International Commission for the Scientific Exploration of the Mediterranean Sea

Die Organisation wurde durch den Zweiten Weltkrieg nicht aufgelöst. Die Durchführung der Aufgaben war unterbrochen[271].

Das International Bureau of Weights and Measures

Der Zweite Weltkrieg berührte die Tätigkeit des Büros nur insoweit, als durch stockende Beitragsleistungen finanzielle Schwierigkeiten auftraten[272].

Das International Committee of Military Medicine and Pharmacy in Liège

Das Komitee bestand während des Zweiten Weltkrieges weiter.

---

[267] International Bureau of Education, Memorandum, S. 3.

[268] Vgl. die Schrift des Instituts: Half a Century of International Refrigeration Activity, S. 18 und 32; für das Verwaltungskomitee s. Art. 16 der Satzung (Peaslee, Bd. 2, S. 1218).

[269] Laut freundlicher Auskunft von Herrn Chalon, Direktor des Büros.

[270] Auboin, Die Bank für Internationalen Zahlungsausgleich, S. 17 f.; Coing, Bank für Internationalen Zahlungsausgleich, in WVR, Bd. 1, S. 155.

[271] Laut freundlicher Mitteilung von Herrn Vaudon aus dem Generalsekretariat der Organisation.

[272] Laut freundlicher Auskunft des Sekretariats der Organisation.

Seine Funktionsausübung war aber in starkem Maße eingeschränkt. Das Bulletin der Organisation erschien bis zum Jahre 1943, dann mußte sein Erscheinen auf Betreiben der deutschen Besatzungsmacht eingestellt werden[273].

Das International Wine Office

Auch diese Organisation wurde in ihrem Bestand durch den Zweiten Weltkrieg nicht berührt. Die Funktionsausübung mußte eingeschränkt werden[274].

Das International Council for the Exploration of the Sea in Charlottenlund/Dänemark

Die Organisation wurde durch den Ausbruch des Zweiten Weltkrieges nicht aufgelöst, sondern nur in ihrer Tätigkeit eingeschränkt[275]. Kurz nach dem Kriegsbeginn bat der Präsident des Rates die Delegierten der Mitgliedstaaten brieflich, sich zu der veränderten politischen Lage zu äußern. In ihrer Antwort baten alle Delegierten, alles in seiner Gewalt Stehende zu tun, um die Tätigkeit der Organisation aufrecht zu erhalten[276].

Das Büro war nach der deutschen Besetzung Dänemarks von allen Außenkontakten abgeschnitten. Es arbeitete weiter so gut es ging und holte brieflich die Stellungnahmen der Delegierten ein. Auf der ersten Sitzung des Rates nach dem Kriege wurden alle Maßnahmen, die von dem Präsidenten und Generalsekretär getroffen worden waren, durch die Delegierten in ihrer Wirksamkeit bestätigt[277].

Die Internationale Organisation für Meteorologie

Durch den Ausbruch des Zweiten Weltkrieges wurde die Arbeit des Exekutivrates und des Sekretariates dieser Organisation sehr beeinträchtigt. Eine Konferenz der Direktoren der meteorologischen Ämter fand nicht statt[278].

Die Internationale Arbeitsorganisation

Die Praxis der ILO wurde von dem Generaldirektor des Internationalen Arbeitsamtes im Jahre 1945 in einer Denkschrift wie folgt beschrieben[279]:

---

[273] Laut freundlicher Mitteilung von Herrn Voncken, Generalsekretär des Komitees.

[274] Laut freundlicher Auskunft von Herrn Protin, Direktor des Office.

[275] Report of the Thirty-Third Meeting of the Council vom 15. Oktober 1945, in Rapports et Procès Verbaux Des Réunions, Bd. CXVI, S. 13 f.

[276] Op. cit., S. 13.

[277] Op. cit., S. 14 ff.

[278] Parry, The World Meteorological Organization, in BYIl 26 (1949), S. 495.

[279] International Labour Code, Bd. 1, S. XCVI.

„In the case of multipartite instruments laying down rules which are legislative in character, there is strong presumption that war between certain parties is not intended to abrogate the obligations under the instrument of any of the parties, but the obligations resulting from the instrument will in certain cases be in suspense as between opposing belligerents for the duration of the war, and in relation to co-belligerents and neutrals a belligerent will be excused for the duration of the war from the performance of such of its obligations under the instrument as are incompatible with its position as a belligerent or as it is prevented from performing by force majeurs. These general principles would appear to be fully applicable to the special case of international labour Conventions."

Die internationale Arbeitsorganisation setzte während des Weltkrieges ihre Tätigkeit auf verkürzter Basis fort. Das Budget wurde zu 50 % gestrichen. Im Jahre 1940 wich das Büro der Organisation mit einem Teil des Beamtenstabes von Genf nach Montreal aus. In beiden Städten wurden in beschränktem Umfang Untersuchungen über Fragen der sozialen Politik weitergeführt und informatorische Tätigkeit verrichtet.

Im Verlaufe des Krieges verlagerte sich das Schwergewicht der Arbeit immer mehr auf den amerikanischen Kontinent.[280]

Die Zentralkommission für die Rheinschiffahrt

Während der Kriege von 1867 und 1870/71 stellte die Kommission ihre Arbeiten stillschweigend ein und nahm sie nach den Friedensschlüssen wieder auf, ohne daß dies vertraglich zwischen den Mitgliedstaaten festgelegt wurde. Im Ersten und Zweiten Weltkrieg war die Kommission ebenfalls daran gehindert, zusammenzutreten und ihre Tätigkeit auszuüben. Im Zweiten Weltkrieg gelangte der Stromverlauf von Basel bis zur Mündung unter deutsche Hoheit, wobei der Verkehr auf dem Fluß der Kriegswirtschaft unterstellt wurde[281].

Die Europäischen Donaukommissionen

Während des Ersten Weltkrieges führte die Europäische Donaukommission ihre Sitzungen bis zum Kriegseintritt Bulgariens und der Türkei durch. Sie nahm nach einer kurzen Unterbrechung ihre Arbeit wieder auf und setzte sie, mit Ausnahme der kurzen Periode von Mai bis November 1918, bis zum Kriegsende fort. Die Mitglieds-

---

[280] MORELLET, Les Amendements A La Constitution De L'Organisation Internationale Du Travail, in RGDIP 18 (1947), S. 65; GRETSCHANINOW, a. a. O., S. 667; SIMPSON, The International Labour Organization in 1940, in AJIL 35 (1941), S. 359 ff.; WALTERS, a. a. O., S. 809.

[281] EYSINGA, a. a. O., S. 58 ff.; BIAYS, La Commission Centrale Du Rhin, in RGDIP, 1952, S. 233; TOBIN, a. a. O., S. 89 f. und S. 167 ff.

staaten zahlten auch weiterhin ihre Beiträge. Die Freiheit der Schiffahrt war zwischen den kriegführenden Mitgliedern suspendiert. Die Flußkommission versuchte, soweit es die Bedingungen des Krieges erlaubten, ihre Funktionen auszuüben[282].

In den ersten Jahren des Zweiten Weltkrieges vereinbarten Deutschland und Italien mit den von ihnen mehr oder weniger beherrschten Balkanstaaten, sowie mit der Sowjetunion, die beiden Donaukommissionen, d. h. die Europäische und die Internationale Donaukommission, durch eine neue Kommission zu ersetzen. Die beiden genannten Verbände konnten nicht mehr tätig werden. Im weiteren Verlauf des Krieges beherrschte Deutschland das gesamte Stromgebiet und regulierte die Schiffahrt auf der Donau[283].

Zusammenfassung

Aus der Praxis der angeführten Organisationen läßt sich folgendes entnehmen:

i) Es wurde in keinem Fall durch einen Kriegsausbruch eine internationale Organisation aufgelöst.

ii) In den meisten Fällen setzten die ständigen Organe der Organisationen ihre Tätigkeit in beschränktem Umfang fort. Die nicht ständigen Organe traten während der Kriegsdauer nicht zusammen, nicht zuletzt wegen der menschlichen Schwierigkeiten, die sich bei dem Zusammentreffen von Angehörigen gegeneinander im Krieg befindlicher Staaten ergeben mußten. Während des Zweiten Weltkrieges wurden einige Organisationen völlig in der Ausübung ihrer Funktionen gehindert, bzw. in sehr starkem Maße eingeschränkt, weil sie ihren Amtssitz in den von Deutschland besetzten Ländern hatten.

iii) Ob es im Kriegsfall zu einer Unterbrechung der in der Satzung festgelegten Verpflichtungen der Mitgliedstaaten und der Ausübung der Funktionen der zwischenstaatlichen Organe kommt, hängt von dem Zweck ab, zu dem die internationale Organisation errichtet wurde[284]. So wurde aus militärischen und wirtschaftlichen Gründen

---

[282] Sinclair, The Danube Commission of 1948, in BYIL 25 (1948), S. 398; Tobin, a. a. O., S. 92 ff.

[283] Martius, Die Entwicklung des zwischenstaatlichen Donauschiffahrtsrechts, in Arch VR 1 (1948/49), S. 240 ff.; Seidl-Hohenveldern, Die Belgrader Donaukonvention von 1948, in Arch VR 7 (1958/59), S. 254; Auburtin, Die neuere Rechtsstellung der Europäischen Donaukommission in ZaöRVR 9 (1939/40), S. 338 ff.; Sofronie, Le Statut International Du Danube Maritime et La Position De La Roumanie, in RGDIP 49 (1945), S. 60 ff.

[284] S. auch Draft Convention on the Law of Treaties, a. a. O., S. 1199.

die Freiheit der Schiffahrt auf dem Rhein und der Donau während der Kriegsdauer zwischen den kriegführenden Mitgliedstaaten aufgehoben.

Diejenigen Bestimmungen der Satzung, die unmittelbare Beziehungen der Mitglieder zueinander regeln, wurden während der Kriegsdauer suspendiert. So wurde die Tätigkeit des Internationalen Landwirtschaftlichen Instituts in Rom während des Ersten Weltkrieges nur gering beeinträchtigt, weil in der Satzung des Instituts keine Bestimmungen enthalten waren, die direkte Beziehungen der Mitgliedstaaten zum Inhalt hatten[285]. Diejenigen Bestimmungen, die sich mit dem Aufbau, den Aufgaben und Funktionen der Organisation befassen, wurden nicht suspendiert. Die Ausübung der Funktionen und die damit verbundene Tätigkeit der Organe wurde lediglich durch die Suspension der erstgenannten Bestimmungen eingeschränkt.

bb) Die Staatenpraxis

Für die vorliegende Untersuchung sind zwei Stellungnahmen der britischen Regierung bedeutsam:

Während des deutsch-französischen Krieges konsultierte die dänische Regierung die britische Regierung, ob diejenigen Bestimmungen der Telegraphenverträge von 1865 und 1868 von dem Krieg betroffen werden, die Depeschen von einer Kontrolle des Durchgangslandes ausnehmen. Die Antwort lautete, daß diese Bestimmungen zwischen den kriegführenden Mitgliedstaaten suspendiert seien, und daß zwischen jedem kriegführenden und neutralen Mitglied die Satzung eine stillschweigende Klausel (implied term) enthalten würde, die diese Bestimmungen der Satzung den Pflichten eines neutralen Mitglieds im Kriegsfall unterordneten[286].

Während des Burenkrieges protestierte die deutsche Regierung gegen die britische Praxis, die deutsche Post, die durch die Kap-Kolonie nach Deutsch-Südwest-Afrika befördert wurde, zu öffnen und zu kontrollieren. Das Deutsche Reich machte geltend, daß dies ein Verstoß gegen die Bestimmungen des Weltpostvertrages sei. Die britische Regierung nahm dazu wie folgt Stellung:

„1. We are of opinion that the provisions of the Postal Convention must be regarded as applicable to a state of peace, and that, in the event of war raging in an adjoining territory, letters transmitted under the Postal Convention are liable to examination in the same way as other letters. This right, however, is one which should, we think, be exercised with great forbearance, and, as it may be doubtful whether any information or supplies of money are likely to be transmitted to the enemy indirectly by means of such letters, it is a matter for consideration whether the right should be exercised.

---

[285] Tobin, a. a. O., S. 78 f.

[286] McNair, a. a. O., S. 721.

2. Letters which are found to contain dangerous matter may properly be detained"[287].

Beziehen sich diese beiden Stellungnahmen auf die Staatenpraxis während eines Krieges, so handeln die folgenden Äußerungen von Bestätigungen vor oder bei Abschluß eines Friedensvertrages:

Auf der Konferenz von Paris im Jahre 1946 erklärte der sowjetische Delegierte zu der Frage, ob in die Friedensverträge mit Bulgarien, Finnland, Italien, Rumänien und Ungarn Bestimmungen aufgenommem werden müßten, die die Weitergeltung von multilateralen Abkommen bestätigen[288]:

„The question of multilateral treaties was discussed when the text of Article 37 was drawn up. The authors of the draft of this Article, if we can so express ourselves, agreed that, according to the opinion at present generally prevailing in international law, the communis opinio, multilateral treaties are only suspended by war. It is therefore unnecessary to deal with the re-establishement of such treaties in the Peace-Treaty."

Diese Ansicht wurde von den anderen Delegierten gebilligt.

In dem Friedensvertrag mit Japan vom 8. September 1951 finden sich ebenfalls keine Bestimmungen der genannten Art. Die japanische Delegation gab aber beim Abschluß des Friedensvertrages folgende Erklärung ab[289]:

„Except as otherwise provided in the said Treaty of Peace, Japan recognizes the full force of all presently effective multilateral international instruments to which Japan was a party on September 1, 1939, and declares that it will, on the first coming into force of the said Treaty, resume all its rights and obligations under those instruments. Where, however, participation in any instrument involves membership in an international organization of which Japan ceased to be a member on or after September 1, 1939, the provisions of the present paragraph, shall be dependet on Japan's readmission to membership in the organization concerned."

Diese japanische Erklärung kann als Bekräftigung des Grundsatzes, daß die multilateralen Verträge durch den Krieg nur suspendiert wurden, angesehen werden. Wie McIntyre in seiner genannten Studie ausführlich darlegt, verlor kein Staat seine Mitgliedschaft in internationalen Organisationen durch Krieg[290]. Japan hatte auch

---

[287] McNair, a. a. O., S. 722 f.

[288] Abgedruckt bei Brandon/Leriche, a. a. O., S. 533.

[289] Abgedruckt bei McIntyre, a. a. O., S. 325, und in AJIL 46 (1952) Supplement, S. 86.

[290] McIntyre, a. a. O., S. 344; Bulgarien und Finnland behielten ihre Mitgliedschaft im VB; Finnland nahm auch an der Auflösungssitzung des VB im Jahre 1946 teil, Bulgarien war nicht anwesend, wurde aber als Mitglied geführt, s. Myers, Liquidation of League of Nations Functions, in

schon vor 1951 in zahlreichen Organisationen seine Mitgliedschaft wieder aufgenommen[291]. Im übrigen weist McIntyre nach, daß auch das State Department der Vereinigten Staaten, das den Entwurf zu dem japanischen Friedensvertrag und zu der japanischen Erklärung ausgearbeitet hatte, von einer Suspendierung und nicht von einem Erlöschen ausging[292].

Ein weiteres Argument für die Suspendierung findet sich in der Präambel des Weltpostvertrages von 1947. Japan wird dort als Mitgliedstaat angeführt, obwohl es das neue Abkommen nicht unterzeichnet hatte und an dem Weltpostkongreß von Paris im Juli 1947 nicht teilgenommen hatte[293].

Alle diese Argumente sagen allerdings nichts über die Beendigung der Suspendierung aus; insbesondere nichts darüber, ob die Beendigung automatisch beim Abschluß des Friedensvertrages eintritt[294].

Wenn eine internationale Organisation während eines Krieges zwischen zwei oder mehreren Mitgliedstaaten in der Ausübung ihrer Funktionen eingeschränkt wurde, so ist sie stets bemüht, nach der Beendigung der Feindseligkeiten ihre Tätigkeit im alten Umfang wieder aufzunehmen. Besonders, wenn der Friedensvertrag erst längere Zeit nach dem Abschluß des Waffenstillstandes unterzeichnet wird, erfordern es häufig die zwischenstaatlichen Beziehungen, einen dem Frieden ähnlichen Zustand wieder eintreten zu lassen. Dies wird von den Mitgliedstaaten meist dadurch erreicht, daß sie entweder die Suspension ihrer Verpflichtungen wieder aufheben oder daß sie eine in ihrer Funktionsausübung unterbrochene Organisation wieder in ihren Aufgabenbereich einsetzen.

So wurden nach der Beendigung der Feindseligkeiten des Zweiten Weltkrieges von Belgien, Frankreich, Großbritannien, Holland und den Vereinigten Staaten, unter späterer Hinzuziehung der Schweiz, im Oktober 1945 Konsultationen vorgenommen, um die Rheinschiff-

---

AJIL 42 (1948), S. 330 f.; Italien, Ungarn, Rumänien und Japan waren vorher aus dem VB ausgetreten; s. v. GRETSCHANINOW, a. a. O., S. 681 f.; alle genannten Staaten waren Mitglieder des StIGH-Statuts und wurden in der Mitgliederliste vom 31. 12. 1945 aufgeführt, s. Publications De La Cour Permanente Internationale De Justice, a. a. O., S. 50.

[291] UNYB 1948/49, S. 1121.

[292] Der Ansicht, daß es sich um eine Suspendierung handelt, sind auch BRANDON/LERICHE, a. a. O., S. 534, und O'CONNELL, Legal Aspects of the Peace Treaty with Japan, in BYIL 29 (1952), S. 430; im übrigen s. MCINTYRE, a. a. O., S. 326.

[293] MCINTYRE, a. a. O., S. 343 f.; s. den Wortlaut der Satzung in BYIL 25 (1948), S. 465 ff.; weiter aufgeführt sind: Deutschland, Bulgarien, Italien, Rumänien und Ungarn; auf dem Pariser Postkongreß wurde die Beibehaltung der Namen von Deutschland und Japan in der Präambel beschlossen, s. BYIL, a. a. O., S. 463, Anm. 1.

[294] Hierzu s. unten S. 63.

fahrt auf einer Interimsbasis zu regeln. In einem Schreiben der britischen Regierung an den französischen Botschafter heißt es[295]:

„... informal discussions have recently taken place in London between representatives of the Governments of the United Kingdom ..., regarding the urgent need for the immediate coordination of all activities undertaken with a view to restoring navigation on the Rhine. As a result of these discussions, the representatives agreed to recommend to their Governments that the necessary steps should be taken to invite the Central Commission of the Rhine to resume its functions without delay on an emergency basis."

Die Mitgliedstaaten in ihrer Gesamtheit können somit auch schon vor dem Abschluß des Friedensvertrages eine Regelung treffen, die die Organisation wieder in ihren Tätigkeitsbereich einsetzt.

3. Gerichtsentscheidungen

a) Der Ständige Internationale Gerichtshof

Der Gerichtshof hat sich mit dem Problem der Kriegseinwirkung auf Satzungen internationaler Organisationen nur im Zusammenhang mit anderen Fragen auseinandergesetzt[296]. Im Fall Jurisdiction of the European Commission of the Danube between Galatz and Braila vom Jahre 1927 führte er aus, daß die Bestimmungen über die Regelung der Donauschiffahrt während des Ersten Weltkrieges suspendiert gewesen seien[297].

b) Nationale Gerichte

Der District Court von Rotterdam stellte in seinen Urteilen vom 29. Dezember 1950, 17. April 1953 und 14. Januar 1954[298] fest, daß die Mannheimer Schiffahrtsakte zwischen Deutschland und den

---

[295] Abgedruckt in European Yearbook 2 (1956), Documentary Section, S. 278.

[296] Die Entscheidungen internationaler Gerichte zur Rekonfirmation und Redintegration von mehrseitigen völkerrechtlichen Abkommen beziehen sich, soweit ersichtlich, fast ausschließlich auf Verträge, die keine Organisation errichten. Sie scheiden deshalb für die vorliegende Untersuchung aus.

[297] Publications of the PCIJ Series, B, No. 14, S. 12, S. 25 ff. und S. 45 ff.; vgl. auch die Observations by Nyholm, a. a. O., S. 72; Hajnal, Le conflit diplomatique entre le Gouvernement de Roumanie et la Commission Européenne du Danube, in ZVR 13 (1926), S. 398 ff.; Krieg, Das Haager Rechtsgutachten über den Kompetenzstreit Rumäniens und der europäischen Donaukommission vom 8. Dezember 1927, in ZVR 15 (1929), S. 215 ff.

[298] District Court of Rotterdam, Urteile in Sachen The Golden River ./. The Wilhelmina, Swiss Corporation Tanutra ./. Nederlandsche Rijnvaartvereeniging, Nederlandsche Rijnvaartvereeniging ./. Damco Scheepvaart Maatschappig, in ILR 17 (1950) Fall Nr. 112, S. 354 ff.; 20 (1953), S. 164 f.; 21 (1954), S. 276 f.

Niederlanden vom Mai 1940 an insoweit und solange suspendiert gewesen sei, als die Vertragsbestimmungen in tatsächlicher Hinsicht unanwendbar geworden waren. Dabei müsse die Unanwendbarkeit restriktiv ausgelegt werden. Das Gericht erklärte weiter, daß der Abschluß eines Friedensvertrages für die Beendigung der Suspendierung nicht notwendig gewesen sei[299].

In seiner Entscheidung vom 26. Oktober 1914 untersuchte das Reichsgericht die Frage, ob der Unionsvertrag zum Schutze des gewerblichen Eigentums vom 20. März 1883[300], dem das Deutsche Reich im Jahre 1903 beigetreten war und dessen Bestimmungen Reichsrecht wurden, trotz des Ersten Weltkrieges weitergalt. In den Gründen heißt es[301]:

„Wenn es nun auch richtig sein mag, daß die völkerrechtliche Verbindlichkeit des Abkommens denjenigen Staaten gegenüber, mit denen wir uns im Kriege befinden, durch den Ausbruch des Krieges ohne weiteres aufhört, so tritt hierdurch noch nicht der Inhalt der Konvention, soweit er zum Bestandteil unseres bürgerlichen Rechts geworden ist bezüglich der Angehörigen der uns feindlichen Staaten außer Kraft. Die internationale Verbindlichkeit und die innerstaatliche Wirksamkeit sind nicht unbedingt voneinander abhängig. Beide stehen und fallen miteinander nur bei solchen Verträgen, deren Ausführung mit den Zwecken der Kriegsführung unvereinbar wäre."

Das Reichsgericht nimmt somit zur Weitergeltungsfrage nicht direkt Stellung. Es erwähnt nur die Möglichkeit der Annulation gegenüber den feindlichen Mitgliedstaaten, wobei aber offen bleibt, ob diese Annulation ipso facto eintritt oder erklärt werden muß.

In einer weiteren Entscheidung des Reichsgerichts vom 14. November 1923 zur Gültigkeit des internationalen Abkommens über den Eisenbahnfrachtverkehr vom 14. Oktober 1890 während des Ersten Weltkrieges und des Waffenstillstandes wird ausgeführt[302].

„Es kann nämlich das internationale Abkommen über den Eisenbahnfrachtverkehr der Entscheidung schon deshalb nicht zugrunde gelegt werden, weil es im Verhältnis zwischen Deutschland und Frankreich durch den Krieg außer Kraft gesetzt war und im Juli 1919 noch nicht wieder Geltung erlangt hatte."

Hier nimmt das Reichsgericht den Standpunkt ein, daß die Satzungen internationaler Organisationen nicht generell durch einen Krieg

---

[299] ILR 17 (1950), S. 355.

[300] Es handelt sich um die International Union for the Protection of Industrial Property, Satzungen s. RGBl. 1903, S. 148 ff.; Peaslee, Bd. 2, S. 1472.

[301] RGZ 85, S. 375 f.

[302] RGZ 107, S. 283; zum Text des Abkommens, das eine internationale Organisation errichtete, s. RGBl 1892, S. 793 ff.; Peaslee, Bd. 1, S. 180 f.

beendet werden, sondern nur zwischen den kriegführenden Mitgliedern suspendiert sind.

Zu dieser Stellungnahme gelangte auch der höchste japanische Gerichtshof in seinem Urteil vom 20. Juni 1915, wo er feststellte, daß der Unionsvertrag zum Schutz des gewerblichen Eigentums zwischen Deutschland und Japan vom Ausbruch des Krieges an bis zum Friedensschluß nicht in Kraft sei[303].

Das OLG Hamburg führte in einer Entscheidung vom 14. Juli 1917 aus, daß die Convention of the Protection of Literary and Artistic Works von 1886 durch den Weltkrieg nicht beendet wurde, da neben den kriegführenden Mitgliedern auch neutrale Staaten zur Union gehörten[304].

Zusammenfassung

Eine Auswertung der angeführten Entscheidungen ergibt:

Die Entscheidungen nehmen nicht zur Einwirkung des Krieges auf den Bestand der Organe, auf die Funktionen, Rechte und Pflichten der Organisation Stellung. Im Hinblick auf den Fortbestand der Rechte und Pflichten der kriegführenden Mitglieder findet sich die Ansicht, daß zwischen diesen Staaten die Satzung während der Dauer des Krieges suspendiert sei. Die einzelnen Bestimmungen der Satzung werden nicht auf ihre Geltung während des Krieges untersucht. Das niederländische Gericht geht davon aus, daß die Suspension ipso facto eintritt, d. h. keiner Erklärung bedurfte.

Aus der Suspension der Satzung zwischen den kriegführenden Mitgliedern läßt sich folgern, daß die Organisation in ihrem organisatorischen Bestand durch den Krieg nicht berührt wird, und daß die Bestimmungen der Satzung zwischen den kriegführenden und neutralen, sowie zwischen den neutralen Mitgliedstaaten in Kraft bleiben.

4. Die Stellungnahme der Völkerrechtslehre

a) Zur Verlängerung

Die Ansicht der Völkerrechtswissenschaft zu dieser Bestätigungsform wurde bereits oben angeführt[305].

b) Zur Rekonfirmation und Redintegration

Die Frage, inwieweit die Kontinuität von internationalen Organisationen durch einen Krieg, an dem zwei oder mehr Mitglieder auf verschiedenen Seiten beteiligt sind, aufgehoben bzw. beeinträchtigt

---

303 Zitiert nach TOBIN, a. a. O., S. 102.
304 Deutsche Juristenzeitung 1917, S. 907.
305 S. oben S. 37 f.

wird, stellt einen Sonderfall des allgemeinen völkerrechtlichen Problems der Einwirkung des Krieges auf völkerrechtliche Verträge dar. Die ältere Völkerrechtslehre ging wie die zwischenstaatliche Praxis davon aus, daß der Krieg allen Verträgen zwischen den Kriegführenden ein Ende bereitet[306]. Dabei wurden unter Verträgen fast ausschließlich bilaterale Verträge verstanden; als multilaterale Abkommen kamen nur Allianz- oder Friedensverträge in Betracht. In der neueren Zeit wurde diese Vertragsvernichtungstheorie durch eine der Weitergeltung günstigere Betrachtungsweise ersetzt, die entweder alle Verträge (Vertragserhaltungstheorie) oder wenigstens einen Teil derselben (vermittelnde Theorie) bestehen ließ[307].

Die Frage der Kriegseinwirkung wird in der gegenwärtigen Völkerrechtslehre durch eine konkrete, differenzierende Betrachtungsweise beantwortet, die zwischen verschiedenen Arten von multilateralen Verträgen, sowie innerhalb ein und desselben Vertrages zwischen verschiedenen Bestimmungen unterscheidet[308]. Wenn von den Vertragspartnern keine ausdrückliche Regelung für den Kriegsfall auf-

---

[306] VATTEL, a. a. O., Buch III, Kap. X, § 175.

[307] DAHM, a. a. O., Bd. 3, S. 155; RÜHLAND, Zur Theorie und Praxis des Einflusses des Kriegsbeginns auf Staatsverträge, in NIEMEYER 32 (1924), S. 74; Draft Convention, a. a. O., S. 1183 ff.; SCHLOCHAUER, Die Einwirkungen des Krieges auf den Bestand völkerrechtlicher Verträge, in DRZ 1 (1946), S. 161 ff.

[308] BERBER, a. a. O., Bd. 2, S. 94 f.; DAHM, a. a. O., loc. cit.; BRANDON/LERICHE, a. a. O., S. 532 ff.; GUGGENHEIM, a. a. O., Bd. 1, S. 121; LISZT/FLEISCHMANN, Das Völkerrecht, S. 266 f.; MENZEL, Völkerrecht, S. 270 f.; MCNAIR, Les Effets de la Guerre sur les Traités, in RdC 59 (1937), S. 537 ff.; OPPENHEIM/LAUTERPACHT, a. a. O., Bd. 2, S. 304; RÄNK, Einwirkung des Krieges auf die nichtpolitischen Staatsverträge, S. 202 ff.; SIBERT, Traité De Droit International Public, Bd. 2, S. 355 ff.; O'CONNELL, a. a. O., Bd. 1, S. 288; SEIDL-HOHENVELDERN, Völkerrecht, S. 82; ROUSSEAU, Principes Généraux Du Droit International Public, Bd. 1, S. 573 ff.; KAUFMANN, Die völkerrechtlichen Vorkriegsverträge, in Festgabe für MAKAROV, S. 225 ff.; SCELLE, De L'Influence De L'Etat De Guerre Sur Le Droit Conventionel, in Clunet 77 (1950), S. 65; KLEIN, Kriegsausbruch und Staatsverträge, in JIR 3 (1950/51), S. 26 ff.; DYBA, Der Einfluß des Krieges auf die völkerrechtlichen Verträge, Diss. Heidelberg, S. 1 ff.; SINGH, Termination of Membership of International Organization, S. 142 ff.; BLUNTSCHLI's Draft Code, in AJIL 29 (1935), Supplement Art. 538, S. 1212; SAUSER-HALL, Les Traités De Paix Et Les Droit Privés, S. 137, führt aus, daß die Ausdrucksweise, daß die Verträge der Unionen zum Schutz des gewerblichen, künstlerischen und geistigen Eigentums nach dem Ersten Weltkrieg „wieder in Kraft gesetzt seien" unkorrekt sei, denn sie würde weder dem Völkerrecht noch der Tatsache entsprechen, daß diese Organisationen während des Weltkrieges weiterbestanden hätten. — Die Vertragsvernichtungstheorie findet sich noch bei DAVIS, The Effects of War upon International Conventions and Private Contracts, in Proceedings of the American Society of International Law, 1912, S. 124 ff.

gestellt wurde, ist von dem Charakter des multilateralen Vertrages auszugehen. Politische Verträge, die keine organisierte Staatenverbindung errichten, werden durch den Kriegsausbruch beendet[309]. Ob diese Regel auch für Satzungen von Organisationen mit akzentuiert politischem Charakter gilt, ist unklar. Der Völkerbund bestand zwar während des Zweiten Weltkrieges fort, die Achsenmächte und die mit ihnen verbündeten Staaten gehörten ihm aber nicht mehr an[310]. Bei allen anderen multilateralen Verträgen, die einer Organisation zugrunde liegen, sind diejenigen Bestimmungen, die direkte Beziehungen zwischen den gegeneinander kriegführenden Mitgliedstaaten zum Inhalt haben, während der Dauer des Krieges suspendiert. Dies gilt grundsätzlich nicht für die Beziehungen der kriegführenden zu den neutralen Mitgliedern, für die Beziehungen der neutralen Mitglieder untereinander und zwischen denjenigen Mitgliedern, die einem Kriegsbündnis auf derselben Seite angehören. Auch die neutralen Mitglieder können die aus der Satzung resultierenden Verpflichtungen suspendieren, wenn es das Recht zur Selbsterhaltung oder zur Neutralität erfordert[311].

Die Suspension der Rechte und Pflichten wird grundsätzlich erst mit dem Abschluß des Friedensvertrages beendet. So schreiben Fitzmaurice, Kleinfeller und McNair, daß die genannten Rechte und Pflichten erst nach dem Kriege, d. h. bei der Wiederherstellung des Friedens, wiederaufleben[312].

Zu der beim Abschluß der Friedensverträge von 1947 geübten internationalen Praxis, die durch den Krieg suspendierten Verträge nicht ausdrücklich als in Kraft zu bestätigen, bemerkt Seidl-Hohenveldern, daß es sinnvoll gewesen wäre, in diesen Verträgen den Fortbestand der internationalen Donaukommission zu erwähnen[313]. Diese Maßnahme wäre deshalb zweckmäßig gewesen, weil sich das Kriegsschicksal dieser Organisation von den gewöhnlichen Fällen der Suspension im Kriege insofern unterschied, als im Wiener Abkommen von 1940 die Auflösung der Organisation vorgesehen war[314].

---

309 Berber, a. a. O., Bd. 2, S. 93.

310 Vgl. die Liste der Mitglieder bei v. Gretschaninow, a. a. O., S. 681 f.

311 McNair, a. a. O., S. 720; Tobin, a. a. O., S. 122.

312 Fitzmaurice, The Juridical Clauses of the Peace Treaties, in RdC 73 (1948 II), S. 308 f.; Kleinfeller, Der Einfluß des Krieges auf völkerrechtliche Verträge, in Niemeyer 25 (1915), S. 392; s. auch McNair, a. a. O., loc. cit.; Brandon/Leriche, a. a. O., S. 534; und Fiore's Draft Code, in AJIL 29 (1935) Supplement, Art. 1438, S. 1222.

313 Seidl-Hohenveldern, Die Belgrader Donaukonvention von 1948, in Arch VR 7 (1958/59), S. 257.

314 Im Wiener Abkommen vom 21. November 1940 beschlossen die Uferstaaten unter der Hegemonie des Deutschen Reiches, die Internationale Donaukommission aufzulösen und eine provisorische Regelung für die Kriegsverhältnisse einzuführen. Die übrigen Vertragspartner England und

III. Ergebnisse

Die Untersuchung der internationalen Praxis zur Bestätigung führt zu folgenden Ergebnissen:

1. Zur Verlängerung

Die Satzungen der internationalen Organisationen, die für eine bestimmte Zeitdauer errichtet wurden, enthalten in der überwiegenden Zahl Bestimmungen, die eine Verlängerung des Vertrages vorsehen. Die Mitgliedstaaten haben bisher stets von der Möglichkeit der Verlängerung Gebrauch gemacht. Es wurde somit keine Organisation aus Gründen des Zeitablaufs aufgelöst.

2. Zur Rekonfirmation und Redintegration

a) Allgemeine Regeln

Grundsätzlich gilt diejenige völkerrechtliche Regelung, die von den Mitgliedstaaten für den Kriegsfall vereinbart wurde.

Internationale Organisationen, die für den Kriegsfall in der Form von institutionalisierten Bündnissen errichtet wurden, werden in ihrem Bestand durch den Kriegsausbruch nicht berührt. Die Verpflichtungen der Mitgliedstaaten, die in Übereinstimmung mit einem solchen Bündnisvertrage als Verbündete in diesen Krieg eintreten, werden nicht suspendiert[315].

Die Bündnisverträge der oben bezeichneten Art treten dann bei Kriegsausbruch außer Kraft, wenn zwei oder mehrere Mitgliedstaaten durch den Kriegsausbruch zu Gegnern geworden sind. Diese Verträge erlöschen bei Kriegsausbruch, eine Suspension kommt für sie nicht in Betracht.

Alle anderen multilateralen Verträge, die einer internationalen Organisation zugrunde liegen, werden durch einen Kriegsausbruch zwischen zwei oder mehreren Mitgliedstaaten nicht aufgelöst. Die Bestimmungen dieser Verträge können aber, je nach der Art der Funktionen der Organisation, der Anzahl der kriegsbeteiligten Mitglieder, den geographischen Verhältnissen und dem Inhalt der Rechte und Pflichten der Mitgliedstaaten, in größerem oder kleinerem Umfang während der Dauer des Krieges suspendiert werden.

Die Suspension dieser Bestimmungen tritt durch das kriegsbedingte, den Verpflichtungen der Satzung entgegenstehende Verhalten

---

Frankreich sowie Belgien und Griechenland, die beide keinen Sitz in der Kommission hatten, aber zu den Unterzeichnerstaaten des Donaustatuts von 1921 (LNTS 26, S. 175 ff.) zählten, waren an dem Wiener Abkommen nicht beteiligt.

[315] Berber, a. a. O., Bd. 2, S. 94.

der Mitgliedstaaten ein und braucht somit nicht gegenüber den anderen Vertragspartnern oder der Organisation erklärt zu werden.

Die Suspension der Bestimmungen wird in der Regel durch den Abschluß des Friedensvertrages beendet. Die Vertragsstaaten können aber auch durch übereinstimmenden Willensentschluß etwas anderes vereinbaren.

In keinem Fall wurde durch einen Krieg eine internationale Organisation aufgelöst.

b) Die Rechte und Pflichten der Mitgliedstaaten

Diejenigen Vertragsbestimmungen, die direkte Beziehungen zwischen den gegeneinander kriegführenden Mitgliedstaaten zum Inhalt haben, sind während der Dauer des Krieges suspendiert. Das gilt grundsätzlich nicht für die Beziehungen der kriegführenden zu den neutralen Mitgliedern, sowie zwischen denjenigen Mitgliedstaaten, die einem Kriegsbündnis auf derselben Seite angehören. Doch auch diese Mitglieder können die Verpflichtungen der Satzung suspendieren, wenn es das Recht zur Selbsterhaltung oder zur Neutralität erfordert.

c) Der Bestand der Organisation, ihre Organe, Funktionen, sowie Rechte und Pflichten

Da in der Regel die Satzung durch einen Krieg nicht außer Kraft gesetzt wird, bleiben somit auch die Organisation als solche, ihre Organe, Funktionen und gegebenenfalls ihre Rechte und Pflichten bestehen. Durch die Suspension derjenigen Bestimmungen, die direkte Beziehungen der kriegführenden Mitgliedstaaten zum Inhalt haben, kann aber die Tätigkeit der Organe, sowie die Funktionsausübung eingeschränkt werden.

Dies kann, wie die Sachverhalte der Rhein- und Donaukommissionen im Zweiten Weltkrieg lehren, in einem so großen Umfang geschehen, daß die Organisation ihre gesamte Tätigkeit einstellen muß.

In den Friedensverträgen nach dem Ersten Weltkrieg wurden einige internationale Organisationen, z. B. die Zentralkommission für die Rheinschiffahrt und die Europäische Donaukommission, durch ausdrückliche Bestätigung ihrer Geltungsgrundlagen wieder in die Rechts- und Pflichtenpositionen eingesetzt, die sie vor dem Kriege innehatten. Diese Rekonfirmation wurde bei den beiden genannten Organisationen mit einer Revision ihrer Satzungen verbunden, um den durch das Kriegsgeschehen eingetretenen Veränderungen Rechnung zu tragen. Diese Regelung konnte im Fall der Zentralkommission den Niederlanden, die als neutraler Staat an den

Friedensverträgen nicht beteiligt waren, keine Bindungen auferlegen, es sei denn, sie stimmten ausdrücklich der Satzungsänderung zu[316].

Soweit aber die an einem Kriege beteiligten Mitgliedstaaten einer Organisation in einem Friedensvertrag, an dem die neutralen Mitglieder als Vertragspartner nicht beteiligt sind, bestimmen, daß die Suspension der Verpflichtungen beendet sei und die Organisation wieder ihre alten Befugnisse ausübe, bedarf diese Rekonfirmation wegen ihrer deklaratorischen Natur nicht der Zustimmung der an dem Friedensvertrag unbeteiligten Mitglieder. Aber auch hier haben sich Bestrebungen der internationalen Praxis gezeigt, die unbeteiligten Mitgliedstaaten in einem späteren Abkommen hinzuziehen und die Rekonfirmation noch einmal zu wiederholen. So wurde z. B. die in Art. 346 des Versailler Vertrages niedergelegte Rekonfirmation der Europäischen Donaukommission in Art. V des Donaustatuts von 1921 wiederholt[317].

Die Rekonfirmation kann ausdrücklich oder stillschweigend vorgenommen werden. Die letztere Form ist nach dem Zweiten Weltkrieg zum Regelfall erklärt worden, doch schon vorher, wie z. B. bei der Rekonfirmation der Zentralkommission für die Rheinschiffahrt nach dem deutsch-französischen Krieg von den beteiligten Staaten ausgeübt worden.

Die Bestätigungsformen der Rekonfirmation und Redintegration befassen sich mit erheblichen Veränderungen, die bereits *eingetreten* sind, in der Praxis mit der Einwirkung von Kriegen. In einigen Satzungen internationaler Organisationen finden sich hingegen Regelungen, die sich mit einer *zukünftigen* Einwirkung durch Krieg oder durch andere schwerwiegende Störungen der internationalen Ordnung auseinandersetzen. Auf diese Vorschriften ist im folgenden einzugehen.

ZWEITES KAPITEL

Maßnahmen, die den Fortbestand während eines zukünftigen Krieges oder anderer Störungen sicherstellen sollen

I. Allgemeines

Wie v. d. Groeben/v. Boeckh ausführen, können im zwischenstaatlichen Bereich Situationen entstehen, in denen eine buchstaben-

[316] So auch der StIGH in seinem Urteil über den Genfer Freizonenstreit, PCIJ Series A/B, Nr. 46, S. 135 ff., insbesondere S. 141. — Die Niederlande zählten zu den Mitgliedstaaten der Zentralkommission. Da sie an der Regelung des Versailler Vertrages nicht beteiligt waren, wurde mit ihnen später ein weiteres Abkommen geschlossen, s. dazu unten S. 79.

[317] LNTS 26, S. 175 ff.

getreue Erfüllung der durch die Satzung einer Organisation den Mitgliedstaaten auferlegten Pflichten mit dem legitimen politischen Sicherheitsbedürfnis eines Mitgliedstaates unvereinbar sein kann[318]. Als Ursachen kommen Krieg und andere schwerwiegende Störungen der internationalen Ordnung in Betracht[319]. Um solchen Konflikten zu begegnen, enthalten einige Satzungen Vorschriften, nach denen ein Ausgleich zwischen den berechtigten Eigeninteressen eines Mitglieds und den Zwecken der Organisation erfolgen soll. Bestimmungen dieser Art fallen nicht unter den Oberbegriff der völkerrechtlichen Bestätigung. Es handelt sich bei ihnen aber um echte Kontinuitätsmaßnahmen, die einer zukünftigen Veränderung Rechnung tragen und die Funktionsausübung der Organisation sicherstellen sollen[320].

II. Regelungen in den Satzungen

Die in diesem Zusammenhang bedeutsamste Vorschrift ist Art. 224 des EWG-Vertrages. Sie lautet[321]:

„Die Mitgliedstaaten setzen sich miteinander ins Benehmen, um durch gemeinsames Vorgehen zu verhindern, daß das Funktionieren des Gemeinsamen Marktes durch Maßnahmen beeinträchtigt wird, die ein Mitgliedstaat bei einer schwerwiegenden innerstaatlichen Störung der öffentlichen Ordnung, im Kriegsfall, bei einer ernsten, eine Kriegsgefahr darstellenden internationalen Spannung oder in Erfüllung der Verpflichtungen trifft, die er im Hinblick auf die Aufrechterhaltung des Friedens und der internationalen Sicherheit übernommen hat."

Nach dieser Vorschrift sind die Mitgliedstaaten in gewissem Umfang berechtigt, sich über die Bestimmungen des EWG-Vertrages hinwegzusetzen, wenn und soweit es die militärische und politische Notwendigkeit erfordert. Sie haben jedoch nach besten Kräften dafür zu sorgen, daß ihre Sondermaßnahmen die Funktionsausübung

---

[318] v. d. Groeben/v. Boeckh, a. a. O., Bd. 2, S. 396.

[319] S. oben S. 38 f.

[320] Von diesen Vorschriften sind diejenigen Bestimmungen begrifflich zu trennen, in denen sich die Staaten im Kriegsfall ihre Handlungsfreiheit vorbehalten, in denen aber keine Fortbestandsmaßnahmen getroffen werden, s. Art. 38 Convention Relating to the Regulation of Aerial Navigation vom 13. Oktober 1919 (LNTS 11, S. 197), Art. 38 der Spanish-American Convention on Aerial Navigation vom 1. November 1926 (Hudson, a. a. O., Bd. 3, S. 2030 f.), Art. 29 der Pan-American Convention on Commercial Aviation vom 20. 2. 1928 (US-Treaty-Series No. 840), Art. 89 des Abkommens über die Internationale Zivilluftfahrt vom 7. Dezember 1944 (BGBl 1956 II, S. 434).

[321] BGBl 1957 II, S. 892 f.; im EGKSt- und EAG-Vertrag fehlt eine solche Bestimmung.

der Organisation so wenig wie möglich behindert[322]. Um den Fortbestand der Funktionsausübung zu gewährleisten, sieht diese Regelung eine Konsultationspflicht aller Vertragspartner und eine Unterrichtungspflicht für den die Sondermaßnahmen ergreifenden Mitgliedstaat vor[323].

Der Vertrag zur Elbeschiffahrt vom 22. Februar 1922 enthält eine weitere Vorschrift, die zukünftigen Störungen durch Krieg begegnen will. Art. 49 des Abkommens bestimmt[324]:

„The provisions of the present Convention continue valid in time of war to the fullest extent compatible with the rights and duties of belligerents and neutrals."

Hier handelt es sich um eine ausdrücklich festgelegte Kontinuitätswahrung für die Kriegsfall. Die Bestimmung sagt aber nichts darüber aus, welche Folgen im Fall der Unvereinbarkeit der Rechte und Pflichten der kriegführenden oder neutralen Mitglieder mit den Bestimmungen der Satzung eintreten sollen. Da jedoch die Satzung grundsätzlich weitergilt, kann nur angenommen werden, daß die Mitgliedstaaten die Möglichkeit haben, diejenigen Vorschriften der Satzung zu suspendieren, die ihren aus dem Kriegsfall resultierenden Rechten und Pflichten entgegenstehen. Dies gilt in erster Linie für die Bestimmungen, die das Verhältnis der Mitglieder untereinander regeln. Durch die Suspension dieser Vorschriften wird aber auch die Funktionsausübung der Organe beeinträchtigt.

In einigen Beistandsverträgen, die „politisch akzentuiert" sind[325], finden sich für den Fall eines Kriegsausbruchs zwischen zwei oder mehreren Mitgliedstaaten eine Bestimmung des Inhalts, daß die internationale Organisation in den Streit eingreifen und die friedliche Beilegung sicherstellen soll, wie z. B. in Art. 5 der Satzung der Arabischen Liga und in den Art. 4 (b), 5 (g), 20 und 22 der OAS-Satzung vom 30. April 1948 (Pakt von Bogota)[326].

III. Zusammenfassung und Ergebnis

Einige Satzungen internationaler Organisationen enthalten Vorschriften, die den Eintritt einer zukünftigen Störung der Vertragsdurchführung behandeln. Ihre Existenz ist ein weiteres Argument dafür, daß internationale Organisationen durch einen Kriegsausbruch nicht aufgelöst werden. Aus dem Inhalt dieser Bestimmungen

---

[322] v. d. GROEBEN/v. BOECKH, a. a. O., loc. cit.

[323] Dies., a. a. O., Art. 224 Anm. 1 ff.; WOHLFAHRTH/EVERLING/GLAESNER/SPRUNG, a. a. O., S. 579 f.

[324] LNTS 26, S. 241.

[325] DAHM, a. a. O., Bd. 3, S. 158.

[326] UNTS 70, S. 254; UNTS 119, S. 52, S. 54 und S. 58.

folgt, daß die Handlungsfreiheit der Mitgliedstaaten im Kriegsfall oder beim Eintritt anderer schwerwiegender Störungen nicht beeinträchtigt wird, daß aber der betreffende Staat in der Regel in einem für ihn zumutbaren Ausmaß an der Fortbestandswahrung der Funktionen in irgendeiner Form mitwirken muß.

Die genannten Regelungen sind, soweit sie sich auf die Fortdauer der Organisation beziehen, echte Maßnahmen zur Kontinuitätswahrung.

Die bisher erörterten Maßnahmen zur Erhaltung des Fortbestandes bemühen sich um die Weitergeltung der partikularrechtlichen Ordnung in dem von ihr erreichten Umfang. Demgegenüber greift die nun zu behandelnde Revision in den Bestand der Ordnung ändernd ein.

DRITTES KAPITEL

Kontinuitätswahrung durch Änderung der Satzung

I. Allgemeines

Internationale Organisationen sind dynamische Gebilde; sie müssen ihre Aufgaben und Funktionen dem ständigen politischen und wirtschaftlichen Wandel der internationalen Wirklichkeit angleichen. Doch besitzen sie auch ein statisches Element, daß die ihnen von den Mitgliedstaaten übertragenen Aufgaben trotz aller Veränderungen durchzusetzen versucht. Die internationale Praxis bemüht sich, die Einwirkungen von Krieg und anderen schwerwiegenden Störungen der zwischenstaatlichen Ordnung auf den Bestand einer Organisation durch die Bestätigung zu überbrücken und damit das ihnen innewohnende Stabilitätsmoment zu unterstützen. Die Revision dient dem Fortbestand der Organisationen mehr durch die Einführung eines Flexibilitätsmoments, das die Kontinuität der partikularrechtlichen Ordnung unangetastet läßt, aber die Aufgaben und Funktionen, Organe, Völkerrechtspersönlichkeit, die Rechte und Pflichten der Organisation, sowie die Rechte und Pflichten der Mitgliedstaaten den veränderten Umständen angleicht[327].

Jede Revision wirkt somit auf den sachlichen, zeitlichen oder örtlichen Geltungsbereich, bzw. gleichzeitig auf mehrere dieser Gültigkeitssphären ein. Diese Änderungen machen den sachlichen Gehalt der Revision aus. Aussagen allgemeiner Art sind über sie deshalb nicht möglich, weil jeder Eingriff in den Aufgaben- und Funktionsbereich, sowie in die Struktur und in den Rechtsbestand der Organisation andere Umgestaltungen mitsichbringt. Es gilt aber, wie oben

[327] S. oben S. 40.

erläutert, der Satz, daß bei Fortbestand der Organisation als Rechtsträger auch ihre völkerrechtlichen Rechte und Pflichten bestehen bleiben[328].

Zum anderen kann die *Durchführung* der Revision Kontinuitätsfragen aufwerfen. Kommt die Satzungsänderung durch Mehrheitsbeschluß zustande, so entsteht die Frage nach dem rechtlichen Schicksal der überstimmten und der bei der Abstimmung nicht anwesenden Mitgliedstaaten. In diesem Zusammenhang ist auch das Revisionsverfahren und der Zeitpunkt des Inkrafttretens der neuen Satzung von Bedeutung[329].

Schließlich enthalten einige Satzungen Bestimmungen, nach denen ein Revisionsbegehren erst nach Ablauf einer gewissen Zeit vorgebracht werden kann. In diesen Fällen soll also die Satzung eine gewisse Zeit lang unverändert fortbestehen.

II. Die Sachverhalte und ihre politischen und soziologischen Voraussetzungen

Die politischen und soziologischen Gründe, die zu einer Revision führen, können so mannigfacher Art sein, daß eine allgemeine Aussage über sie nicht möglich ist. Denn die Revision internationaler Organisationen ist die unumgängliche Folge der Anerkennung des allgemeinen Grundsatzes, daß sich die internationale Rechtsordnung in dauernder Bewegung befindet[330].

---

[328] S. oben S. 28; HAHN, a. a. O., S. 201.

[329] Das Problem der Revisionsinitiative und die Beteiligung der Organe der Organisation an dem Revisionsverfahren spielt für die Kontinuitätsbetrachtung keine unmittelbare Rolle. — Wenn es auch aus Gründen der Rechtsklarheit für die Vertragspartner und für die Organisation wichtig ist, daß die Ersetzung der alten durch die neue Geltungsgrundlage möglichst rasch vonstatten geht, so wirft dieser Wechsel keine Fortbestandsfragen auf, da stets die alte Satzung erst mit Wirksamwerden der neuen außer Kraft tritt und somit ein „verfassungsloser Zustand" nicht eintreten kann. So galt z. B. die OEEC-Satzung von der Unterzeichnung der neuen OECD-Satzung an (14. 12. 1960) bis zu deren Inkrafttreten (30. 9. 1961) weiter.

[330] S. v. ESCHER, a. a. O., S. 1; KÖPP, a. a. O., S. 1 f.; dieser Gedanke wird auch in einigen Satzungen zum Ausdruck gebracht. So heißt es z. B. in Art. 95 Abs. III der Satzung der Europäischen Gemeinschaft für Kohle und Stahl: „Erfordern ... unvorhergesehene, durch die Erfahrung sichtbar gewordene Schwierigkeiten bei den Einzelheiten der Anwendung dieses Vertrages oder eine tiefgehende Änderung der wirtschaftlichen oder technischen Bedingungen ... eine Anpassung der Vorschriften ..., so können geeignete Abänderungen vorgenommen werden." (BGBl 1952 II, S. 474). — S. dazu auch SCHWARZENBERGER, Power Politics, S. 486 ff.; KUNZ, The Problem of Revision in International Law, in AJIL 33 (1939), S. 33 f.

In der Vergangenheit haben die Veränderungen der internationalen Ordnung, die durch die beiden Weltkriege ausgelöst wurden, nicht nur zu zahlreichen Bestätigungen sondern auch zu Revisionen internationaler Organisationen geführt.

Bei einigen Organisationen erfordert schon die Aufgabenstellung eine periodische Satzungsänderung, so z. B. bei den Rohstoffabkommen oder bei Organisationen, die wie der Weltpostverein und die Internationale Telegraphenunion der technischen Entwicklung Rechnung tragen müssen[331].

Im übrigen gibt es keine Regel; Organisationen mit akzentuiert politischem Charakter wurden nicht öfters abgeändert als Organisationen mit wissenschaftlicher oder kultureller Zielsetzung.

III. Die internationale Praxis

1. Regelungen in den Satzungen

In vielen Satzungen internationaler Organisationen finden sich Bestimmungen, die entweder von einer zukünftigen oder von einer erfolgten Satzungsänderung handeln[332]. Diese Regelungen können wie folgt zusammengefaßt werden:

a) Regelungen, die eine zukünftige Revision behandeln

Vertragliche Regelungen dieser Art werden in der anglo-amerikanischen Völkerrechtsliteratur häufig in „revision clauses" und „amendment clauses" eingeteilt[333]. Unter den ersten Begriff fallen diejenigen Bestimmungen, die Dahm als die „Revisionsklauseln im eigentlichen Sinn des Wortes" bezeichnet[334]. Er definiert sie als die Bestimmungen, „... die den Parteien erlauben — sei es jederzeit, sei es nach einiger Zeit, sei es ohne weiteres, sei es unter bestimmten Voraussetzungen —

---

[331] So heißt es z. B. in Art. 14 der Satzung der International Union for Protection of Industrial Property vom 31. 10. 1958: „The presend Convention shall be submitted to periodical revision with a view to the introduction of amendments designed to improve the system of the Union.", PEASLEE, Bd. 2, S. 1486.

[332] Von den bei PEASLEE angeführten Satzungen enthalten 64 Satzungen Bestimmungen, die sich mit einer zukünftigen Revision befassen, darunter alle bedeutenderen Organisationen wie die OVN, ihre Spezialorganisationen, die OAS, NATO, der Europarat und die Europäischen Gemeinschaften; eine Ausnahme bilden die OECD, die WEU und der Warschauer Vertrag. Regelungen, die von einer erfolgten Satzungsänderung handeln, sind seltener, s. unten S. 76.

[333] SCHWELB, The Amending Procedure of Constitutions of International Organizations, in BYIL 31 (1954), S. 51; JENKS, Les Instruments Internationaux à Caractère Collectif, in RdC 61 (1939 III), S. 531 ff.

[334] DAHM, a. a. O., Bd. 3, S. 142.

den Vertragspartnern den Wunsch nach einer Überprüfung oder Revision des Vertrages zu unterbreiten"[335].

In die zweite Gruppe gehören nach Schwelb die Bestimmungen, „... which confer upon a majority, usually a qualified majority, of the States Parties the power to amend the original treaty even against the wish of a minority"[336]. Diese „amendment clauses" enthalten somit die vertragliche Verankerung des Mehrheitsprinzips in bezug auf die Abänderung von Satzungen.

Diese Einteilung hat für die weitere Arbeit insofern Bedeutung, als die „amendment clauses" häufig Regelungen hinsichtlich der Beendigung oder des Fortbestandes der Mitgliedschaft der überstimmten Vertragspartner enthalten.

In den Vorschriften, die sich mit zukünftigen Revisionen beschäftigen, werden der Zeitpunkt des Revisionsbegehrens, das Revisionsverfahren oder der Termin des Inkrafttretens der Änderungen festgelegt:

aa) zum Zeitpunkt des Revisionsbegehrens

Bei Schweigen der Satzung ist ein Revisionsbegehren jederzeit statthaft[337]. Demgegenüber enthalten einige Verträge eine Schutzfrist für den unveränderten Fortbestand der Gründungsakte. Nach Art. 27 der Satzung der International Sericultural Commission vom 1. Juli 1957[338] beträgt diese ein Jahr; nach Art. 12 des NATO-Vertrages vom 4. April 1949[339] zehn Jahre.

Diese Bestimmungen wollen den Tätigkeitsbeginn der Organisation für einen gewissen Zeitraum sicherstellen. Wenn die Vertragspartner innerhalb der Schutzfrist Änderungen durchführen wollen, müssen sie durch mutuus consensus die Schutzklausel aufheben[340].

bb) zum Revisionsverfahren

Von dem Revisionsverfahren interessieren hier nur das Prinzip des Einstimmigkeits- oder Mehrheitsbeschlusses.

Grundsätzlich können die Satzungen wie alle Verträge durch übereinstimmenden Willensentschluß aller Vertragspartner geändert werden, und zwar unabhängig davon, ob in der betreffenden Satzung

---

[335] Ders., loc. cit.

[336] Schwelb, a. a. O., S. 51.

[337] Einige Revisionsvorschriften bestimmen dies sogar ausdrücklich, s. z. B. Art. 12 Satzung der Antartica Treaty Organization (Peaslee, Bd. 1, S. 32) oder Art. 21 Satzung der Int. Relief Union (Peaslee, Bd. 2, S. 1349).

[338] Peaslee, Bd. 2, S. 1362 f.

[339] Peaslee, Bd. 2, S. 1616.

[340] Vgl. dazu die Revision des EGKSt-Vertrages im Jahre 1957, s. unten S. 86 f.

eine Änderungsmöglichkeit vorgesehen ist oder nicht[341]. Dieser allgemeinen Regel des Vertragsrechts liegt das Einstimmigkeitsprinzip zugrunde, das, nachdem es in dem Londoner Protokoll vom 17. Januar 1871 durch die internationale Praxis eine schriftliche Fixierung erfahren hatte, in manche Revisionsbestimmungen der Satzungen internationaler Organisationen aufgenommen wurde[342]. Neben Vorschriften dieser Art gibt es in einigen Satzungen Regelungen, die den Grundsatz der Einstimmigkeit nur für grundlegende, in den Aufbau der Organisation eingreifende Änderungen vorschreiben[343]. Hierzu gehören auch die Revision der Bestimmungen über den Austritt, über die Rechtsstellung und Struktur der Organe, sowie über die Verpflichtungen der Mitgliedstaaten[344].

Wenn eine Satzungsänderung durch einen Mehrheitsbeschluß zustande gekommen ist, entsteht die Frage nach der Rechtsstellung der überstimmten Mitgliedstaaten. Denn „these two principles — validity of the revision and maintenance of the rights of the nonconsenting states —“[345] beeinflussen die Kontinuität der Rechte und Pflichten der überstimmten Mitgliedstaaten und somit auch den Fortbestand der Funktionsausübung.

Die diesbezüglichen Vorschriften sehen vier Möglichkeiten vor: erstens eine Bindung der überstimmten Mitglieder an die neue Satzung, zweitens einen Austrittszwang oder ein Austrittsrecht, drittens die Beschränkung der Geltung der neuen Satzung auf diejenigen Mitglieder, die sie angenommen haben, und viertens ein besonderes

---

[341] BERBER, a. a. O., Bd. 1, S. 453; DAHM, a. a. O., Bd. 2, S. 118 ff.; ROUSSEAU, a. a. O., S. 507 ff.; SCHWELB, a. a. O., S. 49 ff.; Draft Convention, a. a. O., S. 1013, sowie oben S. 35 f.

[342] Londoner Erklärung, Annex zu Protokoll Nr. 1, in MARTENS, Nouveau Recueil Général Des Traités, Bd. 18, 1873, S. 278; SCHWELB, a. a. O., S. 51 ff.; als Beispiele seien genannt: Art. 18 Satzung der Carribean Organization (PEASLEE, Bd. 1, S. 130); Art. 18 Satzung der South Pacific Commission (PEASLEE, Bd. 2, S. 1763); oder Art. 60 Satzung der Latin American Free Trade Association (PEASLEE, Bd. 2, S. 1586).

[343] CARSTENS, Das Recht des Europarats, S. 28; Beispiele sind: Art. 59/60 Satzung der Bank für internationalen Zahlungsausgleich (PEASLEE, Bd. 1, S. 82); Art. 8 der Satzung der International Bank for Reconstruction and Development vom 22. Dezember 1945 (PEASLEE, Bd. 2, S. 963).

[344] So bedürfen z. B. nach Art. 29 Ziffer 1 des Weltpostvertrages von 1957 Änderungen, die Teil I des Abkommens betreffen, d. h. den Aufbau des Weltpostvereins, der einstimmigen Annahme durch die Mitgliedstaaten. Weitere Beispiele, wo je nach den verschiedenen „Härtegraden“ der Revision Einstimmigkeit oder eine abgestufte Mehrheit notwendig ist: Art. 41 Satzung des Europarats (PEASLEE, Bd. 1, S. 351) und Art. 30 GATT-Abkommen (PEASLEE, Bd. 1, S. 724).

[345] HOYT, a. a. O., S. 212; zur Fortdauer der Rechte der nicht beteiligten Staaten s. STABREIT, Die Revision multilateraler völkerrechtlicher Verträge, Diss. Heidelberg, S. 203 ff.

Verfahren, in dem über das Schicksal der Überstimmten entschieden wird.

Eine Bindungswirkung enthalten:

Art. 9 Satzung der International Development Association vom 1. Februar 1960[346],

Art. 7 Satzung der International Finance Conporation vom 25. Mai 1955[347],

Art. 17 Satzung des International Monetary Fund vom 27. Dezember 1945[348],

Art. 73 Satzung der Weltgesundheitsorganisation vom 7. April 1948, revidiert am 28. Mai 1959[349].

Einen Austritt sehen vor:

Art. 26 Satzung des Völkerbundes vom 10. Januar 1920[350]; diese Bestimmung enthielt einen Austrittszwang.

Art. 18 Satzung der International Atomic Energy Agency vom 26. Oktober 1956[351]; nach dieser Vorschrift sollen die dissentierenden Mitglieder austreten.

Art. 19 Satzung der Arabischen Liga vom 22. März 1945[352]; die Bestimmung enthält ein Austrittsrecht.

Art. 12 Satzung der Antartica Treaty Organization vom 1. Dezember 1959[353]; diese Regelung sieht unter gewissen Voraussetzungen eine Austrittsmöglichkeit nach zwei Jahren vor.

Art. 94 (b) Satzung der Internationalen Luftfahrtorganisation vom 7. Dezember 1944, rev. im Jahre 1959[354], nach dieser Bestimmung kann die Vollversammlung der Organisation unter Umständen Mitglieder ausschließen, die wichtigen Änderungen ihre Zustimmung versagen.

In folgenden Fällen bleiben alle Änderungen auf diejenigen Mitglieder beschränkt, die der Änderung zugestimmt haben:
Art. 94 (a) Satzung der Internationalen Luftfahrtorganisation[355],

---

[346] PEASLEE, Bd. 2, S. 1154.
[347] PEASLEE, Bd. 2, S. 1186.
[348] PEASLEE, Bd. 2, S. 1280.
[349] PEASLEE, Bd. 2, S. 1891.
[350] RGBl 1919, S. 744; GÖPPERT, Der Völkerbund, S. 92 f.
[351] PEASLEE, Bd. 2, S. 939.
[352] PEASLEE, Bd. 2, S. 1603.
[353] PEASLEE, Bd. 1, S. 32 f.
[354] PEASLEE, Bd. 2, S. 1010.
[355] PEASLEE, loc. cit.

Art. 111 mit 109 OAS-Satzung[356] und
Art. 30 des GATT-Abkommens[357].

Nach wieder anderen Vorschriften bleiben nur solche Änderungen, durch die den Mitgliedern neue Verpflichtungen auferlegt werden, auf die zustimmenden Vertragspartner beschränkt:

Art. 19 Satzung der European and Mediterranean Plant Protection Organization vom 18. April 1951, rev. im Jahre 1955[358],
Art. 20 Satzung der Ernährungs- und Landwirtschaftsorganisation der Vereinten Nationen vom 16. Oktober 1945, rev. im Jahre 1957[359],
Art. 29 Satzung des Intergovernmental Committee for European Migration vom 9. Oktober 1953[360],
Art. 31 Satzung des International Institute of Refrigeration vom 1. Dezember 1954[361] und
Art. 28 Satzung der Weltorganisation für Meteorologie vom 11. Oktober 1947[362],
Art. 18 Satzung International Union for the Protection of Industrial Property vom 31. Oktober 1958[363].

In allen diesen Fällen bleiben die überstimmten Mitglieder durch die alte Satzung gebunden und sind nicht zum Austritt genötigt. Dies hat zur Folge, daß für verschiedene Gruppen von Mitgliedern verschiedene Vorschriften gelten, die Satzung also aufhört, Grundnorm für alle zu sein[364].

Folgende Regelungen sehen ein besonderes Verfahren vor, in dem über das Schicksal der überstimmten Mitgliedstaaten entschieden wird:

Art. 30 des GATT-Abkommens[365],
Art. 52 Satzung der Intergovernmental Maritime Consultative Organization vom 6. März 1948[366] und
Art. 38 Satzung des International Olive Oil Council vom 3. April 1958[367].

---

356 Peaslee, Bd. 2, S. 1658.
357 Peaslee, Bd. 1, S. 724.
358 Peaslee, Bd. 1, S. 396.
359 Peaslee, Bd. 1, S. 673 f.
360 Peaslee, Bd. 1, S. 898.
361 Peaslee, Bd. 2, S. 1222.
362 Peaslee, Bd. 2, S. 1911 f.
363 Peaslee, Bd. 2, S. 1488.
364 Dahm, a. a. O., Bd. 2, S. 119.
365 Peaslee, Bd. 1, S. 724.
366 Peaslee, Bd. 1, S. 912.
367 Peaslee, Bd. 2, S. 1935 f.

Zusammenfassend kann festgestellt werden, daß die internationale Praxis verschiedene Regelungen kennt, die sich mit dem rechtlichen Schicksal der überstimmten Mitglieder auseinandersetzen. Die meisten Satzungen behandeln diese Frage nicht.

cc) Zum Zeitpunkt des Inkrafttretens der Änderungen

Die Änderungen treten entweder mit der Ratifizierung durch die Mitgliedstaaten oder mit der Unterzeichung der neuen Satzung bzw. des Änderungsprotokolls in Kraft[368]. Einige Vorschriften schreiben nur für wichtige Änderungen eine Ratifizierung vor[369].

b) Bestimmungen, die sich mit einer erfolgten Revision befassen

In den Satzungen einiger Organisationen finden sich Vorschriften, die von einer schon erfolgten Revision handeln und die Ersetzung der alten durch die neue Satzung zum Inhalt haben. So wird z. B. in Art. 25 Abs. 3 des Weltpostvertrages vom 3. Oktober 1957 bestimmt[370]:

„Mit dem Tage des Inkrafttretens der von einem Kongreß angenommenen Verträge werden alle Verträge des vorhergehenden Kongresses aufgehoben."

Regelungen dieser Art sind keine Revisionsbestimmungen, denn sie enthalten keine Verfahrensarten zur Abänderung der Satzung, ihre Bedeutung liegt für den Revisionsvorgang darin, daß sie die Beendigung der alten Geltungsgrundlage entweder für alle Vertragspartner oder für diejenigen Mitglieder, die die Veränderung angenommen haben, festlegen[371], und somit zwischen den Mitgliedstaaten Klarheit darüber schaffen, nach welcher vertraglichen Grundlage sich die Rechtsbeziehungen in Zukunft gestalten[372].

Zu dieser Gruppe von Bestimmungen, die die alten Satzungen und Nebenabkommen ausdrücklich für beendet erklären, gehört Art. 1 des Protokolls vom 14. Dezember 1960 zur Revision des Abkommens

---

368 Schwelb, S. 55.

369 So z. B. Art. 31 Satzung des International Institute of Refrigeration (Peaslee, Bd. 2, S. 1222) oder Art. 13 der Satzung der UNESCO (Peaslee, Bd. 2, S. 1808).

370 Peaslee, Bd. 2, S. 1828.

371 Für alle Vertragspartner: Art. 17 Satzung der International Commission for the Scientific Exploration of the Mediterranean Sea (Peaslee, Bd. 2, S. 1040) und Art. 24 Satzung des Internationalen Fernmeldevereins (Peaslee, Bd. 2, S. 1419); für die Mitglieder, die die Veränderung angenommen haben: Art. 17 Satzung der Permanent Commission for the Northeast Atlantic Fisheries (Peaslee, Bd. 2, S. 1616) und Art. 27 Satzung der International Union for the Protection of Literary and Artistic Works (Peaslee, Bd. 2, S. 1502).

372 Draft Convention, a. a. O., S. 1015.

über die Europäische Wirtschaftliche Zusammenarbeit vom 16. April 1948. Dort heißt es[373]:

„Das Abkommen wird revidiert und demgemäß durch Übereinkommen über die Organisation für Wirtschaftliche Zusammenarbeit und Entwicklung abgelöst, das am heutigen Tage unterzeichnet wird."

c) Bestimmungen, die eine Kontinuitätsregelung enthalten — Art. 15 der OECD-Satzung

Neben den Vorschriften, die sich mit einer zukünftigen oder erfolgten Satzungsänderung befassen, finden sich in den Satzungen oder in anderen Abkommen selten ausdrückliche Kontinuitätsregelungen, d. h. Bestimmungen, die sich anläßlich einer Revision mit dem Fortbestand der Aufgaben, Funktionen, Organe und der Rechte und Pflichten der Organisation auseinandersetzen. Eine Regelung solcher Art enthalten Art. 15 der Satzung der Organisation für Wirtschaftliche Zusammenarbeit und Entwicklung und die Art. 2 und 4 des Abkommens über gemeinsame Organe für die europäischen Gemeinschaften. Eine ausführliche Behandlung dieser Vorschriften erfolgt bei der Darstellung der Praxis der Staaten und Organisationen[374].

2. Die Praxis der internationalen Organisationen und der Mitgliedstaaten

a) Revisionen ohne ausdrücklich Kontinuitätsregelungen

Das Internationale Landwirtschaftsinstitut in Rom

Die Satzung des Instituts vom 7. Juni 1905 enthielt keine Revisionsbestimmung[375]. Die Satzung wurde im Jahre 1926 durch Hinzufügung eines Änderungsprotokolls revidiert, das eine Erhöhung der Beitragspflicht der Mitglieder zum Inhalt hatte[376]. Dieses Protokoll wurde von einigen Mitgliedstaaten nicht unterzeichnet, u. a. auch nicht von den Vereinigten Staaten. Dieser Staat holte aber die Annahme der Satzungsänderung im Jahre 1934 nach und erklärte, daß eine Rechtspflicht zur erhöhten Beitragsleistung erst von dem Zeitpunkt der Annahme an für die Vereinigten Staaten bestehen würde, da vorher das Protokoll für sie nicht verbindlich gewesen sei[377].

---

373 BGBl 1961 II, S. 1170.

374 S. unten S. 83 ff.

375 Martens, Nouveau Recueil Général Des Traités, 3. Serie Bd. 2, 1909, S. 238 ff.

376 Op. cit., 3. Serie, Bd. 26, 1932, S. 622 ff.

377 Darstellung des Sachverhalts und Wortlaut der amerikanischen Erklärung bei Hackworth, a. a. O., Bd. 5, S. 82 f.

Als sich auf der Revisionskonferenz von 1926 herausstellte, daß einige Mitglieder nicht erschienen waren, gingen die anwesenden Staaten davon aus, daß sie trotz des Fehlens einiger Vertragspartner befugt seien, die ursprünglich bestehende Beitragsregelung abzuändern. Die amerikanische Stellungnahme war der Ansicht, daß das Änderungsprotokoll als „inter se agreement" zwischen den an dem Zustandekommen des Protokolls beteiligten Staaten Geltung habe, aber als res inter alios acta für die anderen Mitglieder keine Bindungswirkung erzeuge. Streng genommen galten somit zwei verschiedene Satzungen; praktisch machte sich dies aber nur in den unterschiedlichen Beitragsleistungen, jedoch nicht bei der Ausübung der dem Institut übertragenen Funktionen bemerkbar.

Die Westeuropäische Union

Der durch die Aufnahme der Bundesrepublik Deutschland und Italiens im Jahre 1954 geänderte Brüsseler Fünf-Mächte-Vertrag vom 17. März 1948 enthält ebenfalls keine Revisionsbestimmung. Art. 4 Ziffer 4 der revidierten Satzung sieht vor, daß, wenn ein anderes Abstimmungsverfahren nicht vereinbart ist, der Grundsatz der Einstimmigkeit gilt[378].

Der Brüsseler Vertrag, der nur einen Konsultativrat vorsah, wurde im Jahre 1954 durch übereinstimmenden Willensentschluß der Vertragspartner in den Aufgaben und Funktionen grundlegend umgestaltet. Die Organisation erhielt den Namen Westeuropäische Union[379]. Die Schlußakte vom 3. Oktober 1954 spricht dennoch nur von einer Weiterentwicklung und einem Ausbau des Brüsseler Vertrages und läßt somit den Schluß zu, daß trotz der weitgehenden Umgestaltung die alte Organisation nicht aufgelöst wurde[380].

Wie Hahn ausführt, ging auch das Sekretariat der Westeuropäischen Union von einem Fortbestand der im Jahre 1948 gegründeten Organisation aus[381]. Es ist der Ansicht, daß die im Abkommen von 1948 festgelegte Zeitdauer von fünfzig Jahren am 27. 3. 1948 in Lauf gesetzt wurde. Die im Jahre 1954 aufgenommenen Mitglieder Deutschland und Italien waren, nach der Meinung des Sekretariats,

---

[378] BGBl 1955 II, S. 260; urspr. Satzung in EA 3 1948, S. 1263 f.

[379] S. das Protokoll zur Änderung und Ergänzung des Brüsseler Vertrages vom 23. Oktober 1954, in EA 1954, S. 6978; zur Vorgeschichte s. Köver, Halbheiten der europäischen Integration, in FW 52 (1953/55), S. 311 ff.

[380] Auch Robertson, The Creation of the Western European Union, in European Yearbook 2 (1956), S. 131, geht trotz der weitgehenden Umgestaltung von einer Kontinuität des Rechtsträgers aus; desgl. Hartmann, Die Nachkriegsbündnisse und die europäische Ordnung, Diss. Köln, S. 223 und S. 228.

[381] Hahn, a. a. O., S. 203, Anm. 186.

nicht notwendigerweise an Beschlüsse der bestehenden Organisation gebunden oder an denjenigen Verträgen beteiligt, die zwischen den ursprünglichen Mitgliedern im Rahmen des Brüsseler Fünf-Mächte-Vertrages abgeschlossen worden waren[382].

Die Zentralkommission für die Rheinschiffahrt

Im Jahre 1919 wurde die Satzung der Zentralkommission durch den Versailler Vertrag nicht nur bestätigt[383], sondern auch einer Revision unterworfen[384]. Die Niederlande waren zwar Mitglied der Zentralkommission, aber nicht Vertragspartner des Versailler Vertrages. Sie waren somit auch nicht an der Revision der Mannheimer Schiffahrtsakte von 1868, der Satzung der Zentralkommission, beteiligt[385]. Während die französischen Entwürfe zu den die Zentralkommission betreffenden Bestimmungen des Versailler Vertrages einen vorbehaltlosen Beitritt der Niederlande vorsahen, erwähnt Art. 354 VV eine Verständigung mit den Niederlanden im Hinblick auf die an der Mannheimer Akte vorzunehmenden Änderungen[386].

Am 21. Juni 1920 fand die erste Sitzung der in ihrer Zusammensetzung durch die Revision veränderten Kommission in Straßburg statt. Die Niederlande waren zur Sitzung eingeladen, entsandten aber keinen Vertreter, da eine Vereinbarung über die Revision zwischen ihnen und den übrigen Mitgliedstaaten noch nicht zustande gekommen war[387].

Diese Vereinbarung wurde durch die Protokolle vom 21. Januar 1921 und 29. März 1923 verwirklicht[388].

Im Protokoll von 1921 wurde u. a. festgelegt, daß sich die von der Zentralkommission selbst nach Art. 362 VV vorgenommenen Erweiterungen ihrer Zuständigkeit auf die Niederlande nicht ohne deren Zustimmung auswirken können[389].

---

[382] Wörtlich heißt es dazu bei HAHN, a. a. O., loc. cit. „... were not necessarily bound by the acts adopted of the organs of the latter body ...“ und „... did not automatically apply to Germany and Italy ...“; für die politischen Beweggründe der Umwandlung s. DAHM, a. a. O., Bd. 2, S. 264 ff.; BEBR, The European Defense Community and Western European Union, in Stan. L. Rev. 7 (1955), S. 169 ff.

[383] S. Art. 354 VV, RGBl 1919, S. 1235 f.

[384] S. die Art. 354 bis 362 VV, RGBl 1919, S. 1235 ff.: zu den wichtigsten Änderungen s. die Darstellungen bei VAN EYSINGA, a. a. O., S. 112 ff., und BIAS, a. a. O., S. 223 ff.

[385] Text der Mannheimer Schiffahrtsakte von 1868: in Rheinurkunden, Sammlung zwischenstaatlicher Vereinbarungen usw., Bd. 2, S. 80 ff.

[386] RGBl 1919, S. 1237.

[387] VAN EYSINGA, a. a. O., S. 114.

[388] Wortlaut der Protokolle s. LNTS 20, S. 112 ff., und LNTS 20, S. 116.

[389] RGBl 1919, S. 1249.

Die Organisation der Amerikanischen Staaten

Die neunte Internationale Konferenz der Amerikanischen Staaten, die im Jahre 1948 in Bogotá stattfand, brachte eine Reorganisation der interamerikanischen Zusammenarbeit, sowie eine Koordination und Zentralisierung der panamerikanischen Organe, die, in Ausführung der seit 1862 bestehenden panamerikanischen Idee, seit 1890 ins Leben gerufen worden waren[390]. Die ursprüngliche Union der Amerikanischen Republiken, später das Interamerikanische System, wurde nun zur Organisation der Amerikanischen Staaten umgebildet. Obwohl Art. 1 der OAS-Satzung von der Errichtung der Organisation der Amerikanischen Staaten spricht[391], handelt es sich nicht um einen Nachfolgefall, sondern um eine weitreichende Reorganisation einer bestehenden Institution[392].

Wichtige Organe, wie die Inter-Amerikanische Konferenz, die Pan-Amerikanische Union und die Spezialisierten Konferenzen, haben im wesentlichen ihre Aufgaben und Funktionen beibehalten[393]. Es ist bezeichnend für diese ununterbrochene Entwicklung, daß die Inter-Amerikanische Konferenz, die im Jahre 1954 in Caracas tagte, sich im Anschluß an die neunte Konferenz in Bogotá als die zehnte Inter-Amerikanische Konferenz bezeichnete[394].

Die Internationale Arbeitsorganisation

Diese im Jahre 1919 gegründete Organisation wurde in den Jahren 1944 bis 1946 einer gründlichen Revision unterzogen[395]. Der Vorgang der Änderung wurde durch die Erklärung von Philadelphia

[390] Dazu ausführlich: Fenwick, The Organization of the American States, S. 33 ff.

[391] Peaslee, Bd. 2, S. 1644.

[392] Kunz, The Bogota Charter of the Organization of American States, in AJIL 42 (1948), S. 568 ff.; Hahn, a. a. O., S. 205, bezeichnet den Vorgang als: „... a stabilization of existing constitutional structures by the consolidation of their basic instruments in one international agreement"; Bodmer, Die Stellung der Staaten in den internationalen Organisationen, Diss. Zürich, S. 76; Davis, The Charter of the Organization of American States, in The Western Political Quaterly 1 (1948), S. 439; a. A. ist Canyes, Transformacion Juridica Del Sistema Interamericano En El Trienio De 1945 A 1948, in Anuario Juridico Interamericano, 1952/54, S. 22.

[393] Fenwick, The Ninth International Conference of American States, in AJIL 42 (1948), S. 555 f.

[394] Kunz, Organisation der Amerikanischen Staaten, in WVR, Bd. 2, S. 678.

[395] Vgl. die ausführliche Darstellung über die einzelnen Stadien des Revisionsvorgangs bei Jenks, The Revision of the Constitution of the International Labour Organization, in BYIL 23 (1946), S. 303 ff., und Hahn, a. a. O., S. 415, sowie UNYB 1946/47, S. 664 ff.

(1944) eingeleitet und auf den Internationalen Arbeitskonferenzen von Paris (1945) und Montreal (1946) durchgeführt[396]. Für die vorliegende Untersuchung ist insbesondere die Änderung des in der alten Satzung von 1919 niedergelegten Abstimmungsmodus von Bedeutung.

Art. 422 des Versailler Vertrages (Art. 36 der Satzung) sah für eine Revision der Satzung vor, daß die Änderungen von der Hauptversammlung der ILO mit $^2/_3$ Mehrheit der von allen anwesenden Vertretern abgegebenen Stimmen angenommen wurden[397].

Die Änderungen wurden rechtswirksam, sobald sie von den Staaten, deren Vertreter den Rat des Völkerbundes bildeten und von $^3/_4$ der Mitgliedstaaten der ILO ratifiziert worden waren[398].

Diese Bestimmung wurde bei der Satzungsänderung im Jahre 1945[399] dahingehend umgeändert, daß die zur Ratifikation notwendige Stimmenmehrheit von $^3/_4$ der Mitgliedstaaten auf das Verhältnis von $^2/_3$ herabgesetzt wurde. Unter den der Änderung zustimmenden Staaten mußten in Zukunft fünf von den im Verwaltungsrat der ILO vertretenen acht Mitgliedern mit der wirtschaftlich größten Bedeutung sein[400]. Die Änderung des Art. 36 wurde in dem Bericht des Constitutional Committee, das für die Abänderung der Satzung eingesetzt worden war, als:

„... a substantial liberalization of the conditions governing the entry into force of amendments“ bezeichnet[401].

Der Delegierte der USA gab zu der Revision des Art. 36 folgende Erklärung ab[402]:

„When the Committee decided to omit from the new amendment clause the proposed provision that future amendments imposing new obligations with respect to Conventions should not be binding on any individual Member without its consent, the representative of the United States Government explained the difficulties that would arise if any attempt should ever be made to impose on the United States Government without its consent on obligation which under the Constitution of the United States it would not be able to accept. But in

---

[396] V. d. BRD. 1/8/301; UNTS 2, S. 17, und UNTS 15, S. 35.

[397] RGBl 1919, S. 1299.

[398] Shotwell, The Origins of the International Labour Organization, Bd. 1, S. 175 ff.

[399] Es ist unbestritten, daß es sich um eine Umgestaltung der ILO und nicht um eine Neugründung handelte; s. Hahn, a. a. O., S. 201 f.; Barandon, a. a. O., S. 73; Darstellung des Revisionssachverhalts bei Hahn, a. a. O., S. 201 f.; Jenks, The Revision of the Constitution of the International Labour Organization, in BYIL 23 (1946), S. 303 ff.

[400] UNYB 1946/47, S. 664 ff.; UNTS 15, S. 100.

[401] International Labour Conference, Twenty-Seventh Session, Paris, 1945, Record of Proceedings, Appendix VII, S. 385 f.

[402] Op. cit., Record of Proceedings, Sitting on 5 Nov. 1945.

the hope that no such situation will in fact arise, the United States Government representative will vote in favour of the Instrument of Amendment."

Art. 36 wurde am 25. Juni 1953 noch einmal dahingehend geändert, daß die Zahl der Länder, die gemäß Art. 36 als „wirtschaftlich wichtigste Länder" anzusehen sind, von acht auf zehn erhöht wurde. Dies bedeutet, daß eine Revision nicht mehr die Unterstützung der Mehrheit der wirtschaftlich tatsächlich bedeutsamsten Staaten erfordert[403].

Der Weltpostverein und der Internationale Fernmeldeverein

Auf den Revisionskonferenzen des Weltpostvereins und der Telegraphenunion — der Vorgängerin des Internationalen Fernmeldevereins — wurde es schon vor dem Ersten Weltkrieg Praxis, das Einstimmigkeitsprinzip zugunsten eines abgestuften Mehrheitsprinzips aufzugeben. Auch wurde das Fehlen eines auf der Konferenz nicht anwesenden Mitgliedes nicht als Revisionshinderungsgrund betrachtet; die nicht anwesenden Vertragspartner unterzeichneten in der Regel die neue Satzung immer zu einem späteren Zeitpunkt, ein Verhalten, das zwar vertraglich nicht geregelt, von den auf der Konferenz anwesenden Staaten aber geduldet wurde[404].

Um den Fortbestand der Aufgaben und Funktionen des Weltpostvereins und des Internationalen Fernmeldevereins aufrechtzuerhalten, die aus der Gleichzeitigkeit des Inkrafttretens der neuen und der Abrogation der alten Verträge in denjenigen Fällen in Frage gestellt werden können, in denen einige Länder die neuen Abkommen aus bestimmten Gründen noch nicht unterzeichnet oder ratifiziert haben, ist es seit Jahrzehnten gewohnheitsmäßige Übung, daß diese Länder die neuen Verträge de facto anwenden. Diese freiwillige Selbstbindung zeigt deutlich das Interesse aller Vereinsländer an einheitlichen Rechtsgrundlagen für den internationalen Post- und Fernmeldeverkehr[405].

---

403 SCHWELB, a. a. O., S. 65.

404 Documents De La Conférence Télégraphique Internationale de Paris, 1865, S. 1 ff.; Rome, 1872, S. 479; Petersbourg, 1875, S. 52 ff.; Bruxelles, 1928, S. 56 ff.; Madrid, 1932, S. 43 ff.; Documents Du Congrès Postal de Paris, 1878, S. 371; Buenos Aires, 1939, S. 607; eine zusammenfassende Darstellung der Revisionskonferenzen von Brüssel (1952) und Ottawa (1957) gibt CODDING, a. a. O., S. 68 ff.

405 Neben den genannten Dokumenten s. HOYT, The Unanimity Rule in the Revision of Treaties, S. 24; KRAUSE, a. a. O., S. 8 ff.; SASSE, a. a. O., S. 16.

b) Revisionen mit ausdrücklichen Kontinuitätsregelungen

Die Organisation für Wirtschaftliche Zusammenarbeit und Entwicklung

Neben den verhältnismäßig zahlreichen Revisionsbestimmungen, die sich mit den Voraussetzungen und Verfahren von Satzungsänderungen beschäftigen, enthalten die Satzungen internationaler Organisationen selten Vorschriften, die den Fortbestand der Aufgaben und Funktionen, der Organe, der Rechtspersönlichkeit, sowie der Rechte und Pflichten der Organisation regeln. Eine Regelung solcher Art trifft Art. 15 der Satzung der Organisation für Wirtschaftliche Zusammenarbeit und Entwicklung (OECD). Diese Bestimmung lautet[406]:

„Mit dem Inkrafttreten dieses Übereinkommens wird die Umgestaltung der Organisation für Europäische Wirtschaftliche Zusammenarbeit wirksam; ihre Ziele, Organe, Befugnisse und Bezeichnung werden sodann die in diesem Übereinkommen vorgesehenen sein. Die Rechtspersönlichkeit der Organisation für Europäische Wirtschaftliche Zusammenarbeit setzt sich in der Organisation fort; die Beschlüsse, Empfehlungen und Entschließungen der Organisation für Europäische Wirtschaftliche Zusammenarbeit sind jedoch nach Inkrafttreten dieses Übereinkommens nur wirksam, wenn der Rat sie genehmigt."

Art. 15 enthält in Satz 1 die Feststellung, daß mit Inkrafttreten des neuen Übereinkommens die Revision der Organisation für Europäische Wirtschaftliche Zusammenarbeit (OEEC) wirksam wird. In Satz 2, erste Hälfte, wird die Wahrung der Rechtspersönlichkeit der OEEC ausgedrückt[407]. In Satz 2, zweite Hälfte, wird die „funktionelle Kontinuität der OEEC als Möglichkeit zugelassen".[408]

Während der erste Satz völkerrechtlich nicht notwendig ist, weil stets mit Inkrafttreten einer neuen Satzung die in ihr enthaltenen Änderungen mangels einer speziellen entgegenstehenden Regelung wirksam werden, wird im zweiten Satz, erste Hälfte, ausdrücklich erklärt, daß die OEEC und OECD als Rechtsträger identisch sind. In diesem Sinn äußern sich auch E. Lauterpacht und Hahn[409]. Es handelt sich somit bei der Umgestaltung der OEEC um eine Revision

---

[406] Art. 15 der OECD-Satzung vom 14. 12. 1960, in Kraft ab 30. 9. 1961; BGBl 1961 II, S. 1156.

[407] E. Lauterpacht, The Contemporary Practice of the United Kingdom in the Field of International Law, Bd. 1, 1962, S. 98.

[408] Hahn, Die Organisation für Wirtschaftliche Zusammenarbeit und Entwicklung, in ZaöRVR 22 (1962), S. 54.

[409] E. Lauterpacht, a. a. O., S. 98; Hahn, a. a. O., S. 54; ähnlich auch Berber, a. a. O., Bd. 3, S. 233; Verdross, a. a. O., S. 631.

und nicht um eine Ablösung durch eine neue Organisation[410]. Die Änderung des Namens steht dem nicht entgegen und erklärt sich daraus, daß der Mitgliederkreis auf die amerikanischen Anliegerstaaten des nordatlantischen Raumes ausgedehnt wurde und daß die Unterstützung der Entwicklungsländer als Aufgabe stärker in den Vordergrund trat[411].

Im Hinblick auf den Fortbestand der Organe, der Aufgaben und Funktionen, sowie der Rechte und Pflichten der Organisation läßt sich aus dem Umwandlungssachverhalt folgendes entnehmen:

Wenn auch das Verhältnis zwischen den Organen der OEEC, d. h. dem Rat, dem Exekutivausschuß, dem Generalsekretär und den Nebenorganen durch die Revision nicht unberührt geblieben ist, so wurde doch die Grundstruktur der Organisation nicht geändert[412].

Der von den Mitgliedstaaten zur Umgestaltung der OEEC eingesetzte Vorbereitende Ausschuß[413] empfahl in seinem Bericht, die Arbeit der Fachgruppenausschüsse der OEEC weiterzuführen[414].

Die völkerrechtlichen Verträge der OEEC wurden, wie Hahn ausführt, durch die Revision grundsätzlich nicht berührt[415]. Bei Verträgen, die von der OEEC selbst oder auf ihre Initiative von anderen Völkerrechtssubjekten abgeschlossen wurden, war eine Vertragsänderung in denjenigen Fällen angebracht, in denen sich ein solcher Vertrag auf ein bestimmtes Organ der OEEC bezieht, das umbenannt wurde oder ersatzlos wegfiel. So wurden die Assoziationsverträge zwischen der OEEC und Jugoslawien, die eine Teilnahme dieses

---

[410] S. auch den Vorspruch der OECD-Satzung, Abs. 11 (Peaslee, a. a. O., Bd. 2, S. 1631); der Ansicht von Möller, Organisation für Europäische Wirtschaftliche Zusammenarbeit, in WVR, Bd. 2, S. 691; Kiss, a. a. O., S. 482 ff.; Dahm, a. a. O., Bd. 2, S. 674; Oldenhage, Die Reaktionsmaßnahmen internationaler Organisationen gegen Pflichtverletzungen ihrer Mitgliedstaaten, Diss. Göttingen, S. 182; Maunz, Deutsches Staatsrecht, S. 397; Kristensen, Die Rolle der OECD in der europäischen Integration, in Österreichische Zeitschrift für Außenpolitik 4 (1964), S. 313; Wartmann, Wege und Institutionen zur Integration Europas, S. 59, daß es sich um einen Nachfolgesachverhalt handele, kann nicht gefolgt werden; zur Begründung sei auf die weiteren Ausführungen im Text verwiesen.

[411] S. dazu die Resolution Pertaining to the Reconstitution of the OEEC, adopted by the Conference on the Reorganisation of the OEEC on 25 May, 1960, abgedruckt in dem von der OEEC herausgegebenen Blaubuch, engl. Ausgabe, S. 99 f.

[412] Hahn, a. a. O., S. 53 ff.; zum Aufbau und der Struktur der OEEC s. Elkin, The Organisation for European Ecconomic Co-operation, in EY 4 (1958), S. 101 ff.

[413] Resolution Relating to the Preparatory Committee, adopted at the Ministerial Meeting on 23 July, 1960, abgedruckt im Blaubuch, a. a. O., S. 101 f.

[414] Blaubuch, a. a. O., S. 33 und 27, Ziffer 2.

[415] Hahn, a. a. O., S. 56 f.

Staates an den Arbeiten des Ministerausschusses für Ernährung und Landwirtschaft, der Produktionszentrale und des Amtes für die Förderung technischen und wirtschaftlichen Nachwuchses zum Inhalt hatten, am 28. Oktober 1961 durch einen einzigen Vertrag zwischen der OECD und Jugoslawien ersetzt, der eine Gesamtregelung der Beziehungen zwischen der Organisation und Jugoslawien enthält[416].

Das Budget- und Finanzrecht der OECD wurde so eingerichtet, daß die Organisation ihren aus den Verträgen resultierenden Verpflichtungen nachkommen konnte[417].

Gemäß Art. 15 Satz 2, zweite Hälfte, konnten die Beschlüsse, Empfehlungen und Entschließungen der OEEC nur weiterhin wirksam bleiben, wenn der Rat der OECD sie genehmigte[418]. In seinem Bericht faßte der Vorbereitende Ausschuß diese Akte in vier Gruppen zusammen, je nach der für sie vorgesehenen rechtlichen Behandlung nach dem Inkrafttreten der OECD-Konvention. Die erste Gruppe ist für die vorliegende Untersuchung von besonderer Wichtigkeit. In ihr sind diejenigen Beschlüsse zusammengefaßt, die ohne materiellrechtliche Änderungen im Rahmen der OECD weitergelten sollten.

Nach Ziffer 4 des Berichts des Vorbereitenden Ausschusses fallen in diese Gruppe Aufgaben und Funktionen der OEEC Organe, die auf die OECD Organe übertragen werden sollten[419]. Die zweite Gruppe enthält Beschlüsse, die erst nach materiellrechtlichen Änderungen vom Rat der OECD gebilligt wurden[420]. Die dritte Gruppe besteht aus Beschlüssen, die nicht als solche genehmigt werden sollten, deren politische oder rechtliche Grundsätze die OECD aber beibehalten wollte[421]. In die vierte Kategorie fallen alle diejenigen Beschlüsse, die der Vorbereitende Ausschuß nicht zur Beibehaltung empfahl und die mit Inkrafttreten der OECD-Satzung unwirksam wurden[422].

Ergebnis:

Bei der Umgestaltung der OEEC-Satzung handelt es sich um eine Revision, die besonders die Aufgaben, die Funktionen und den Mitgliederkreis veränderte, und die verfahrensmäßig durch die Erstellung einer neuen Satzung, verbunden mit einem Protokoll über die Revi-

---

[416] Dergl., a. a. O., S. 55 ff.

[417] Dergl., a. a. O., S. 57.

[418] Das nähere Verfahren wurde durch das Protokoll betreffend die Anwendung von Art. 15 des Übereinkommens über die Organisation für Wirtschaftliche Zusammenarbeit und Entwicklung geregelt; BGBl 1961 II, S. 1173 f.

[419] Review of the Acts of the OEEC, Blaubuch, S. 37.

[420] Blaubuch, S. 38, Ziffer 47 und 48.

[421] Blaubuch, S. 38 und 39, Ziffer 49 bis 52.

[422] Blaubuch, S. 39, Ziffer 53.

sion der OEEC-Konvention durchgeführt wurde. Dieses Verfahren entsprach nicht so sehr völkerrechtlicher als politischer Notwendigkeit[423].

Die Europäische Gemeinschaft für Kohle und Stahl

Im Zusammenhang mit dem Abschluß der römischen Verträge vom 25. März 1957 über die Gründung der Europäischen Wirtschaftsgemeinschaft (EWG) und der Europäischen Atomgemeinschaft (EAG) wurden durch das gleichzeitig abgeschlossene Abkommen über gemeinsame Organe für die europäischen Gemeinschaften[424] wichtige institutionelle Bestimmungen des Vertrages der Europäischen Gemeinschaft für Kohle und Stahl (EGKSt) vom 18. April 1951[425] abgeändert[426]. Dabei wurde diese Revision ohne Beachtung der im EGKSt-Vertrag enthaltenen Revisionsbestimmungen[427] durch übereinstimmenden Willensentschluß der Vertragspartner, die bei allen drei Verträgen dieselben sind, vorgenommen. Die Mitgliedstaaten setzten sich also über die von ihnen selbst errichteten Schranken des EGKSt-Vertrages hinweg[428].

Die Revision ersetzte die Gemeinsame Versammlung und den Gerichtshof der EGKSt[429] durch zwei neue Institutionen, die Gemeinsame Versammlung und den Gerichtshof der europäischen Gemeinschaften, die als gemeinsame Organe für alle drei Gemeinschaften eingesetzt wurden[430]. Nach Hahn, Krämer und Lagrange handelt es sich dabei nicht um eine Ablösung der beiden Organe der EGKSt, sondern nur um eine Ausweitung ihres Funktionsbereiches[431]. Dies erscheint nicht richtig. Der Wortlaut der die EGKSt-Satzung abändernden Artikel 2 Abs. 1 Satz 1 und 4 Abs. 1 Satz 1 spricht von

---

[423] Hahn, a. a. O., S. 54.

[424] BGBl 1957 II, S. 766 ff., S. 1044 ff. und S. 1156 ff.

[425] BGBl 1952 II, S. 477 ff.

[426] Carstens, Die kleine Revision des Vertrages über die Europäische Gemeinschaft für Kohle und Stahl, in ZaöRVR 21 (1961), S. 8.

[427] S. Art. 95 und 96 des EGKSt-Vertrages, BGBl 1952 II, S. 474 ff.

[428] Carstens, a. a. O., loc. cit.

[429] S. Art. 20 ff. und Art. 31 ff. EGKSt-Vertrag, BGBl 1952 II, S. 453 ff.

[430] Doch sind die Tätigkeitsbereiche nach den drei Abkommen unterschiedlich, so ist z. B. die Stellung der Versammlung nach dem EWG-Vertrag stärker als nach dem EGKSt-Vertrag, s. Mattern, Rechtsgrundlagen und Praxis des Europäischen Parlaments, in EA 1960, S. 449 ff.

[431] Hahn, Continuity in the Law of International Organization, in Österr. ZöR 13 (1964), S. 205; Lagrange, The Role of the Court of Justice of the European Communities, in Law & Contemporary Problems 26 (1961), S. 400 f.; ähnlich auch Steindorff, Europäische Gemeinschaft für Kohle und Stahl, in WVR, Bd. 1, S. 462; Krämer, die Europäische Wirtschaftsgemeinschaft, S. 41.

„... tritt an die Stelle ...“ (franz.: „remplace“, ital.: „sostituisce“, holl.: „vervangt“)[432]. Die von Mattern dargestellte Vorgeschichte zu der Konferenz von Rom macht ebenfalls deutlich, daß die Mitgliedstaaten neue Organe errichten wollten[433]. Das wichtigste Argument für eine Ablösung ist aber die Tatsache, daß Art. 2 Abs. 1 Satz 2 und Art. 4 Abs. 1 Satz 2 des Abkommens über die Errichtung gemeinsamer Organe für die europäischen Gemeinschaften jeweils eine Bestimmung zur Kontinuitätswahrung der Funktionen der beiden EGKSt-Organe enthalten, die ausdrücklich festlegen, daß die neue Gemeinsame Versammlung und der neue Gerichtshof diejenigen Zuständigkeiten ausüben, die den beiden EGKSt-Organen nach der EGKSt-Satzung übertragen worden waren[434].

Eine solche Regelung wäre überflüssig, wenn man vom Fortbestand der vorhandenen EGKSt-Organe ausgegangen wäre. Diese Ansicht wird auch durch den Ablösungsvorgang erhärtet. So übernahm der neue Gerichtshof z. B. nicht das gesamte Personal des alten[435].

Im Ergebnis handelt es sich somit im Hinblick auf die EGKSt um eine auf dem Wege der Satzungsänderung vollzogene Auswechselung von zwei Organen unter ausdrücklicher Kontinuitätswahrung ihrer funktionellen Bereiche[436].

---

[432] BGBl 1957 II, S. 1158 und S. 1160.

[433] Mattern, a. a. O., S. 452; im Schlußkommuniqué der Außenministerkonferenz der sechs Mitgliedstaaten der EWG in Paris vom 7. Januar 1958 wurde angeführt, daß der neue Gerichtshof seine Tätigkeit am 1. April 1958 aufnehmen soll, s. EA 1958, S. 10550; vgl. dazu die Mitteilung des GH im Amtsblatt der Europäischen Gemeinschaften über die Aufnahme der Tätigkeit im Jahre 1958 (a. a. O., 1958, S. 453), wo die vertragliche Fortbestandsregelung unter ausdrücklicher Erwähnung des neuen GH angeführt wird. — Die Gemeinsame Versammlung der EGKSt beendete auf ihrer Versammlung vom 28. Februar 1958 ausdrücklich ihre Tätigkeit, s. EA 1958, S. 10663. Die neue Versammlung begann ihre Tätigkeit mit einer konstituierenden Sitzung vom 19. bis 21. März 1958, auf der der Neubeginn hervorgehoben wurde, s. EA 1958, S. 10761 f., und das Amtsblatt der Europäischen Gemeinschaften, Protokoll über die Sitzung vom 19. März 1958, S. 1 ff.

[434] BGBl 1957 II, S. 1158 und S. 1160.

[435] Donner, The European Court of Justice, in The Law of Society's Gazette, August 1962, S. 444; ders., The Court of Justice of the European Communities, in International Law Quarterly, Supplementary Publication No. 1 (1961), S. 66 ff.

[436] Donner, loc. cit.; Peaslee, Bd. 1, S. 522; Kiss, a. a. O., S. 477; Daig, Die Gerichtsbarkeit in der Europäischen Wirtschaftsgemeinschaft und der Europäischen Atomgemeinschaft, in Archiv für öffentliches Recht 83 (1958), S. 135; Bächle, Die Rechtsstellung der Richter am Gerichtshof der Europäischen Gemeinschaften, S. 12; Efron/Nanes, The Common Market and Euratom Treaties, in International Law Quarterly 6 (1957), S. 676; v. d.

3. Gerichtsentscheidungen

Im Jahre 1927 erörterte der Ständige Internationale Gerichtshof in seinem Rechtsgutachten über die Kompetenzen der Europäischen Donaukommission zwischen Galatz und Braila die Frage, ob ein Staat an eine Satzung gebunden sei, die ohne seine Zustimmung von den anderen Vertragspartnern revidiert wurde.

Der Gerichtshof entschied, daß Rumänien, das seit 1878 der Kommission als Mitglied angehörte, nicht an das Londoner Abkommen von 1883 gebunden sei[437], weil das Land letzteren Vertrag nicht unterzeichnet und auch sonst nicht anerkannt habe[438]. In dem genannten Abkommen war die Kompetenz der Europäischen Donaukommission bis Braila, dem letzten für Seeschiffe benutzbaren Donauhafen, ausgedehnt und das Mandat der Kommission verlängert worden.

4. Die Stellungnahme der Völkerrechtslehre

Das Problem der Einwirkung von Satzungsänderungen auf den Bestand internationaler Organisationen wird von der Völkerechtslehre in der Regel im Zusammenhang mit der Darstellung des Einstimmigkeitsprinzips und des „inter se agreement" im Hinblick auf den Fortbestand der Rechte und Pflichten der an der Revision nicht beteiligten Vertragspartner erörtert[439].

GROEBEN/v. BOECKH, a. a. O., Bd. 2, S. 104; dies., Handbuch für Europäische Wirtschaft, I, A 60—I, A 200, Komm. zur EWG, Art. 164, S. 7; MAUNZ, a. a. O., S. 395; VALENTINE, The Court of Justice of the European Communities, S. 7 ff.; unentschieden sind DAHM, a. a. O., Bd. 2, S. 693; HALLIER, Internationale Gerichte, S. 176; VAN REEPINGEN/ORIANNE, La Procédure devant la Cour de Justice dés Communautés Européennes, S. 17 f.; vgl. auch die Drucksache des Deutschen Bundestages vom 4. Mai 1957, Nr. 3440, Anlage C, wo es heißt, daß die Erweiterung der Zuständigkeit der neuen Versammlung und des Gerichtshofs auf die EGKSt (!) eine Anpassung des EGKSt-Vertrages notwendig mache. Also auch hier ist nicht die Rede von der Erweiterung der Zuständigkeit des alten GH, sondern umgekehrt von einer Ausdehnung auf die EGKSt; andere Auslegung bei HAHN, a. a. O., S. 206, Anm. 200.

[437] Case Concerning Jurisdiction of the European Commission of the Danube between Galatz and Braila, PCIJ Series B, Nr. 14, 1927, S. 26 und S. 44 ff.

[438] MARTENS, Noveau Recueil Général Des Traités, Deuxième Serie, Bd. 9, S. 346 ff.

[439] BERBER, a. a. O., Bd. 1, S. 448 ff.; BRIGGS, a. a. O., S. 909 ff.; DAHM, a. a. O., Bd. 2, S. 117 ff.; GRAMMSCH, Grundlagen und Methoden Internationaler Revision, S. 91 ff.; LECA, Les Techniques De Révision Des Conventions Internationales, S. 224 ff.; OPPENHEIM/LAUTERPACHT, a. a. O., Bd. 1, S. 936 ff.; SCHWARZENBERGER, International Law, Bd. 1, S. 533 f.; O'CONNELL, a. a. O., Bd. 1, S. 295; SEIDL-HOHENVELDERN, Die Belgrader Donaukonvention von 1948, in Arch VR 7 (1958/59), S. 258; YAKEMTCHOUK, La Révision Des Traités Multilatéraux En Droit International, in RGDIP 60 (1956), S. 359 f.; BLIX, a. a. O., S. 447 ff. und S. 595 f.

Dabei ist von dem Grundsatz auszugehen, daß — bei Fehlen einer vertraglichen Regelung — ein multilateraler Vertrag nur unter Mitwirkung aller Parteien abgeändert werden kann[440]. Insbesondere können keinem Vertragspartner ohne seine Zustimmung neue Verpflichtungen auferlegt werden. Diese Zustimmung eines Mitgliedstaates, sich unter bestimmten Voraussetzungen einem Mehrheitsbeschluß zu unterwerfen, kann entweder bei Erstellung der Gründungsakte oder ad hoc im Hinblick auf die einzelnen Revisionen erteilt werden. Die internationale Praxis der Revisionskonferenzen wird von Briggs, Malkin, Verdross und der Harvard Draft Convention insofern berücksichtigt, als diese Autoren den selbständigen Charakter einzelner Vertragsteile der Satzungen herausstellen und darlegen, daß eine Änderung dieser Bestimmungen dann nicht eine Novation des Gesamtvertrages bedeutet, wenn der Zweck des Abkommens und der Wille der Vertragspartner einen anderen Schluß zulassen[441].

Einige Schriftsteller versuchen, um eine ständige Anpassung der Satzungen internationaler Organisationen an die veränderten Umstände zu erreichen, den Einstimmigkeitsgrundsatz durch das Mehrheitsprinzip zu ersetzen. So schreiben Hoyt, H. Lauterpacht, Scelle und Soerensen, daß die an einer Revision interessierten Mitgliedstaaten eine Satzungsänderung vornehmen können, wenn in der Satzung nichts anderes bestimmt ist[442].

Demgegenüber ist festzustellen, daß damit der Unterschied zwischen de lege lata und de lege ferenda verwischt wird, weil sich bisher ein Gewohnheitsrechtssatz dieser Art nicht herausgebildet hat[443].

---

[440] BERBER, a. a. O., Bd. 1, S. 453; DAHM, a. a. O., Bd. 2, S. 118 ff.; ROUSSEAU, a. a. O., S. 507 ff.; SCHWELB, a. a. O., S. 49 ff.; Draft Convention, a. a. O., S. 1013.

[441] BRIGGS, a. a. O., S. 909; MALKIN, Reservations to Multilateral Conventions, in BYIL 7 (1926), S. 141; VERDROSS, a. a. O., 5. Aufl., S. 119; Draft Convention, a. a. O., S. 1134 ff.

[442] HOYT, a. a. O., S. 2, spricht von einer „rule of substantial interest"; H. LAUTERPACHT, Second Report on the Law of Treaties, United Nations Document A/CN. 4/87, 1954, S. 35 ff., führt aus, daß „a substantial majority" als Voraussetzung für eine Revision genüge; SCELLE, La Revision dans les Conventions Générales, in Annuaire de l'Institut de Droit International 42 (1948), S. 1 ff., verwendet den Begriff der „sozialen Notwendigkeit"; SOERENSEN, The Modification of Collective Treaties Without the Consent of All the Contracting Parties, in NordTIR 8 (1938), S. 150 ff.

[443] S. dazu FITZMAURICE, Second Report on the Law of Treaties, United Nations Document A/CN. 4/107, 1957, S. 37, der in seinen Ausführungen davon ausgeht, daß das geltende Recht auf dem Einstimmigkeitsgrundsatz beruht; ähnlich auch die Darlegungen desselben Autors in

IV. Ergebnisse

1. Allgemeine Feststellungen

Die Untersuchung der internationalen Praxis führt zu dem Ergebnis, daß eine Revision der Satzung die Kontinuität der Organisation als zwischenstaatliche, partikularrechtliche Ordnung nicht antastet, sondern nur in ihren sachlichen, räumlichen und zeitlichen Geltungsbereich eingreift. Diese Umgestaltungen machen den sachlichen Gehalt der Revision aus. Sie sind von Fall zu Fall nach Inhalt und Umfang verschieden. Auch die Durchführung der Revision kann Kontinuitätsfragen aufwerfen. Kommt die Satzungsänderung durch Mehrheitsbeschluß zustande, so entsteht die Frage nach dem rechtlichen Schicksal der an der Revision nicht beteiligten oder überstimmten Mitglieder. In einigen Satzungen finden sich Bestimmungen, die sich mit der Stellung der überstimmten Mitgliedstaaten als Vertragspartner beschäftigen. In diesen Regelungen versucht die internationale Praxis das Problem auf vier verschiedene Arten zu lösen, durch eine Bindung der Überstimmten, durch einen Austrittszwang, durch eine ad hoc vorzunehmende Entscheidung in einem besonderen Verfahren und durch die Methode des „inter se agreement", nach dem die neue Satzung nur zwischen denjenigen Mitgliedern in Kraft tritt, die der Revision zugestimmt haben. Die einen Austrittszwang enthaltenden Vorschriften sind gegenüber den anderen Regelungen in der Minderzahl. Nach der Aufhebung von Art. 26 der Völkerbundsatzung sind noch vier Bestimmungen in Kraft, die ein Ausscheiden des überstimmten Vertragspartners vorsehen[444]. Von diesen Regelungen sehen wiederum zwei einen Austritt nur unter bestimmten Voraussetzungen vor. Alle anderen Vorschriften bemühen sich um eine Aufrechterhaltung des Mitgliederkreises und damit um eine Bewahrung der zwischenstaatlichen Ordnung.

Verglichen mit den Regelungen, die sich mit einer zukünftigen Satzungsänderung befassen, gibt es selten Vorschriften, die sich mit dem Fortbestand der Aufgaben, Funktionen, sowie der Rechte und Pflichten der Organisation auseinandersetzen. Ein Beispiel dieser Art ist Art. 15 der OECD-Satzung.

Durch den Abschluß eines „inter se agreement" werden zwar die Mitgliedschaftsrechte der Vertragspartner nicht berührt, die der Vertragsänderung nicht zugestimmt haben, doch kann durch den Abschluß

Report on the Law of Treaties, United Nations Document A/CN. 4/101, 1956; s. auch Hoyt, a. a. O., S. 250 f.; Schwelb, a. a. O., S. 51 und S. 62; Blix, a. a. O., S. 595.

[444] Die Völkerbundsatzung wurde am 18. April 1946 außer Kraft gesetzt, s. die Resolution for the Dissolution of the League of Nations, League of Nations Official Journal, Special Supplement, Nr. 194, S. 269 ff.; im übrigen s. oben S. 74.

eines solchen Vertrages die ursprüngliche Ordnung gestört werden, die durch die alte Satzung errichtet worden war. Denn diese Ordnung haben die Staaten ja nicht nur, wie H. Lauterpacht ausführt, zwecks Sicherung ihres eigenen, unmittelbaren, gegenseitigen Vorteils abgeschlossen[445]. Sie wollen auch ganz allgemein wichtige Interessen der internationalen Gemeinschaftsordnung, wie z. B. die Erhaltung des Friedens, schützen. Für diesen Schutz ist aber die Einheitlichkeit und allgemeine Beachtung der übernommenen Pflichten von Bedeutung. Da ein „inter se agreement" diese Einheitlichkeit zerreißt, tritt Lauterpacht dafür ein, daß die ursprüngliche Ordnung grundsätzlich bevorzugten Schutz verdiene. In der Praxis wurde die „Methode des inter se agreement" nur in wenige Satzungen aufgenommen und nur in wenigen Fällen angewandt, und zwar in der Regel nur dort, wo die zwischenstaatliche Ordnung aus einer großen Zahl politisch und sozial verschiedener Staaten besteht[446]. Bei einer Organisation mit weltweitem Mitgliederkrenis wird eine Änderung der Satzung, die auf der Zustimmung aller beruht, häufig schwer zu erreichen sein. In diesen Fällen kann ein Vertrag zwischen einem Teil der Mitglieder besser sein als gar keine Änderung des Abkommens.

Mitgliedstaaten, die zur Änderung der Satzung nicht hinzugezogen wurden, oder ihr fernblieben, werden erst durch ihre Zustimmung an die neue Satzung gebunden.

2. Die Einwirkung der Revision auf die Aufgaben und Funktionen

Je nach dem politischen oder wirtschaftlichen Sachverhalt, der die Revision auslöst, kennt die internationale Praxis geringfügige Eingriffe oder weitreichende Umgestaltungen.

Durch jede organisierte Staatenverbindung wird zwischen den Parteien eine zwischenstaatliche Ordnung errichtet, die auf der Satzung beruht und die durch die von den Organen erlassenen Beschlüsse oder Empfehlungen ausgefüllt wird[447]. Grundsätzlich werden diejenigen Staaten, die anläßlich der Satzungsänderung neue Mitglieder geworden sing, durch die vor der Revision erlassenen Beschlüsse und Empfehlungen gebunden, da diese Akte sich als die im Einzelfall erfolgten Konkretisierungen der in der Satzung festgelegten Aufgaben und Funktionen darstellen. Dieser Bindungswirkung wegen wird häufig in der Praxis durch den Beitritt von neuen Mitgliedern eine Satzungsänderung ausgelöst, besonders in den Fällen, wo die Aufgaben der Organisation eine Eingriffsbefugnis in den Souveränitätsbereich der Mitgliedstaaten mitsichbringen. Da nämlich

---

[445] H. LAUTERPACHT, The Chinn Case, in BYIL 16 (1935), S. 165.

[446] So z. B. beim International Institute of Refrigeration, das einen weltweiten Mitgliederkreis besitzt, s. PEASLEE, Bd. 2, S. 1212.

[447] S. oben S. 17 ff.

für die eintretenden Mitglieder die Annahme der Satzung auch die Annahme der auf dieser Satzung beruhenden zwischenstaatlichen Ordnung bedeutet, werden sich diese Staaten häufig die Annahme von Beschlüssen, soweit sie von diesen betroffen werden, vorbehalten, oder eine Bestätigung dieser Akte zur Bedingung ihres Eintritts machen.

3. Die Einwirkung der Revision auf die Rechte und Pflichten der Organisation

Grundsätzlich werden die Rechte und Pflichten der Organisation durch eine Satzungsänderung nicht berührt. Bei Verträgen, die von der Organisation selbst oder auf ihre Initiative von anderen Völkerrechtssubjekten abgeschlossen wurden, kann eine Vertragsänderung dann in Betracht kommen, in denen sich ein solcher Vertrag auf ein bestimmtes Organ der Organisation bezieht, das umbenannt wurde oder ersatzlos wegfiel. Für diejenigen Rechte, die sich aus den Beschlüssen und Empfehlungen gegenüber den Mitgliedstaaten ergeben können, gilt Entsprechendes.

4. Die Einwirkung der Revision auf die Rechte und Pflichten der Mitgliedstaaten

Beruht die Satzungsänderung auf dem einstimmigen Willensentschluß aller Mitglieder, so wird die Kontinuität der Rechte und Pflichten nicht berührt. Wird eine Revision durch einen Mehrheitsbeschluß wirksam, so kann der Fortbestand der Rechte und Pflichten der überstimmten Mitgliedstaaten in Frage gestellt sein. Die internationale Praxis versucht in diesen Fällen die Fortdauer dieser Rechte und Pflichten u. a. durch die „Methode des inter se agreement“, durch eine Bindung der überstimmten Staaten oder durch eine Entscheidung aller Mitglieder in einem besonderen Verfahren zu wahren.

Zusammenfassung

Als Ergebnis des ersten Abschnitts kann festgehalten werden, daß die internationale Praxis versucht, den Fortbestand internationaler Organisationen durch die verschiedenen Formen der Bestätigung, durch vertragliche Regelungen, die die Fortdauer während eines Krieges oder anderer Störungen sicherstellen sollen und durch Revisionen aufrecht zu erhalten. Allen diesen Arten der Kontinuitätswahrung ist gemeinsam, daß sie den Fortbestand der zwischenstaatlichen partikularrechtlichen Ordnung nicht aufheben.

Das maßgebliche Kriterium, ob die Organisationen trotz zeitweiliger Einschränkung oder Unterbrechung ihrer Tätigkeit bzw. trotz weitreichender Umgestaltung dieselben geblieben sind, ist der Wille der Mitgliedstaaten.

Es wurde in keinem Fall eine internationale Organisation durch einen Krieg aufgelöst.

Einige Satzungen enthalten Regelungen, die im Falle des Eintritts eines Krieges oder anderer Störungen der internationalen Ordnung die Fortdauer der Funktionsausübung der Organisation sicherstellen.

Die Satzungsänderungen sind von Fall zu Fall nach Inhalt und Umfang verschieden. Die Durchführung der Revision beruht grundsätzlich auf dem Einstimmigkeitsprinzip, kommt eine Satzungsänderung durch Mehrheitsbeschluß zustande, so entsteht die Frage nach dem rechtlichen Schicksal der an der Revision nicht beteiligten oder überstimmten Mitglieder. Die internationale Praxis versucht dieses Problem auf vier verschiedene Arten zu lösen: durch eine Bindung der überstimmten Vertragspartner an die neue Satzung, durch ein Ausscheiden, durch eine von Fall zu Fall vorzunehmende Entscheidung in einem besonderen Verfahren und durch die „Methode des inter se agreement".

Im folgenden ist auf diejenigen Arten der Kontinuitätswahrung einzugehen, die auf einem Wechsel des Funktionsträgers beruhen.

ZWEITER ABSCHNITT

Die Kontinuitätswahrung bei Wechsel des Funktionsträgers

ERSTES KAPITEL

Allgemeines

I. Einführung in die Problematik

Wie bei der Einwirkung der Revision auf den Bestand internationaler Organisationen erläutert wurde, neigt die internationale Praxis eher dazu, eine Organisation unter Wahrung des Fortbestands der zwischenstaatlichen Ordnung gründlich umzugestalten, als sie aufzulösen und eine neue Organisation an ihre Stelle zu setzen, da, wie Hahn ausführt, auf diese Weise die bei einer Nachfolge auftretenden Sukzessionsprobleme umgangen werden können[448]. Das Scheitern des Völkerbundes und die Notwendigkeit, nach dem Zweiten Weltkrieg eine dauerhafte zwischenstaatliche Friedensordnung zu errichten, die nicht mit dem politischen Erbe des Völkerbundes vorbelastet war, führten jedoch zur Auflösung dieser Organisation und in einigen Fällen zur Auflösung der mit ihm verbundenen organisierten Staatenverbindungen und zur Errichtung neuer Organisationen an ihrer

---

[448] HAHN, a. a. O., S. 54 ff.

Stelle[449]. Zu diesen Sachverhalten tritt eine weitere Gruppe, bei der politische oder wirtschaftliche Erwägungen zu einer Auflösung und Neuerrichtung führten, die aber mit dem oben erwähnten Fragenkomplex nicht in unmittelbarem Zusammenhang stehen.

II. Die politischen und wirtschaftlichen Ursachen, die den Sachverhalten zugrunde liegen

Der Zweite Weltkrieg hat gezeigt, daß der Völkerbund sein Ziel, die Erhaltung des Weltfriedens zu sichern, nicht erreicht hat. Aus dem Kriegsbündnis der Gegner der Achsenmächte entstand die Organisation der Vereinten Nationen, die mit der Aufgabe der Friedenssicherung betraut, geschichtlich-politisch gesehen die Nachfolge des Völkerbundes antrat[450].

Bereits der Völkerbund kannte zwischenstaatliche Institutionen, die, ohne zu seinen Organen zu zählen, auf Fachgebieten besondere Funktionen erfüllten, wie z. B. die Internationale Arbeitsorganisation, sowie internationale Institute auf dem Gebiet der Kultur und des Gesundheitswesens, die in unterschiedlich engem organisatorischen Zusammenhang zum Völkerbund standen[451]. Bei den Verhandlungen über die Errichtung der Vereinten Nationen kamen die beteiligten Staaten überein, sich zur Intensivierung der zwischenstaatlichen Zusammenarbeit des Mittels der internationalen Organisationen zu bedienen[452]. Dabei konnte auf eine Reihe schon bestehender Organisationen zurückgegriffen werden. Es waren aber auch einige Neugründungen erforderlich, da insbesondere die mit dem Völkerbund verbundenen Institute nicht über den organisatorischen Rahmen verfügten,

---

[449] Dahm, a. a. O., Bd. 2, S. 149 ff.; Schätzel, a. a. O., S. 8 f.; Schneider, a. a. O., S. 86 ff.

[450] Barandon, Die Vereinten Nationen und der Völkerbund, S. 7 ff.; Vandenbosch/Hogan, The United Nations, Background, Organization, Functions, Activities, S. 77 ff.; Wehberg, Einführung in die Satzung der Vereinten Nationen, in FW 45 (1945), S. 329 ff.; Schätzel, Vom Völkerbund zu den Vereinten Nationen, in Arch VR 1 (1948/49), S. 4—9; UNYB 1946/47, S. 1—43; Goodrich, The United Nations, in International Organization 1 (1947), S. 3 ff.; Potter, An Introduction to the Study of International Organization, S. 258 ff.; Wright, International Law and the United Nations, S. 13 f.; Wehberg, Entwicklungsstufen der internationalen Organisation, in FW 52 (1953/55), S. 202 ff.

[451] S. die Zusammenstellung bei Göppert, Der Völkerbund, S. 157 ff., 655 ff. und S. 649 ff.

[452] Menzel, Spezialorganisationen der Vereinten Nationen, in WVR Bd. 3, S. 288; Sharp, The Specialized Agencies and the United Nations, in International Organization, in BYIL 28 (1951), S. 29 ff.; insbesondere S. 36 und S. 43 ff.

der erforderlich war, um den neuen Aufgaben gerecht zu werden. Diese Situation führte einerseits zu den Revisionen der Satzungen der Internationalen Arbeitsorganisation, der Internationalen Telegraphenunion und des Weltpostvereins, die nach Art. 57 der UN-Charta mit den Vereinten Nationen als Spezialorganisation verbunden wurden[453], und andererseits zu den Neuerrichtungen der Ernährungs- und Landwirtschaftsorganisation der Vereinten Nationen, der Organisation der Vereinten Nationen für Erziehung, Wissenschaft und Kultur, der Weltgesundheitsorganisation, der Internationalen Zivilluftfahrt-Organisation und der Weltorganisation für Meteorologie, die alle schon bestehende zwischenstaatliche Organisationen ablösten oder als Unterorgane in sich aufnahmen[454].

Eine Sonderstellung nimmt die Auflösung des Ständigen Internationalen Gerichtshofs und die Errichtung des Internationalen Gerichtshofs ein, da letzterer zu einem Hauptorgan der Vereinten Nationen erklärt wurde[455].

Diese Sachverhalte werden noch durch die Auflösung der Internationalen Flüchtlingsorganisation und der Organisation der Vereinten Nationen für Unterstützung und Wiederaufbau ergänzt, da diese Organisationen von vornherein nicht als ständige internationale Verbände errichtet wurden, sondern die Aufgaben hatten, die mit der Beendigung des Zweiten Weltkrieges entstandenen Notlagen, wenn nicht zu beseitigen so doch zu lindern[456].

Als dritte Gruppe sind einige Kontinuitätssachverhalte zu nennen, die in keinem Zusammenhang zueinander stehen und bei denen jeweils aus besonderen politischen oder wirtschaftlichen Gründen eine Auflösung und Neuerrichtung stattfand. Es handelt sich um die Entstehung der Donaukommission von 1948, der Caribbean Organization von 1960 und der Benelux-Wirtschaftsunion von 1960.

---

[453] S. die Abkommen zwischen der OVN und der ILO vom 14. Dezember 1946, UNTS 1, S. 186 ff.; zwischen der OVN und der ITU vom 1. 1. 1949, UNTS 30, S. 316 ff.; OVN und UPU vom 4. 7. 1947, UNTS 19, S. 219 ff.

[454] HAHN, Continuity in the Law of International Organization, in Österr. ZÖR 13 (1964), S. 175 ff.; KISS, a. a .O., S. 463 ff.

[455] ROSENNE, The International Court of Justice, S. 29 ff.; BARANDON, a. a. O., S. 61 ff.; KELSEN, The Law of the United Nations, S. 463 ff.; HUDSON, The Succession of the International Court of Justice to the Permanent Court of International Justice, in AJIL 51 (1957), S. 569 ff.; H. LAUTERPACHT, The Development of International Law by the International Court, S. 11 ff.

[456] SONNEWALD, Internationale Flüchtlingsorganisation, S. 1 f.; HOLBORN, The International Refugee Organization, S. 559 ff.; WOODBRIDGE, History of the UNRRA, S. 1 ff.; ROBERTSON, Some legal problems of the UNRRA, in BYIL 23 (1946), S. 142 ff.

Die internationale Praxis kennt außerdem noch den Sachverhalt einer Verschmelzung durch Neubildung, nämlich die Fusion des International Colorado Beetle Committee und der European Working Party on Infestation Control zur European and Mediterranean Plant Protection Organization.

Abschließend sind noch zwei zwischenstaatliche Vorgänge zu erwähnen, bei denen aus Gründen der Koordination bzw. der besseren Aufgabendurchführung eine Übertragung einzelner Funktionen von einer Organisation auf eine andere vorgenommen wurde. Ein solcher Transfer fand zwischen der Westeuropäischen Union und dem Europarat sowie zwischen dem Office International d'Hygiène und der Organisation der Vereinten Nationen für Unterstützung und Wiederaufbau statt.

III. Die Arten des Funktionsträgerwechsels

Den angeführten Sachverhalten läßt sich entnehmen, daß die internationale Praxis vier Erscheinungsformen des Funktionsträgerwechsels kennt; und zwar die Substitution, die Verschmelzung durch Aufnahme, die Verschmelzung durch Neubildung und den Transfer[457]. In allen diesen Fällen kann der Fortbestand der Aufgaben und Funktionen, der Rechte und Pflichten sowie der Organe, entweder auf vertraglicher Übereinkunft der Organisationen oder der Mitgliedstaaten, oder auf anderen Gründen beruhen. Auf diese Möglichkeiten ist im folgenden einzugehen.

ZWEITES KAPITEL

Der Fortbestand der Funktionen, Rechte und Pflichten sowie der Organe auf Grund vertraglicher Übereinkunft

I. Substitution

1. Allgemeines

a) Der Begriff

Bei der Substitution werden die Funktionen, Rechte und Pflichten einer in Auflösung befindlichen Organisation auf eine andere neugegründete Organisation ganz oder teilweise übertragen[458].

---

[457] S. oben S. 41 f.

[458] HAHN, a. a. O., S. 175.

Der Ablösungsvorgang besteht somit aus drei Stadien, der Auflösung der alten Organisation, der Errichtung der neuen Organisation und der Übertragung von Funktionen, Rechten und Pflichten. Diese Sachkomplexe, die zeitlich nicht immer der angegebenen Ordnung folgen[459], sind nun zu erörtern.

b) Die Auflösung der alten Organisation

Die Auflösung einer internationalen Organisation erfolgt durch die Beendigung des ihr zugrunde liegenden völkerrechtlichen Vertrags. Von den vier Methoden zur Beendigung völkerrechtlicher Verträge ist die Beendigung kraft Einvernehmens der Parteien bei der Auflösung der Organisationen die gebräuchlichste[460]. Schon wegen der Notwendigkeit, das Schicksal der vorhandenen Organe zu regeln, sind in der internationalen Praxis Auflösungsverhandlungen üblich, die eine vertragliche Fixierung erhalten[461]. Eine Beendigung durch einseitigen Akt einer Vertragspartei kommt bei den internationalen Organisationen nicht in Frage[462]; diese Methode hat nur für bilaterale völkerrechtliche Abkommen Bedeutung. Eine automatische Beendigung kraft Völkerrechts[463] oder eine Beendigung durch autoritären Akt eines internationalen Organs ist bei den internationalen Organisationen noch nicht vorgekommen[464].

Für eine Beendigung kraft Einvernehmens aller Vertragsparteien ist, falls nicht etwas anderes vereinbart wurde[465], die Zustimmung

---

[459] SCHNEIDER, a. a. O., S. 86; weitere Erörterungen zu dieser Reihenfolge s. unten S. 101.

[460] BERBER, a. a. O., Bd. 1, S. 451.

[461] MYERS, a. a. O., S. 320 ff.

[462] Die Erklärung Deutschlands vom 14. 11. 1936, sich nicht mehr an der Arbeit der Zentralkommission für die Rheinschiffahrt zu beteiligen (RGBl 1936 II, S. 361 ff.), löste diese Organisation nicht auf und wurde als völkerrechtswidrig angesehen; s. die oben S. 59 f. angeführten Entscheidungen des District Court von Rotterdam und Bias, a. a. O., S. 223 ff; BEISSWINGERT, a. a. O., S. 39 f.; WHITEMAN, Digest of International Law, Bd. 3, S. 883 ff.

[463] Evtl. könnte Art. 103 der UN-Charta eine solche Wirkung haben. In manchen Satzungen sind deshalb Bestimmungen, die ausdrücklich erklären, daß die Bestimmungen des Vertrages nur im Einklang mit der UN-Charta ausgelegt werden dürfen; s. Art. 6 Satzung des Security Treaty between The United States of America, Australia und New Zealand, PEASLEE, Bd. 1, S. 38; s. RUMPF, Die internationale Organisation als neue Rechtsform für Militärbündnisse, in JIR 12 (1965), S. 86.

[464] Art. 19 der Völkerbundssatzung und Art. 14 der UN-Charta können wegen des Einflusses der Mitglieder hier nur unter Vorbehalt genannt werden, s. GUGGENHEIM a. a. O., Bd. 1, S. 117.

[465] Solche Vereinbarungen finden sich z. B. in Art. 55 Satzung der Bank for International Settlements vom 20. 1. 1930 (PEASLEE, Bd. 1, S. 82) wo 3/4 Mehrheit verlangt wird; Art. 17 Satzung des International Bureau of

aller Mitglieder erforderlich[466]; ein diesbezüglicher Mehrheitsbeschluß durch ein Organ der Organisation ist nicht als genügend anzusehen[467].

Die Zustimmung der an der Auflösungskonferenz nicht beteiligten Mitgliedstaaten braucht nicht ausdrücklich zu erfolgen, sondern kann auch stillschweigend vorgenommen werden[468].

Bei der Auflösung des Völkerbundes waren am Beschluß der Völkerbundsversammlung vom 18. April 1946 nicht alle Mitglieder beteiligt[469]. Die nicht anwesenden Staaten haben jedoch nicht protestiert und durch ihr späteres Verhalten ihr Einverständnis gezeigt[470].

Demgegenüber wird von Kelsen die Ansicht vertreten, daß die Vollversammlung des Völkerbundes nicht kompetent gewesen sei, den Völkerbund aufzulösen[471].

Die Auflösung sei in der Satzung zwar nicht geregelt, doch könne sie unter den Begriff der Satzungsänderung im Sinne des Art. 26 der Völkerbundsatzung subsumiert werden. Die einzige rechtliche Möglichkeit zur Auflösung sei der Abschluß von Verträgen gewesen, die Teil I der vier Friedensverträge von 1919 aufheben, in welchen die Völkerbundsatzung enthalten war. Diese Methode sei aber aus politischen Gründen unmöglich gewesen. Der Völkerbund sei untergegangen, weil seine Organe aufgehört haben zu arbeiten[472] und die Mitglieder sich nicht mehr an die Satzung gebunden fühlten.

Dagegen ist zu sagen, daß den Vertragspartnern in ihrer Gesamtheit das Recht zusteht, die zwischen ihnen bestehenden vertraglichen Bindungen aufzuheben, gleichgültig ob die Satzung eine Auflösungs-

---

Education vom 25. 7. 1929 (Peaslee, Bd. 2, S. 977), nach dieser Vorschrift ist eine Auflösung mit 2/3 Mehrheit des Council, der zu diesem speziellen Zweck zusammentritt, statthaft; Art. 32 Satzung des Intergovernmental Committee for European Migration vom 19. 10. 1953 (Peaslee, Bd. 1, S. 899) bestimmt: „The Council may, by a three-quarters majority vote, decide to dissolve the Committee."

466 Dahm, a. a. O., Bd. 2, S. 118; Oppenheim/Lauterpacht, a. a. O., Bd. 1, S. 937; Seidl-Hohenveldern, Völkerrecht, S. 80.

467 Fitzmaurice, a. a. O., S. 7; vgl. aber die oben in Anm. 465 erwähnten Vorschriften und Art. 32 Satzung der International Sericultural Commission vom 1. 7. 1957, wo es heißt: „The Commission will be liable to dissolution on decision of the Conference, provided that the Delegates are, at that time of taking such a vote, provided with authority so to act." Peaslee, Bd. 2, S. 1363.

468 Dahm, a. a. O., Bd. 2, S. 142.

469 League of Nations, Official Journal, Special Supplement, Nr. 194, S. 269 ff.; Oppenheim/Lauterpacht, a. a. O., Bd. 1, S. 401.

470 Dahm, a. a. O., loc. cit.; Wengler, a. a. O., Bd. 2, S. 1229.

471 Kelsen, The Law of the United Nations, S. 595.

472 S. unten S. 107.

regelung enthält oder nicht[473]. Eine Auflösung kann nicht unter den Begriff der Satzungsänderung subsumiert werden, denn letztere erstrebt die Aufrechterhaltung der vorhandenen zwischenstaatlichen Ordnung, wenn auch in abgeänderter Form[474].

Für die Beendigung der Satzungen kommen allerdings nicht alle Endigungsgründe völkerrechtlicher Verträge in Betracht. Es ergibt sich folgendes Bild:

i) Endigungsgründe, die in der Satzung vorgesehen sind

Hierher gehören diejenigen Vertragsbestimmungen, die einen Zeitablauf oder eine auflösende Bedingung behandeln[475], nicht aber die Kündigungsklauseln, denn sie enthalten nicht einen Endigungsgrund, sondern nur eine Austrittsmöglichkeit für die einzelnen Mitglieder[476].

ii) Endigung durch konkrete Einigung der Vertragspartner

Der bei den Organisationen am häufigsten auftretende Endigungsgrund ist der Auflösungsvertrag[477]. Er wird in der Regel in einem eigenen Abkommen fixiert[478]. Die Beendigung einer internationalen Organisation durch Abschluß einer neuen Satzung zwischen den gleichen Parteien über den gleichen Vertragsgegenstand, wobei die ursprüngliche Satzung nicht erwähnt wird und die neuen Bestimmungen mit den alten unvereinbar sind, kennt die internationale Praxis nicht. Denn, wie erwähnt, werden die Vertragspartner durch die Notwendigkeit, das Schicksal der Organe zu regeln und eventuell ein Liquidationsverfahren zu betreiben, zu einer Auflösungsregelung gezwungen.

iii) Vertragsbeendigung kraft vom allgemeinen Völkerrecht anerkannter, im Vertrag nicht ausdrücklich vorgesehener Gründe

[473] Briggs, a. a. O., S. 906 ff.; Dahm, a. a. O., Bd. 2, S. 120; McNair Law of Treaties, S. 506 ff.; Oppenheim/Lauterpacht, a. a. O., Bd. 1, S. 937 ff.; Verdross, a. a. O., S. 175; sowie auch das RG in RGZ 111/40.

[474] S. dazu oben S. 40 f.

[475] S. oben S. 44.

[476] Es hört somit nur die Vertragsbeteiligung des kündigenden Mitglieds auf, s. Dahm, a. a. O., Bd. 3, S. 131; so bestand die ZK für die Rheinschifffahrt nach der deutschen Kündigung im Jahre 1936, die allerdings nicht in der Satzung vorgesehen war, zwischen den anderen Mitgliedstaaten weiter; s. Beisswingert, a. a. O., S. 39 f.; Lederle, Die Rechtslage der deutschen Ströme nach ihrer Befreiung, in ZVR 21 (1937), S. 320; Müller, Die Rechtstellung der Schweiz in bezug auf die revidierte Rheinschiffahrtsakte vom 17. 10. 1868, in SchwJIR 15 (1958), S. 166; Matschl, Die europäischen Gemeinschaften und die Freiheit der Rheinschiffahrt, Diss. Köln, S. 25.

[477] S. unten S. 107.

[478] Als Beispiel sei das Agreement for the Establishment of the Caribbean Organization vom 21. 6. 1960 (Peaslee, Bd. 1, S. 123 f.) genannt, das dem Statut der neuen Organisation beigefügt ist und das u. a. von der Auflösung der Caribbean Commission handelt.

Die zu dieser Gruppe gehörenden Endigungsursachen, wie z. B. die nachträgliche objektive Unmöglichkeit der Erfüllung, die gewohnheitsrechtliche Nichtbeachtung des Vertrages oder der Rücktritt vom Vertrag wegen wesentlicher Veränderung der umstände[479], haben für das Recht der Organisationen kaum Bedeutung erlangt[480].

Wenn nicht von der Nachfolgeorganisation das gesamte Vermögen übernommen wird[481], schließt sich an den Rechtsakt der Auflösung ein Liquidationsverfahren an[482]. Dieses Verfahren, das bei der Auflösung größerer internationaler Organisationen durch einen Liquidationsausschuß betrieben wird[483], hat u. a. die Aufgabe, alle Verbindlichkeiten der Organisation zu erfüllen, die ausstehenden Mitgliedsbeiträge einzutreiben bzw. über diese Beiträge Abwickelungsregelungen anderer Art festzusetzen[484], einen Pensionsfond für die ehemaligen Beamten der Organisation anzulegen[485] und über das vorhandene bewegliche und unbewegliche Eigentum zu verfügen[486].

Wenn die Abschlußbilanz einen Guthabenüberschuß ausweist, wird dieser den zum Auflösungszeitpunkt vorhandenen Mitgliedstaaten in

---

[479] Berber, a. a. O., Bd. 1, S. 454 ff.

[480] Die von Kelsen vertretene Ansicht, daß die Auflösung des VB nicht auf einem Rechtsakt beruhte, sondern tatsächlicher Natur gewesen sei, läßt die Frage entstehen, ob eine langjährige Unterbrechung der Tätigkeit der Organisation, die auf einer Nichtanwendung der Satzung durch die Mitglieder beruht, die vertragliche Bindung der Mitgliedstaaten nach dem Effektivitätsgrundsatz aufgehoben hat. S. dazu unten S. 122 f.

[481] Wie z. B. nach Art. 16 der Satzung der Caribbean Organization vom 21. 6. 1960 (Peaslee, Bd. 1, S. 130).

[482] Ein solches Verfahren ist in zahlreichen Regelungen in den Satzungen vorgesehen, wie z. B. in Nr. 54 der Satzung des International Hydrographic Bureau von 1950 (Peaslee, Bd. 2, S. 1203 ff.).

[483] So wurde für die Liquidation des VB ein „Liquidation Board" eingesetzt, s. Myers, a. a. O., S. 320 ff.; nach Art. 14 der Satzung der European Organization for Nuclear Research vom 1. 7. 1953 (Peaslee, Bd. 1, S. 651) ist der Gastgeberstaat des Sitzes der Organisation für die Durchführung der Auflösung verantwortlich.

[484] Für den VB s. Board of Liquidation, Final Report Distribution of Assets, abgedruckt bei Aufricht, Guide to League of Nations Publications, S. 683 ff.

[485] So wurde für die ehemaligen Beamten des VB und für die Mitglieder des StIGH je ein Pensionsfonds gebildet, der von der ILO verwaltet wird, s. Resolution for the Dissolution of the League of Nations, a. a. O., Ziffer 16 und 18, abgedruckt bei Aufricht, a. a. O., S. 624 ff.; in Art. 54 Satzung des International Hydrographic Bureau ist ausdrücklich eine Gehaltsregelung angeführt.

[486] Der Grundbesitz des VB in der Schweiz wurde auf die Organisation der Vereinten Nationen übertragen, s. Agreement Concerning the Execution of the Transfer to the United Nations of Certain Assets of the League of Nations vom 19. 7. 1946, UNTS 1, S. 110 ff.

Höhe der für sie festgesetzten Beitragsquoten zurückerstattet[487], oder nach anderen Gesichtspunkten verteilt, oder als Beitragsleistung dieser Staaten in den Büchern den Nachfolgeorganisationen gutgeschrieben[488].

c) Die Errichtung der neuen Organisation

Wenn Schneider ausführt, daß die Errichtung der Organisation in der Regel der Auflösung der alten Organisation zeitlich vorausgeht[489], so ist dies nur bedingt richtig. In einigen Fällen wurde zwar die Satzung der Nachfolgeorganisation vor der Auflösung unterzeichnet, sie trat aber erst nach der Auflösung in Kraft[490].

Bei der Gründung der FAO, ICAO, WHO und IRO wurde der Zeitraum zwischen der Unterzeichnung der Satzung und der Hinterlegung der Mindestzahl der erforderlichen Ratifikationsurkunden durch die Errichtung sogenannter Interimsorganisationen überbrückt, die mit der Aufgabe betraut waren, die Funktionen der erwähnten Organisationen bis zu ihrem Inkrafttreten wahrzunehmen[491]. In allen diesen Fällen lag ein besonderer Sachverhalt zugrunde. Bei der FAO, WHO und IRO erforderten die durch den Zweiten Weltkrieg gewaltig angestiegenen Aufgaben und Probleme des Ernährungs-, Gesundheits- und Flüchtlingswesens wegen der Arbeitsunfähigkeit des Völkerbundes und seiner Hilfsorganisationen eine sofortige Neurege-

---

487 S. Art. 20 der Satzung des Institute of Nutrition of Central America and Panama vom 17. 12. 1953 (Peaslee, Bd. 1, S. 763 ff.).

488 Für die Auflösung des VB und für die Übertragung von Guthaben in die Beitragsbücher der OVN s. Resolution No. 250 of the Third Session of the United Nations, UN Doc. A/810, Dec. 1948, S. 143 ff., abgedruckt bei Aufricht, a. a. O., S. 644 ff. Eine solche Regelung fand im Nachfolgesachverhalt Völkerbund — Vereinte Nationen statt, s. Resolution No. 250 of the Third Session of the U. N., UN Doc. A/810, Dec. 1948, s. Aufricht, a. a. O., S. 644 ff.

489 Schneider, a. a. O., S. 86.

490 Es kommt somit darauf an, was unter „Errichtung der neuen Organisation" verstanden wird. Die Satzungen treten in der Regel erst dann in Kraft, wenn eine bestimmte Anzahl von Unterzeichnerstaaten die Satzung ratifiziert hat, s. z. B. Art. 15 der UNESCO-Satzung, nach der für das Inkrafttreten der Satzung 20 Ratifikationen notwendig waren, s. Peaslee, Bd. 2, S. 1809. So wurde das Institut für internationale Geistige Zusammenarbeit am 18. 4. 1946 aufgelöst, die Satzung der UNESCO trat aber erst am 4. 11. 1946 in Kraft, s. UNYB 1946/47, S. 717 ff., und Peaslee, Bd. 2, S. 1799; die Internationale Luftfahrtkommission wurde 1946 aufgelöst, die Satzung der ICAO trat am 4. 4. 1947 in Kraft, s. Riese, Luftrecht, S. 34, und McNair, The Law of the Air, S. 2, die Gesundheitsorganisation des VB wurde am 16. 10. 1946, das Office International d'Hygiène Publique wurde ab 1. 1. 1947 aufgelöst, die Satzung der WHO trat aber erst am 7. 4. 1948 in Kraft, s. UNYB 1948/49, S. 1034.

491 UNYB 1946/47, S. 685; 724 f.; 791; 806 ff.

lung[492]. Deshalb waren die Aufgaben dieser Interimsorganisationen doppelter Natur. Sie richteten sich auf Erhaltung und Förderung der schon geleisteten Arbeit und bereiteten das Inkrafttreten der neuen Organisation vor. Ähnliches gilt für die Interimsorganisation der ICAO[493].

Diese Interimsorganisationen genügen nicht der im ersten Teil angeführten Definition einer internationalen Organisation[494], denn sie wurden nicht für eine bestimmte Dauer errichtet. Es handelt sich bei ihnen um zeitlich eng begrenzte, unter einer auflösenden Bedingung geschlossene internationale Gebilde, die nur im Zusammenhang mit der eigentlichen Organisation gesehen werden können und dürfen[495]. Dahm führt in diesem Zusammenhang aus, daß es sich um „vorläufige Sonderregelungen mit dem Effekt der vorzeitigen Inkraftsetzung des Vertrages" handele[496]. Rein formal betrachtet liegt jeweils ein Nachfolgesachverhalt zwischen ihnen und den Organisationen, die sie vorbereiten, vor. Dies ergibt sich aus der ausdrücklichen Regelung ihrer Beendigung, der Übernahme ihrer Funktionen, der Aktiven und Verbindlichkeiten[497].

Die Interimsorganisationen wurden von den Gründerstaaten zum Abschluß gewisser völkerrechtlicher Abkommen ermächtigt, insbesondere zu solchen Vereinbarungen, die Regelungen über die Nachfolge der aufgelösten Vorgängerorganisation enthielten[498]. Sie be-

---

[492] WICHARZ, a. a. O., S. 1 ff.; DISCHLER, Weltgesundheitsorganisation, S. 1 ff.; SCHÄTZEL/VEITER, Handbuch des internationalen Flüchtlingsrechts, S. 245 ff.

[493] UNYB 1946/47, S. 723 ff.; LE GOFF, Manuel De Droit Aérien, S. 153 ff.; Das Provisional Committee der International Organization of Legal Metrology ist keine Interimsorganisation. Dieses im Jahre 1937 eingesetzte Komitee sollte nur die neue Organisation vorbereiten, nicht aber funktionsunfähigen bestehenden Organisationen Funktionen übernehmen; es diente also nicht der Kontinuitätswahrung, sondern nur der Gründungserleichterung, s. VELLAS, The International Organization of Legal Metrology, in Clunet 87 (1960), S. 9 ff.

[494] S. oben S. 11.

[495] Auch HAHN, a. a. O., S. 175, scheint davon auszugehen, daß es sich nicht um gesonderte Nachfolgefälle handelt, wenn die Interimsorganisationen ihre Funktionen und ihr Vermögen auf die endgültigen Organisationen übertragen.

[496] DAHM, a. a. O., Bd. 3, S. 80.

[497] S. Art. 26 FAO-Satzung (UNYB 1946/47, S. 697), Art. 7 des Interim Agreement on International Civil Aviation (HUDSON, International Legislation, Bd. 9, S. 162), Ziffer 11 des Agreement Concluded by the Governments Represented at the International Health Conference (UNYB 1946/47, S. 801 f.), Ziffer 8 des Agreement on Interim Measures to be taken in respect of Refugees and Displaced Persons (UNYB 1946/47, S. 820).

[498] S. das Abkommen zwischen der OVN und der Interimskommission der ICAO, UNYB 1946/47, S. 741 ff., und die Genehmigung durch die ICAO.

saßen somit in den Grenzen der ihnen übertragenen Befugnisse Völkerrechtsfähigkeit. Der Aufbau dieser zwischenstaatlichen Gebilde war zweigliedrig; er bestand aus einer Kommission und einem Sekretariat[499].

d) Die Übertragung der Funktionen, Rechte und Pflichten

Die Übertragung ist der dritte Sachkomplex des Ablösungsvorgangs. Auf ihn ist im folgenden einzugehen.

2. Regelungen in den Satzungen

a) Regelungen, die sich mit einer zukünftigen Übertragung befassen

Die Satzungen der Organisationen enthalten selten Vorschriften, die sich mit einer zukünftigen Übertragung von Funktionen und Vermögen befassen.

Art. 17 der Satzung des International Bureau of Education vom 25. Juli 1929 bestimmt in Satz 2, daß im Fall der Auflösung der Rat (Council) die Kontinuität der in Angriff genommenen Aufgaben sicherstellen soll[500].

Nach Art. 16 Abs. 2, Satz 3 der Satzung des Inter-American Institute of Agricultural Sciences vom 10. Juli 1958 soll im Fall der Auflösung der Governing Board der Pan-American Union den Status des Instituts bestimmen[501].

Eine sehr ausführliche Kontinuitätsregelung findet sich in Art. 20 Abs. 4 (c/d) der Satzung des International Tin Council vom 24. Juni 1960. Es heißt dort[502]:

(c) If a body is created to succeed the Council, the Council shall transfer its archives, statistical material and such other documents as the Council may determine to such successor body and may by a distributed two-thirds majority transfer all or any of its remanining assets to such successor body.

(d) If no successor body is created:

(i) the Council shall transfer its archives, statistical material and any other documents to the Secretary-General of the United Nations or to any international organization nominated by him or in failing such nomination, as the Council may determine;"

Art. 20 sieht deshalb keine Übertragung von Schulden vor, weil diese vorher nach Art. 20 Abs. 4 in einem Liquidationsverfahren zu tilgen sind.

---

[499] Hudson, a. a. O., Bd. 9, S. 157 ff.; UNYB 1946/47, S. 685, 724 f.; 791 und 806 ff.

[500] Peaslee, Bd. 2, S. 977.

[501] Peaslee, Bd. 1, S. 871.

[502] Peaslee, Bd. 2, S. 1464.

Die genannten Vorschriften gehen alle von dem Fall aus, daß die eigene Organisation aufgelöst wird. Demgegenüber beschäftigt sich Art. 11 Abs. 2 der Satzung der UNESCO vom 16. Februar 1945 mit einer möglichen Übertragung von Funktionen und Vermögen von einer anderen Organisation auf die UNESCO. Die Bestimmung lautet[503]:

„In allen Fällen, in denen die Generalkonferenz der Organisation und die zuständigen Stellen einer zwischenstaatlichen Sonderorganisation oder -Institution, deren Ziele und Aufgaben in den Zuständigkeitsbereich der Organisation fallen, es für wünschenswert halten, ihre Hilfsmittel und Aufgaben dieser Organisation zu übertragen, kann der Generaldirektor vorbehaltlich der Zustimmung der Generalkonferenz für beide Teile annehmbare Abmachungen zu diesem Zweck treffen."

Eine ähnliche Vorschrift, die aber nicht nur wie Art. 11 der UNESCO-Satzung zur Führung von Übernahmeverhandlungen ermächtigt, sondern in die Übernahme von Funktionen und Vermögen durch ein Organ der internationalen Organisation einwilligt, ist in Art. 27 Abs. 5 des International Sugar Agreement enthalten. Diese Bestimmung lautet in der Fassung vom 1. Oktober 1953[504]:

„The Council is authorised, after consultation with the International Sugar Council established under the International Agreement regarding the Regulation of Production and Marketing of Sugar signed in London, May 6, 1937, to accept the records, assets and liabilities of that body."

b) Regelungen, die sich mit einer erfolgten Übertragung befassen

Die in diesem Zusammenhang wichtigsten Bestimmungen sind Art. 36 Abs. 5 und 37 des Statuts des Internationalen Gerichtshofs[505]. Sie werden bei der Darstellung der Entscheidungen internationaler Gerichte besprochen werden[506].

Außer dem IGH-Statut enthalten noch zwei weitere Satzungen Vorschriften, die sich mit einer erfolgten bzw. unmittelbar vorzunehmenden Übertragung befassen. Die Präambel und Art. 1 der Satzung

---

[503] V. d. BRD., Bd. 1, S. 395 f.; ähnliche Regelungen enthalten die Satzungen der WHO, WMO, der Intergovernmental Maritime Consultative Organization und das Intergovernmental Committee for European Migration. Art. 72 der WHO-Satzung, Peaslee, Bd. 2, S. 1891; Art. 26 (c) der WMO-Satzung, Peaslee, Bd. 2, S. 1911; Art. 49 der Satzung der Intergovernmental Maritime Consultative Organization, Peaslee, Bd. 1, S. 911; Art. 31 der Satzung des Intergovernmental Committee for European Migration, Peaslee, Bd. 1, S. 899.

[504] UNTS Bd. 258, S. 188.

[505] Peaslee, Bd. 2, S. 1131 f.

[506] S. unten S. 126 und S. 130.

der European and Mediterranean Plant Protection Organization vom 18. April 1951 (rev. am 27. 4. 1955) bestimmt[507]:

„The Governments ... desiring to continue and extend the work formerly done in this field by the International Committee for the Control of the Colorado Beetle and by the European Working Party on Infestation Control, have agreed as follows:

Art. 1 Organization. There shall be established a European and Mediterranean Plant Protection Organization (...), which takes over the assets and liabilities of the above-mentioned Committee and Working Party."

Bei der zweiten Vorschrift handelt es sich um Art. 16 der Satzung der Caribbean Organization vom 21. Juni 1960. Sie lautet[508]:

„Transfer of Assets and Liabilities of the Caribbean Commission. With effect from the termination or the Agreement for the Establishment of the Caribbean Commission under Article 4 of the Agreement to which this Statute is annexed, the Organization, as the successor body of the Caribbean Commission, is authorized to take over all the assets and shall assume all the liabilities of the Caribbean Commission."

In beiden Bestimmungen werden nur die Aktiva und Passiva des Vermögens, nicht die Funktionen übertragen. Eine Übertragung der Funktionen kann aber einmal aus dem Wortlaut der Präambel der Satzung der European and Mediterranean Plant Protection Organization und aus der Präambel, Abs. 3, der Satzung der Caribbean Organization entnommen werden[509].

3. Regelungen außerhalb der Satzungen

In den meisten Fällen, in denen eine Übertragung von Funktionen, Rechten und Pflichten stattfand, beruhte dieser Übergang auf einer besonderen vertraglichen Übereinkunft der an dem Übertragungsakt beteiligten Organisationen und Mitgliedstaaten. Die wichtigsten Beispiele für solche Abkommen sind:

die zahlreichen Verträge zwischen dem Völkerbund und den Vereinten Nationen[510],

die Übereinkunft zwischen der IMO und der WMO[511],

zwischen der UNRRA und den Vereinten Nationen[512],

sowie zwischen dem Office International d'Hygiène Publique und der WHO[513].

---

507 PEASLEE, Bd. 1, S. 393.
508 PEASLEE, Bd. 1, S. 130.
509 PEASLEE, Bd. 1, S. 125.
510 UNTS Bd. 1, S. 109, 131, 135; Bd. 4, S. 433, 449; Bd. 5, S. 389, 395.
511 PARRY, a. a. O., S. 497.
512 UNTS Bd. 27, S. 348 ff.; UNYB 1946/47, S. 791, 807.
513 UNTS Bd. 9, S. 33 ff.

Die internationale Praxis kennt auch Übertragungsabkommen, die nur zwischen den Mitgliedstaaten abgeschlossen wurden, wie z. B. das Agreement for the Establishment of the Caribbean Organization vom 21. Juni 1960, das in Art. 3 die Übertragung des gesamten Vermögens der Caribbean Commission auf die Caribbean Organization vorsieht[514]. Weitere Beispiele sind Nr. 8 der international Wool Study Group, Terms of Reference, adopted at the first meeting von 1947[515] und das Supplementary Protocol to the Convention Regarding the Regime of Navigation on the Danube vom 18. August 1948[516]. Die letztgenannte Regelung wird im Zusammenhang mit der Darstellung der Belgrader Donaukonferenz von 1948 besprochen werden[517].

Die Funktionen, Rechte und Pflichten, die Gegenstand der Übertragung sind, werden in der Regel nicht einzeln, sondern en bloc oder nach ihrem Inhalt in Gruppen gegliedert, in den Abkommen zur Übertragung aufgeführt[518]. So wurden zum Beispiel die nichtpolitischen Funktionen des Völkerbundes auf die Vereinten Nationen übertragen[519]. Der ungenaue Begriff „nichtpolitische Funktionen" hat später im Südwest-Afrika-Fall zu Meinungsverschiedenheiten über diese Bezeichnung und über den Umfang der Übertragung geführt[520].

Den Übertragungsabkommen geht regelmäßig der Übertragungsbeschluß der Vorgängerorganisation und der Übernahmebeschluß der Nachfolgeorganisation voraus[521]. Diese verbandsinternen Rechtsakte stehen in engem Zusammenhang, da die gleichen Mitgliedstaaten in überwiegender Mehrheit an beiden Beschlüssen beteiligt sind. Der gesamte Übertragungsvorgang bildet, wie es Jessup in bezug auf die Mandatserrichtung ausdrückt, „a chain of title"[522], d. h. einen „komplexen Akt", dessen einzelne Teilakte, der Übertragungs- und Übernahmebeschluß, sowie die Übertragungsabkommen im Sinnzusammenhang des Gesamtvorgangs betrachtet werden müssen[523].

---

514 Peaslee, Bd. 1, S. 123.

515 Peaslee, Bd. 2, S. 1562.

516 Peaslee, Bd. 1, S. 388.

517 S. unten S. 121 ff.

518 Schneider, a. a. O., S. 92.

519 UNYB 1946/47, S. 110 ff.; Aufricht, a. a. O., S. 611 ff.

520 S. unten S. 124 ff.

521 Für den VB und die OVN s. die Resolution for the Dissolution of the League of Nations, a. a. O., S. 269 ff., und den Übernahmebeschluß der OVN vom 12. Februar 1946, in UNYB 1946/47, S. 110 ff.

522 Jessup, in ICJ Reports 1962, S. 393.

523 Vgl. dazu die in Inhalt und Wortlaut weitgehend gleichlautenden Beschlüsse des VB und der OVN, die den verschiedenen Übertragungsabkommen als Grundlage dienten, s. Aufricht, a. a. O., S. 597 ff.

4. Die Praxis der Staaten und der internationalen Organisationen

Organisation der Vereinten Nationen

Die Satzung des Völkerbundes, die am 28. Juni 1919 in Versailles unterzeichnet wurde (in Kraft ab 10. 1. 1920), enthielt in ihren Bestimmungen keine Auflösungsregelung[524]. Am 18. April 1946 beschloß die letzte Völkerversammlung einstimmig[525], die Organisation mit Wirkung vom 19. April 1946 aufzulösen[526].

Die Frage der Gründung einer neuen Organisation oder der Revision des Völkerbundes wurde in der öffentlichen Meinung schon während des Zweiten Weltkrieges im Sinne der ersten Alternative beantwortet, denn man sah in dem Mangel der Universalität des Völkerbundes eine der Hauptursachen, die zu seinem Scheitern führte. Andererseits sprachen aber manche organisatorische Gesichtspunkte für seine Weiterführung[527]. Schon die Vorschläge auf der Konferenz von Dumbarton Oaks im Jahre 1944 gingen von der Bildung einer neuen Organisation aus[528]. Auf der United Nations Conference on International Organization in San Francisco im Jahre 1945 stand somit nur noch das Problem einer gewissen Überleitung zur Debatte[529].

Am 26. Juni 1945 wurde die Satzung der Organisation der Vereinten Nationen in San Francisco unterzeichnet. Sie trat am 24. Oktober 1945 in Kraft[530].

In der Charta der Vereinten Nationen ist keine Bestimmung enthalten, die eine Übernahme von Funktionen oder Vermögen des Völkerbundes regelt. Auf Grund folgender Sukzessionstitel wurden die „technischen und nichtpolitischen Funktionen des Völkerbundes“[531] sowie ein Teil seines Vermögens auf die Organisation der Vereinten Nationen übertragen:

Die wichtigsten Übernahmebeschlüsse der Vollversammlung der Vereinten Nationen erfolgten am 12. Februar 1946, 7. Dezember 1946

[524] RGBl 1919, S. 717 ff.

[525] Von den 44 Mitgliedern des VB waren 35 auf der Konferenz anwesend, s. Myers, a. a. O., S. 330.

[526] Resolution for the Dissolution of the League of Nations, a. a. O., S. 269 ff.

[527] Barandon, a. a. O., S. 7 ff.; Goodrich/Hambro, a. a. O., S. 3 ff.; Goodspeed, The Nature and Function of International Organization, S. 78 ff.

[528] Goodrich/Hambro, a. a. O., S. 6 ff.

[529] UNYB 1946/47, S. 21 ff.

[530] UNYB 1946/47, S. 33 ff.; s. auch die vergl. Darstellung des VB und der OVN bei Berenstein, La Charte des Nations Unies et le Pacte de la S. d. N., in FW 45 (1945), S. 393 ff.

[531] UNYB 1946/47, S. 110 ff.

und 14. Dezember 1946[532]. Auf der Seite des Völkerbundes ist der Übertragungsbeschluß vom 18. April 1946 bedeutsam[533].

Die wichtigsten Übertragungsabkommen, die den erwähnten Beschlüssen folgten, wurden bereits angeführt[534].

In der Völkerrechtslehre wird überwiegend auf Grund des Inhalts der genannten Sukzessionstitel die Auffassung vertreten, daß insoweit eine auf Vertrag beruhende Teilnachfolge eingetreten ist[535].

Demgegenüber wird von Jiménez de Arechaga und Lalive die Ansicht geäußert, daß die Vereinten Nationen in vollem Umfang die Nachfolge des Völkerbundes angetreten haben, da beide Organisationen Organe der allgemeinen Staatengemeinschaft seien[536]. Nach ihnen sei die Organisation der Vereinten Nationen an die Stelle des Völkerbundes als Mittelpunkt der Koordination der internationalen zivilisierten Staatengemeinschaft getreten.

Diese Auffassung ist unhaltbar, denn bei der Organisation der Vereinten Nationen und dem Völkerbund handelt es sich nur um Teile der organisierten Staatengemeinschaft, und außerdem hat die Organisation der Vereinten Nationen niemals den Anspruch erhoben, Gesamtnachfolgerin des Völkerbundes zu sein[537].

Internationaler Gerichtshof

Die Rechtsgrundlagen für den Bestand und die Aufgaben des Ständigen Internationalen Gerichtshofs (StIGH) beruhten auf Art. 14 der

---

532 Abgedruckt bei AUFRICHT, a. a. O., S. 611 ff.

533 Dieser ist nicht mit dem Auflösungsbeschluß zu verwechseln, AUFRICHT, a. a. O., loc. cit.

534 S. oben S. 105 Anm. 510.

535 BERNHARDT, a. a. O., S. 297; HAHN, a. a. O., S. 193; MYERS, a. a. O., S. 320 ff.; WALTERS, a. a. O., Bd. 2, S. 811 f.; WEISSBERG, a. a. O., S. 38 ff.; WOOD, The Dissolution of the League of Nations, in BYIL 23 (1946), S. 317.

536 JIMÉNEZ ARECHAGA, a. a. O., S. 474; LALIVE, a. a. O., S. 1265 und 1269; s. die Literatur oben S. 23; sowie die Ausführungen zu den Entscheidungen des IGH in den Fällen über den Internationalen Status von Südwest-Afrika, über das Abstimmungsverfahren in Fragen von Berichten und Petitionen betreffend Südwest-Afrika und über die Zulassung von Petenten zur Anhörung durch den Ausschuß für Südwest-Afrika, s. unten S. 124 f.

537 Zum Verhältnis VB — OVN und zur Rechtsnatur der beiden Organisationen s. BARANDON, a. a. O., S. 7; DAHM, a. a. O., Bd. 2, S. 142; CHEEVER, Organizing for Peace, S. 52; v. FREYTAGH-LORINGHOVEN, Die Satzung des Völkerbundes, S. 9 ff.; HOFFMANN, Organisations Internationales et Pouvoirs Politiques Des Etats, S. 265 ff.; LEIBHOLZ, Zur gegenwärtigen Lage des Völkerrechts, in Arch VR 1 (1948), S. 417; MÜNCH, Vereinte Nationen, in WVR, Bd. 3, S. 494, sowie die auf S. 23 angegebene Literatur; JAHRREISS, Die Fortentwicklung des Völkerrechts, in Mensch und Staat, S. 247 f.; BARANDON, Völkerbund, in WVR Bd. 3, S. 601; DE VINK, Het Einde van het Lidmaatschap van den Volkenbond, Diss. Utrecht, S. 112 f.

Völkerbundsatzung und auf dem Statut des StIGH, das am 16. Dezember 1920 unterzeichnet wurde und am 2. September 1921 in Kraft trat[538]. Im formellen Sinn war der StIGH zwar nicht ein Organ des Völkerbundes, trotzdem kann er aber als dessen „justizielle Institution" angesehen werden[539]. Die Auflösung des StIGH erfolgte am 18. April 1946 durch einen Beschluß der letzten Völkerbundsversammlung, also am gleichen Tage wie die Auflösung des Völkerbundes selbst[540].

Die Rechtsgrundlagen für die Errichtung, Organisation, Zuständigkeit und Verfahren des Internationalen Gerichtshofs (IGH), der zu den Hauptorganen der OVN zählt, sind in der Satzung der OVN und dem Statut des IGH enthalten, die beide von der Gründungsversammlung der OVN am 26. Juni 1945 unterzeichnet wurden und am 24. Oktober 1945 in Kraft traten[541].

Die Funktionen des StIGH wurden nicht durch ausdrückliche Vereinbarung auf den IGH übertragen[542]. Das Statut des IGH lehnt sich aber eng an das Statut des StIGH an[543]. Richterzahl und Amtsdauer sind gleich. Wurde die Richterwahl beim StIGH durch die Völkerbundsversammlung und den Völkerbundsrat vorgenommen, so erfüllen diese Aufgaben beim IGH die Vollversammlung und der Sicherheitsrat der OVN[544]. Die Auflösung des alten und die Gründung des neuen Gerichtshofs waren nicht so sehr eine juristische als eine politische Notwendigkeit[545]. Die Sowjetunion zählte nie zu den

---

538 LNTS, Bd. 6, S. 390 ff.; für die Entstehungsgeschichte sei von den zahlreichen Veröffentlichungen Hudson, La Cour Permanente De Justice Internationale, S. 99 ff., genannt.

539 Dahm, a. a. O., Bd. 2, S. 471; Göppert, a. a. O., S. 355 ff.; Hudson, a. a. O., S. 119, spricht von: „... organe judiciaire de la Société des Nations ..."

540 Resolutions Adopted on the Reports of the First Committee of the League of Nations Assembly, Official Journal, Special Supplement, No. 194, 1946, S. 269 ff.; Hudson, The Succession of the International Court of Justice to the Permanent Court of International Justice, in AJIL 51 (1957), S. 569 ff.; Rosenne, a. a. O., S. 26 f.

541 UNYB 1946/47, S. 33 ff.; Rosenne, a. a. O., S. 18 ff.; Thévenaz, La nouvelle Cour internationale de Justice, in FW 45 (1945), S. 407.

542 Rosenne, a. a. O., S. 26 ff.

543 Russel/Muther, A History of the United Nations Charter, S. 864 ff.; Korowicz, a. a. O., S. 220 ff.

544 Art. 4—15 Statut des StIGH, LNTS Bd. 6, S. 391 ff.; Art. 4—15 Statut des IGH, UNYB 1946/47, S. 843 ff.; s. auch die Reglements des StIGH vom 11. 3. 1936 und des IGH vom 6. 5. 1946; Hudson, a. a. O., Bd. 7, S. 226, und Bd. 9, S. 529; sowie Kelsen, a. a. O., S. 466.

545 Rosenne, a. a. O., S. 31; Oppenheim/Lauterpacht, a. a. O., Bd. 2, S. 47; Report of the Informal Inter-Allied Committee on the Future of the P.C.I.J., in AJIL 39 (1945), Supplement, S. 1 ff.; Anand, Compulsory Jurisdiction of the International Court of Justice, S. 5, Anm. 5.

Parteien, die dem Statut des StIGH angehörten, und die Vereinigten Staaten waren ihm erst im Jahre 1929 unter Vorbehalten beigetreten[546].

Als Rechtsgrundlagen, auf die eine Kontinuität der Funktionen des StIGH bzw. der Rechte und Pflichten der Mitgliedstaaten gestützt werden könnte, kommen Art. 92 Satz 2 der OVN-Satzung und Art. 36 Abs. V und 37 des Statuts des IGH vom 24. Oktober 1945 in Betracht. Art. 36 und 37 werden im Zusammenhang mit der Erörterung der Entscheidungen des IGH besprochen werden[547]. Art. 92 Satz 2 hat folgenden Wortlaut[548]:

„Er (= der IGH) nimmt seine Aufgaben nach Maßgabe der beigefügten Satzung wahr, die auf der Satzung des Ständigen Internationalen Gerichtshofs beruht und Bestandteil dieser Charta ist."

Eine Erklärung zu Art. 92 enthält der Summary Report des Komitee IV/1 der United Nations Conference on International Organization (UNCIO) in San Francisco, der sich mit der Auflösung des StIGH und der Gründung des IGH befaßt[549]:

„The view was expressed that the proposal merely states a historical fact and might give rise to confusion. Others thought that in view of the general desire to perpetuate the jurisprudence of the old Court, and of the number of delegations which favoured legal continuity of the old Court, the paragraph was desirable."

Read führt in seinem Sondervotum zum Rechtsgutachten des IGH betreffend die Auslegung der Friedensverträge mit Bulgarien, Rumänien und Ungarn zu Art. 92 aus[550]:

„The provisions of Article 92 of the Charter disclose the intention of the United Nations that continuity should be maintained between the Permanent Court of International Justice and this Court. There can be no doubt that the United Nations intended continuity in jurisprudence as well as in less important matters."

Dahm erklärt, daß der IGH nur der Form nach als ein neues Gericht zu betrachten sei, ein Zusammenhang, den auch Art. 92 deutlich hervortreten lassen würde. Man dürfe den IGH soweit als Rechtsnachfolger des StIGH betrachten[551].

Wie sich aus dem Summary Report des Komitee IV/1 ergibt, handelt es sich bei Art. 92 um eine Kompromißformel, die der historischen

---

[546] Rosenne, The World Court, S. 25; dergl., The Time Factor in the Jurisdiction of the International Court of Justice, S. 76 ff.

[547] S. unten S. 126 und S. 130.

[548] Schätzel, a. a. O., S. 42; UNYB 1946/47, S. 841.

[549] UNCIO, Document 615, IV/1/45, S. 1.

[550] Read, Interpretation of Peace Treaties with Bulgaria, Hungary and Roumania, IGH 1950, S. 232 f.

[551] Dahm, a. a. O., Bd. 2, S. 474.

Auslegung bedarf. Es ist Berber, Kelsen und Rosenne zuzustimmen, daß Art. 92 keine Bestimmung über die Nachfolge darstellen will[552].

Internationale Zivilluftfahrtorganisation

Die Internationale Luftfahrtkommission (CINA) wurde am 11. Juli 1922 gegründet[553]. Das Comité International Technique D'Experts Juridiques Aériens (CITEJA), gegründet in Ausführung einer Empfehlung der First International Conference on Private Air Law im Jahre 1925 in Paris[554], war gegenüber der CINA, die eine internationale Organisation unter der Oberaufsicht des Völkerbundes darstellte[555], ein zwischenstaatlicher Ausschuß von Sachverständigen, der sich mit der Ausarbeitung des internationalen privatrechtlichen Luftrechts befaßte[556].

Am 7. Dezember 1944 wurden auf der Konferenz von Chicago die Abkommen über die Provisional International Civil Aviation Organization (PICAO) und über die Internationale Zivilluftfahrtorganisation (ICAO) unterzeichnet[557]. Der Vertrag über die PICAO

---

[552] BERBER, a. a. O., Bd. 3, S. 64 f., führt aus, daß es sich bei dem IGH um eine Neugründung unter Wahrung weitestgehender faktischer, wenn auch nicht rechtlicher Kontinuität handelt; KELSEN, a. a. O., S. 465; ROSENNE, The International Court of Justice, S. 31; ähnlich auch BARANDON, a. a. O., S. 61 ff.; KOROWICZ, a. a. O., S. 220; OPPENHEIM/LAUTERPACHT, a. a. O., Bd. 1, S. 440; HAMBRO, The Relations between the International Court of Justice and International Organizations, in The Western Political Quarterly 3 (1950), S. 326; COT, Affaire relative à l'incident aérien du 27 juillet 1955, in AF 5 (1959), S. 309; O'CONNELL, a. a. O., Bd. 1, S. 458; KISS, a. a. O., S. 447 ff.; HAHN, a. a. O., S. 194 ff.; CHEEVER, a. a. O., S. 332 ff.; VAN DEN BOSCH/HOGAN, a. a. O., S. 265 ff.; FASCHING, Die Aufgaben der internationalen und übernationalen Gerichtsbarkeit, in Öster. ZöR 10 (1960), S. 179; WEHBERG, Der Internationale Gerichtshof, S. 21 ff.; LAUTERPACHT, The Development of International Law by the International Court, S. 11, schreibt von „... continuity of jurisprudence"; und früher auf S. 3 vom IGH als „continuation of the former (Court)".

[553] Dies geschah nach Art. 34 des Pariser Luftverkehrsabkommens vom 13. 10. 1919, s. LNTS, Bd. 11, S. 173 ff. und die Darstellung bei RIESE, a. a. O., S. 79.

[554] HAHN, a. a. O., S. 177.

[555] Es heißt in Art. 34: „... placée sous l'autorité de la Société des Nations ...". Diese Bestimmung sollte Art. 24 der VB-Satzung genügen, der von einer Unterordnung aller künftig gebildeten internationalen Stellen sprach; s. MEYER, Freiheit der Luft als Rechtsproblem, S. 53; JENNINGS, Some Aspects of the International Law of the Air, in RdC 75 (1949 II), S. 516 ff.

[556] Über die Einteilung in privates und öffentliches internationales Luftrecht und über die Schwierigkeit einer solchen Grenzziehung s. RIESE, a. a. O., S. 14.

[557] UNYB 1946/47, S. 723.

trat am 6. Juni 1945, die Satzung der ICAO am 4. April 1947 in Kraft[558].

Bei den Vorbesprechungen über ein neues Luftfahrtabkommen und auf der Konferenz von Chicago wurde auch die Frage behandelt, was mit der Internationalen Luftfahrtkommission geschehen sollte[559]. Es gab zwei Alternativen: die Kommission auszubauen und in ihrem Mitgliederkreis zu erweitern, besonders die USA einzubeziehen, oder die Kommission aufzulösen und eine neue internationale Organisation zu gründen. Wie schon beim Ablösungssachverhalt des StIGH und IGH deutlich wurde, bestand damals die Neigung zu Neugründungen. Nicht zuletzt durch die USA scheiterte der Plan, durch eine Revision die Kommission zu erhalten. Sie hat deshalb im Jahre 1946 ihre Liquidation beschlossen[560], die im Jahre 1948 beendet wurde[561]. Die Archive, ein Teil der Aktiven und Passiven, sowie die wissenschaftlichen Arbeiten wurden auf die PICAO übertragen, die das Werk der Kommission fortführte[562]. Die beste Garantie der Kontinuität wurde durch die Wahl des Franzosen Roper zum Generalsekretär der PICAO geschaffen, weil dieser erfahrene Luftrechtsfachmann zuletzt Generalsekretär der Kommission war[563].

Die Konferenz von Chicago sprach sich in ihrer Schlußakte für die Aufrechterhaltung der CITEJA aus. Sie befürwortete lediglich eine Koordination ihrer Tätigkeit mit der ICAO[564]. Doch planten die Staaten später eine Zentralisation aller internationalen Luftfahrtangelegenheiten in der Hand der ICAO. Die CITEJA beschloß im November 1946 ihre Auflösung. Ihre Aufgaben wurden von dem Rechtsausschuß der ICAO übernommen. Die CITEJA wurde in die Liquidation überführt, ihre Akten und Archive auf die ICAO übertragen[565].

Als Rechtsgrundlagen für die beiden Übertragungen kommen Art. 80 der Satzung der ICAO vom 7. 12. 1944[566] und die korrespondierenden Auflösungs- und Übertragungsbeschlüsse der beteiligten

---

[558] UNYB 1946/47 loc. cit.; DISCHLER, Internationale Zivilluftfahrtsorganisation, S. 1 ff.

[559] Darstellung des Ablösungssachverhaltes bei HAHN, a. a. O., S. 175 ff., und LE GOFF, a. a. O., S. 153 ff.; JENNINGS, International Civil Aviation and the Law, in BYIL 22 (1945), S. 199 ff.

[560] RIESE, a. a. O., S. 34; MCNAIR, a. a. O., S. 2; HUDSON, a. a. O., Bd. 9, S. 168; HAHN, a. a. O., loc. cit.

[561] HAHN, a. a. O., S. 177.

[562] Ders., a. a. O., loc. cit.

[563] Ders., a. a. O., S. 175 f.

[564] LATCHFORD, Co-ordination of CITEJA with the new International Civil Aviation Organization, in Department of State Bulletin 12 (1945), S. 310 n. 2.

[565] HAHN, a. a. O., S. 177.

[566] UNYB 1946/47, S. 738.

Organisationen in Betracht[567]. Art. 80 verlangte von den Mitgliedstaaten die Kündigung der Konvention von 1919 und der Convention on Commercial Aviation von 1928[568], und bestimmte, daß die Satzung der ICAO zwischen den Vertragspartnern die beiden genannten Verträge ablöst.

Hahn führt dazu aus, daß das Fehlen von direkten Transferabkommen zwischen den beteiligten internationalen Stellen die Eigentümlichkeit dieser Übertragungen gewesen sei[569]. Hierzu soll bei der Darstellung der Völkerrechtslehre Stellung genommen werden[570].

Organisation der Vereinten Nationen für Erziehung, Wissenschaft und Kultur

Die Versammlung des Völkerbundes billigte am 23. 9. 1924 den französischen Vorschlag, ein Institut für internationale geistige Zusammenarbeit einzusetzen[571]. Das Institut wurde im Jahre 1926 eingeweiht[572]. Die letzte Völkerbundsversammlung beschäftigte sich im April 1946 auch mit dem Schicksal dieses Instituts, da es als Sekretariat einer Völkerbundskommission gedient hatte. Da die Organisation der Vereinten Nationen für Erziehung, Wissenschaft und Kultur (UNESCO) ihre Tätigkeit zu diesem Zeitpunkt noch nicht aufgenommen hatte, beschloß die Versammlung, der OVN das Eigentum an dem Institut zu übertragen. Gleichzeitig empfahl sie der OVN die Übernahme der Funktionen des Instituts[573]. Die Vollversammlung der OVN nahm am 19. November 1946 eine Resolution an, in der sie die Übernahme der Funktionen und des Vermögens des Instituts durch die UNESCO und den Abschluß eines Übertragungsabkommens zwischen dem Institut und der UNESCO empfahl[574]. Die Satzung der UNESCO wurde am 16. November 1945 unterzeichnet; sie trat am 4. November 1946 in Kraft[575].

Die Übertragung der Funktionen und des Vermögens beruhte auf den beiden erwähnten Resolutionen, auf Art. 11 Abs. 2 der

---

567 Hahn, a. a. O., S. 176 f.

568 Hudson, a. a. O., Bd. 4, S. 2354.

569 Hahn, a. a. O., S. 178.

570 S. unten S. 132 f.

571 Göppert, a. a. O., S. 657; Menzel, Die Organisation der Vereinten Nationen für Erziehung, Wissenschaft und Kultur, S. 1.

572 Kipp, UNESCO-Rechte, sittliche Grundlage, Aufgabe, S. 26.

573 Hahn, a. a. O., S. 189 f.

574 UNYB 1946/47, S. 268 f.

575 Peaslee, Bd. 2, S. 1799.

UNESCO-Satzung und auf dem Übertragungsabkommen vom 10. Dezember 1946[576].

Die Liquidation des Instituts zog sich bis zum Jahre 1956 hin.

Weltgesundheitsorganisation

Das Office Internationale d'Hygiène Publique (OIHP) wurde am 9. 12. 1907 gegründet[577]. Die Gesundheitsorganisation des Völkerbundes entstand im Jahre 1923[578].

Nach dem Scheitern des Völkerbundes ergab sich die Notwendigkeit einer Neuregelung auf universeller Grundlage. Auf der United Nations Conference on International Organization forderten schon China und Brasilien eine Weltgesundheitskonferenz. Nach Vorarbeiten eines Ausschusses, der vom Wirtschafts- und Sozialrat der OVN eingesetzt worden war, fand am 19. Juni 1946 in New York eine Weltgesundheitskonferenz statt. Auf ihr wurde die Satzung der Weltgesundheitsorganisation (WHO) unterzeichnet. Sie trat am 7. April 1948 in Kraft[579].

Auf der Weltgesundheitskonferenz wurde ein Abkommen über die Funktionen der Interimskommission der WHO[580] abgeschlossen, das eine Übertragung der Aufgaben der bestehenden Organisationen auf die Interimskommission vorsah[581]. Die Kommission übernahm nach diesem Abkommen am 16. Oktober 1946 die Aufgaben der Gesundheitsorganisation des Völkerbundes, die in Auflösung begriffen war, und ab 1. Januar 1947 abschnittsweise die Funktionen der OIHP[582]. Die

---

[576] Zu Art. 11 Abs. 2 s. oben S. 104; zum Übertragungsabkommen s. Hahn, a. a. O., S. 190; zur Ablösung allgemein s. Barandon, Die Vereinten Nationen und der Völkerbund, S. 74; Potter, An Introduction to the Study of International Organization, S. 272; Rothbarth, Entstehung und Aufgabe der UNESCO, in FW 46 (1946), S. 308; Laves/Thomson, UNESCO, Purpose, Progress, Prospects, S. 13.

[577] Dischler, a. a. O., S. 2 f.; Descamps/Renault, 1907, S. 623.

[578] Dischler, a. a. O., S. 9; Göppert, a. a. O., S. 649; Aufricht, a. a. O., S. 161; Blankenstein, L'Organisation D'Hygiène De La Société Des Nations, S. 3 ff.; League of Nations, Council Resolution of July 7, 1923, Official Journal, August 1923, S. 936, S. 1045 f.; Assembly Resolution of September 15. 1923, Official Journal, Special Supplement, Oct. 1923, S. 11.

[579] Zu diesem Zeitpunkt wurde die letzte, zum Inkrafttreten notwendige Ratifikationsurkunde hinterlegt. Die konstituierende Vollversammlung der WHO fand vom 24. 6. bis 24. 7. 1948 statt, s. UNYB 1948/49, S. 1034.

[580] UNTS Bd. 9, S. 33 ff., oder UNYB 1946/47, S. 801 f.

[581] Zur Interimskommission der WHO, s. oben S. 101 f.

[582] S. das Protocol concerning the OIHP vom 22. 7. 1946 in UNTS Bd. 9, S. 66 ff. und Hahn, a. a. O., S. 178 f.

OIHP beschloß auf ihrer Tagung vom 5. und 6. Mai 1951, ihr Arbeitsgebiet und ihre Vermögenswerte mit Wirkung vom 15. November 1951 der WHO zu übertragen.

In einem Protokoll vom 22. Juli 1946 kamen alle Vertragspartner[583] der OIHP-Satzung überein, das OIHP-Abkommen vom Jahre 1907 aufzukündigen und die Funktionen der OIHP auf die WHO zu übertragen[584].

Weltorganisation für Meteorologie

Die Internationale Organisation für Meteorologie (IMO) wurde im Jahre 1878 auf der Konferenz von Utrecht gegründet[585]. Sie war eine nichtzwischenstaatliche internationale Organisation, weil die Mitglieder nicht Staaten waren, sondern sich aus den Direktoren der staatlichen meteorologischen Anstalten zusammensetzten[586]. Der Beschluß, die IMO in eine zwischenstaatliche Organisation umzuwandeln, wurde von der IMO im Jahre 1939 gefaßt[587]. Nach dem Kriege wurde auf der Konferenz von Washington im Jahre 1947 die Satzung der Weltorganisation für Meteorologie (WMO) aufgesetzt und angenommen[588]. Die Satzung der WMO trat am 23. März 1950 in Kraft[589].

Um die Kontinuität der Arbeit sicherzustellen, wurde auf der Konferenz von Washington beschlossen, daß die IMO solange weiterbestehen sollte, bis die WMO ihre Funktionen ausüben konnte[590]. Am 15. März 1951 tagten die Direktoren auf ihrer letzten Konferenz in Paris und übertrugen die Funktionen, Aktiva und Passiva auf die WMO[591]. Im einzelnen wurde die Kontinuität durch folgende Maßnahmen gewahrt:

Art. 13 der Satzung der WMO sieht vor, daß die Direktoren der meteorologischen Ämter Mitglieder des Exekutivausschusses der WMO sind[592].

---

[583] Mit Ausnahme von Deutschland, Japan und Spanien, die aber zu einem späteren Zeitpunkt das Abkommen kündigten, s. HAHN, a. a. O., S. 178 Anm. 55.

[584] UNYB 1946/47, S. 803.

[585] PEASLEE, Bd. 2, S. 1901.

[586] BYIL 26 (1949), S. 494 ff.

[587] HAHN, a. a. O., S. 180.

[588] Die Beschreibung der Konferenz findet sich in dem Final Report of the Twelfth Conference of Directors, IMO, Washington, 1947.

[589] UNYB 1950, S. 993.

[590] UNYB 1951, S. 951.

[591] Resolution No. 32, Extraordinary Conference of Directors, Paris March 15—17, 1951, s. BYIL 26 (1949), S. 497.

[592] PEASLEE, Bd. 2, S. 1908.

Der Präsident des internationalen meteorologischen Ausschusses der IMO bereitete die erste Tagung des Weltkongresses der WMO vor[593]. Der Direktor des Sekretariats der IMO wurde zum Generaldirektor der WMO auf der Konferenz von Paris im Jahre 1951 gewählt[594].

Rechtsgrundlagen für die Übertragung sind Art. 26 (c) der WMO-Satzung[595] und die korrespondierenden Beschlüsse der IMO und WMO[596].

Caribbean Organization

Die Caribbean Commission wurde am 30. Oktober 1945 in „Washington gegründet; ihre Satzung trat am 6. August 1946 in Kraft[597]. Diese Organisation löste die Anglo-American Caribbean Commission vom 9. März 1942 ab, die zwischen den USA und England errichtet worden war, und der im Jahre 1945 Frankreich und die Niederlande beitraten[598].

Die Caribbean Commission wurde wiederum durch die Carribbean Organization ersetzt, die auf dem Agreement for the Establishment of the Caribbean Organization vom 21. Juni 1960 beruht[599]. Die Ablösung der Kommission wurde notwendig, weil die Regierungen der in der Karibischen Zone gelegenen englischen, französischen und niederländischen Besitzungen wünschten, im Rahmen einer zwischenstaatlichen Neuordnung an der Arbeit der Caribbean Commission beteiligt zu werden[600].

Als Rechtsgrundlage für die Übertragung des ganzen Vermögens der Caribbean Commission kommt Art. 16 der Satzung der Caribbean Organization und Art. 3 des Agreement for the Establishment of the Caribbean Organization in Betracht[601]. Bis zum Inkraft-

---

593 UNYB 1951, S. 952.

594 UNYB 1951, loc. cit.

595 Peaslee, Bd. 2, S. 1911.

596 Hahn, a. a. O., S. 180.

597 Caribbean Organization, in International Organization 15 (1961), S. 315 f. (ohne Autor); Peaslee, Bd. 1, S. 121; UNTS Bd. 27, S. 77 ff.

598 Zu dieser Ablösung s. Stockdale, The Work of the Caribbean Commission, in International Affairs 23 (1947), S. 213 ff.; Peaslee, loc. cit.

599 Peaslee, Bd. 1, S. 123 f. und S. 125 f.

600 So heißt es im zweiten Absatz in der Präambel des Statuts: „Whereas since the establishment of the Caribbean Commission significant constitutional and economic changes have taken place in the area, and the peoples concerned have expressed their desire to accept increased responsibility in solving the problems of the area ...“; Peaslee, Bd. 1, S. 125; s. auch Caribbean Organization, a. a. O., S. 315 f.

601 Peaslee, Bd. 1, S. 130; sowie Art. 3 des Agreement for the Establishment of the Caribbean Organization, s. oben S. 106 der Wortlaut von Art. 16 ist oben auf S. 105 wiedergegeben.

treten der neuen Satzung wurde der Generalsekretär der Caribbean Commission ermächtigt, durch provisorische Maßnahmen die Kontinuität der Arbeit sicherzustellen[602].

Die Benelux-Wirtschaftsunion

Der am 1. November 1960 in Kraft getretene Vertrag über die Gründung einer Benelux-Wirtschaftsunion schloß vorerst eine Entwicklung ab, die am 5. September 1944 mit der Unterzeichnung eines Zollunionsvertrages einsetzte[603]. Von diesem Zeitpunkt an wurde der wirtschaftliche Zusammenschluß der drei Mitgliedstaaten schrittweise verwirklicht, wobei auch die Organisation jeweils ausgebaut wurde[604].

Der Unionsvertrag, der im Jahre 1960 in Kraft trat, geht nicht von einer Umgestaltung der alten Union aus, sondern vom Sukzessionsprinzip[605]. Es wurden alle Organe neu geschaffen[606] und die ausdrücklich aufrechterhaltenen Befugnisse der alten Organe auf die neuen übergeleitet[607]. Das Ministerkomitee hat die Mitglieder der Organe neu ernannt und von den alten Organen gesetztes Recht ausdrücklich als von den neuen Organen gesetzt beibehalten[608].

Die Wirtschaftsunion besitzt nach der Meinung der Regierungen der drei Mitgliedstaaten keine Völkerrechtssubjektivität. Die Entscheidungen nach innen und nach außen werden von dem Ministerkomitee wahrgenommen, das aus den nationalen Delegationen der drei Mitgliedstaaten besteht[609]. Der Nachfolgesachverhalt der Benelux-Wirtschaftsunion ist ein Beispiel dafür, daß die Untersuchung der völkerrechtlichen Sukzessionsfragen bei internationalen Organisationen nicht — wie bei den Staaten — an die Rechtspersönlichkeit anknüpfen kann, sondern von dem übergeordneten Begriff der Organisation als zwischenstaatliche Ordnung auszugehen hat[610].

In den bisher dargestellten Sachverhalten trat stets nur eine internationale Organisation die Nachfolge einer anderen Organisation an. Bei der Auflösung der Organisation der Vereinten Nationen für Unterstützung und Wiederaufbau und der Internationalen Flüchtlingsorganisation wurden die Aufgaben, Funktionen, Rechte und

---

602 Caribbean Organization, a. a. O., S. 315.

603 Der Vertrag wurde am 3. 2. 1958 unterzeichnet; die Satzung findet sich bei Peaslee, Bd. 1, S. 87 ff.

604 Zur Vorgeschichte der Union s. Bleckmann, Die Benelux-Wirtschaftsunion, in ZaöRVR 22 (1962), S. 239 ff.

605 Bleckmann, a. a. O., S. 295.

606 Art. 15 ff. der Satzung, Peaslee, Bd. 1, S. 90 ff.

607 Art. 2 Abs. 2; 5 Abs. 2; 6 Abs. 2 und 8 Abs. 2 des Ausführungsprotokolls vom 3. 2. 1958, abgedruckt in ZaöRVR 22 (1962), S. 319 ff.

608 Bleckmann, a. a. O., S. 215.

609 Ders., a. a. O., S. 293 ff.

610 S. oben S. 27.

Pflichten nicht nur auf eine einzige Nachfolgeorganisation übertragen, sondern nach sachlichen Gesichtspunkten auf die jeweils zuständigen internationalen Organisationen verteilt. Diese in einem Nachfolgesachverhalt auftretenden verschiedenen Übertragungsvorgänge erklären sich aus der Entstehungsgeschichte, der Art der Aufgaben und damit zusammenhängend aus der Struktur der beiden erwähnten Organisationen.

Die Organisation der Vereinten Nationen für Unterstützung und Wiederaufbau

Am 24. 9. 1941 gründeten die Regierungsvertreter der Alliierten Mächte auf einer Konferenz in London einen internationalen Ausschuß für Nachkriegsbedürfnisse. Auf diesem Weg gingen die Alliierten weiter und bildeten Ende 1941 die Middle East Relief and Refugee Administration, im Juli 1942 das Office of Foreign Relief and Rehabilitation Operation und arbeiteten seit dem 9. 6. 1943 einen Entwurf für die Organisation der Vereinten Nationen für Unterstützung und Wiederaufbau (UNRRA) aus[611]. Am 9. 11. 1943 wurde das UNRRA-Abkommen von 44 Staaten unterzeichnet[612].

Im August 1946 erörterte die UNRA auf ihrer 5. Tagung in Genf die Frage ihrer Auflösung und die Übertragung ihrer Funktionen und ihres Vermögens auf die in Betracht kommenden Sonderorganisationen der Organisation der Vereinten Nationen[613]. Am 27. 9. 1948 wurde durch das Abkommen mit der Organisation der Vereinten Nationen der Abschluß der laufenden Geschäfte und die Liquidation beschlossen[614]. Die Auflösung der UNRRA und die Übertragungen erstreckten sich über einen Zeitraum von mehreren Jahren hinweg und zwar in folgender historischer Reihenfolge:

i) Auf seiner Tagung in Genf nahm der Rat der UNRRA eine Resolution (Resolution 95) an, die sich mit der Übertragung von Funktionen der Wohlfahrt auf den Wirtschafts- und Sozialrat der OVN beschäftigte[615]. Der Wirtschafts- und Sozialrat setzte sich in einer korrespondierenden Resolution mit den in der UNRRA-Resolution aufgeworfenen Fragen auseinander und ermächtigte den Generalsekre-

---

[611] Zur geschichtlichen Entwicklung s. ALEXANDROWICZ, International Economic Organizations, S. 195 ff.

[612] Text des Abkommens s. HUDSON, a. a. O., Bd. 9, S. 84 ff.

[613] WOODBRIDGE, a. a. O., S. 157; TOYNBEE, Survey of International Affairs, The Realignment of Europe, 1955, S. 117 ff.

[614] Agreement between UNRRA and the UN concerning the transfer to the United Nations of the residual assets and activities of the UNRRA, signed on 27 Sept. 1948, in UNTS 27, S. 349 ff.; Darstellung bei TOYNBEE, Survey of International Affairs, S. 117 ff.

[615] UNYB 1946/47, S. 160 ff.

tär der OVN zu Verhandlungen mit der UNRRA. Die Vollversammlung der OVN bildete durch eine Entschließung vom 11. 12. 1946 den United Nations International Children's Emergency Fund (UNICEF)[616]. Dabei ging die Vollversammlung in ihrer Entschließung davon aus, daß der UNICEF das Vermögen und den Mitarbeiterstab der UNRRA übernehmen sollte[617].

ii) Am 1. 12. 1946 übertrug die UNRRA die Funktionen und das Vermögen, die sich aus der International Sanitary Convention[618] und der International Sanitary Convention for Aerial Navigation[619] ergaben, auf die Interimskommission der WHO, sowie auf Grund eines weiteren Abkommens mit der Interimskommission der WHO vom 9. 12. 1946[620] alle anderen Funktionen, die mit dem Gesundheitswesen in Verbindung standen[621].

iii) Am 6. 3. 1947 kam ein Abkommen zwischen der UNRRA und der Interimskommission der FAO zustande, das die Übernahme von technischen und beratenden Funktionen im Hinblick auf die Hebung der Lebensmittelproduktion in kriegszerstörten Gebieten, sowie von Geldmitteln und Personal der UNRRA zum Inhalt hatte[622].

iv) Die Interimskommission der IRO übernahm durch ein Abkommen mit der UNRRA am 29. 6. 1947 die Verwaltung und Betreuung der Flüchtlingslager in den westlichen Besatzungszonen Deutschlands und Österreichs sowie die notwendigen Einrichtungen und das Personal[623].

v) Am 27. 9. 1948 wurde das Abkommen zwischen der UNRRA und der OVN abgeschlossen, das den Schlußstrich unter die Ablösungsvorgänge der UNRRA setzte und in dem eine Reihe von Funktionen und Aktivvermögen auf die OVN übertragen wurde[624].

Die Internationale Flüchtlingsorganisation

Die Satzung der Internationalen Flüchtlingsorganisation (IRO) wurde am 15. 12. 1946 durch die Vollversammlung der OVN angenommen[625]. Am 31. 12. 1946 nahm die Interimsorganisation der

---

[616] UNYB 1946/47, S. 162 ff.
[617] Hahn, a. a. O., S. 182.
[618] Hudson, a. a. O., Bd. 9, S. 236 ff.
[619] Hudson, a. a. O., Bd. 9, S. 254 ff.
[620] Woodbridge, a. a. O., S. 352 ff.
[621] Hahn, a. a. O., S. 181; s. auch UNYB 1946/47, S. 791 f.
[622] UNYB 1946/47, S. 691; Hahn, a. a. O., S. 182.
[623] UNYB 1946/47, S. 807; Hahn, a. a. O., loc. cit.
[624] UNTS 27, S. 349 ff.
[625] UNYB 1946/47, S. 805; Sonnewald, a. a. O., S. 2; Rothholz, Flüchtlinge, in WVR Bd. 1, S. 538 f.; Weis, The International Protection of Refugees, in AJIL 48 (1954), S. 193 ff.

IRO ihre Arbeit auf[626]. Die IRO selbst begann am 20. 8. 1948 mit ihrer Tätigkeit[627]. Sie war von Anfang an als eine „non-permanent Organisation" errichtet worden[628] und als Termin für die Einstellung ihrer Tätigkeit war der 30. 6. 1950 vorgesehen. Zu diesem Zeitpunkt waren aber die Aufgaben der IRO noch lange nicht gelöst, die Auflösung wurde deshalb verschoben. Sie erfolgte am 31. 1. 1952[629]. An ihre Stelle traten der Hohe Kommissar der OVN für Flüchtlinge und das Intergovernmental Committee for European Migration (ICEM)[630]. Ein ersatzloser Wegfall der IRO kam nicht in Frage, weil es noch weiterhin Flüchtlinge zu betreuen gab, wenn auch erheblich weniger als bei der Gründung der IRO[631].

Der Hohe Kommissar begann am 1. 1. 1951 mit seiner Tätigkeit[632]. Er übernahm den rechtlichen und politischen Schutz der Flüchtlinge und die zur Durchführung dieser Aufgabe notwendigen Einrichtungen, die von der IRO auf die OVN übertragen worden waren[633].

Das ICEM[634], oder genauer das Provisional Intergovernmental Committee for the Movement of Migrants from Europe, übernahm in drei Abkommen mit der IRO weitere Funktionen und Einrichtungen dieser Organisation[635].

Schließlich sind noch als Rechtsgrundlagen für den Fortbestand von Funktionen der IRO einige Abkommen zu erwähnen, die die IRO mit einigen Staaten abgeschlossen hatte, um nach ihrer Auflösung die Betreuung der Flüchtlinge in diesen Ländern sicherzustellen[636].

Zum Abschluß ist noch auf die Belgrader Donaukonferenz von 1948 einzugehen, auf der sich die beteiligten Staaten über die Auflösung und Neuerrichtung der Donaukommissionen nicht einigen konnten.

---

[626] UNYB 1946/47, S. 806.

[627] UNYB 1948/49, S. 1086.

[628] S. die Präambel der IRO-Satzung, UNYB 1946/47, S. 810.

[629] UNYB 1951, S. 939, Anm. 1.

[630] Das Amt des Hohen Kommissars fällt nicht unter die „specialized agencies", sondern es ist ein „integral part of the United Nations", s. Yearbook of International Organizations, 1958/59, S. 89; zur Satzung des ICEM s. Peaslee, Bd. 1, S. 893 ff.

[631] Holborn, The International Refugee Organization, S. 559 ff.; Hahn, a. a. O., S. 183 f.; Weis, The International Protection of Refugees, in AJIL 48 (1954), S. 193 ff.

[632] Sein Amt wurde durch eine Resolution der Vollversammlung der OVN geschaffen, s. UNYB 1950, S. 585.

[633] Holborn, a. a. O., S. 561 f.

[634] Die Satzung datiert vom 19. 10. 1953, s. V. d. BRD, Bd. 6, S. 24 ff.; zum Provisional Intergovernmental Committee to the Movement of Migrants from Europe s. Hahn, a. a. O., S. 184.

[635] Die Abkommen sind aufgeführt bei Holborn, a. a. O., S. 594; UNYB 1950, S. 588; 1951, S. 524.

[636] S. Holborn, a. a. O., S. 594.

Die Belgrader Donaukommission von 1948

Die Friedensverträge von Versailles, Trianon, Neuilly sur-Seine und St. Germain en Laye setzten die Europäische Donaukommission (EDK) in ihre Vorkriegsrechte und -befugnisse ein[637]. Auf der Konferenz von Paris wurde am 23. Juli 1921 die Convention Instituting the Definitive Statute of the Danube unterzeichnet[638]. Dieses Abkommen bestätigte die in den Pariser Vorortsverträgen im Hinblick auf die EDK geschaffene Rechtslage und schuf eine weitere Flußorganisation, die Internationale Donaukommission (IDK), deren örtliche Kompetenzen im Anschluß an den Geltungsbereich der EDK von Braila bis Ulm reichten[639].

In den ersten Jahren des Zweiten Weltkrieges trafen Deutschland und Italien mit den von ihnen mehr oder weniger beherrschten Balkanstaaten, sowie mit der Sowjetunion, die damals noch nicht als kriegführende Macht auf der Seite der Alliierten gegen die Achsenmächte teilnahm, zwei Abkommen mit dem Ziel, die beiden Kommissionen durch eine Organisation zu ersetzen. Durch den Vertrag von Wien vom 12. 9. 1940 beschlossen die Uferstaaten die Auflösung der IDK und eine provisorische Regelung für die Kriegsverhältnisse[640]. Am 20. 2. 1941 trat die Sowjetunion dem Wiener Vertrag bei; zu einer einheitlichen Regelung kam es aber nicht, weil die Sowjetunion an der Donaumündung Sonderrechte beanspruchte[641].

Zu der Belgrader Konferenz von 1948, auf der eine Neuregelung der Donauschiffahrt nach dem Zweiten Weltkrieg angestrebt wurde[642], wurden nicht alle Vertragspartner des Donaustatuts von 1921 eingeladen[643]. Die Belgrader Konvention gründete eine neue Donaukommission, deren örtliche Zuständigkeit vom Schwarzen Meer

---

[637] S. z. B. Art. 346 des Versailler Vertrages, in RGBl 1919, S. 140.

[638] RGBl 1922, I, S. 304.

[639] Art. IX des Abkommens, s. RGBl 1922, I, S. 290; diese neugeschaffene Internationale Donaukommission ist nicht zu verwechseln mit der 1856 gegründeten sogen. „permanenten" Kommission, die nur kurze Zeit bestand, s. Martius, a. a. O., S. 233 f.

[640] Volle, Die Belgrader Donaukonferenz von 1948, in EA 3 (1948), S. 1642; Whiteman, Digest of International Law, Bd. 3, S. 888 f.

[641] Volle, a. a. O., S. 1642 f.; Seidl-Hohenveldern, Die Belgrader Donaukonvention von 1948, in Arch VR 7 (1958/59), S. 255.

[642] Kunz, The Danube Regime and the Belgrade Conference, in AJIL 43 (1949), S. 104 ff.; Wegener, Die internationale Donau, S. 36 ff.; Johnson, The Danube since 1948, in Yearbook of World Affairs, 1963, S. 236 ff.

[643] Imbert, Le Régime Juridique Actuel Du Danube, in RGDIP 55 (1951), S. 80; Seidl-Hohenveldern, a. a. O., S. 257. Die nicht zur Teilnahme aufgeforderten Staaten waren außer Deutschland: Belgien, Griechenland und Italien; Österreich war durch einen nichtstimmberechtigten Beobachter vertreten.

bis Ulm reichen sollte[644]. Mit dem Abkommen wurde ein Zusatzprotokoll unterzeichnet, das in Ziffer 1 die Konvention von 1921 und damit die Tätigkeit der EDK und IDK für beendet erkärte[645]. Nach Ziffer 2 bis 5 dieses Protokolls wurde das Vermögen der beiden Kommissionen übernommen und die Verbindlichkeiten für erloschen erklärt[646]. Die Konvention und das Zusatzprotokoll wurden außer von den an der Konferenz nicht beteiligten Staaten auch von den in Belgrad anwesenden Westmächten Frankreich, Großbritannien und den USA nicht unterzeichnet. Diese Staaten stellten sich gegenüber den östlichen Konferenzteilnehmern[647] auf den Standpunkt, daß die Konvention von 1921 noch nicht wirksam erloschen sei. Sie führten u. a. aus, daß die zwischen den Jahren 1939 und 1941 getroffenen Abmachungen der Kriegszeit ungültig seien, weil Art. VII des Statuts von 1921 zur Auflösung Einstimmigkeit voraussetzte[648] und eine Revision, die Art. XLII[649] vorsah, die Identität der Kommissionen als Rechtsträger nicht ändern konnte.

Die EDK und IDK bestehen heute als westliche Rumpfkommissionen zur Regelung von Pensionsfragen weiter[650]. Die Vertreter Frankreichs, Großbritanniens und Italiens erklärten auf einer „außerordentlichen Sitzung" der EDK in Rom am 9. 3. 1953, daß die Kommission fortbestehen würde, bis sie von allen Mitgliedstaaten aufgelöst worden sei[651].

Das Abkommen von Belgrad kann gegenüber den nichtbeteiligten Staaten keine Bindungen erzeugen; es ist als völkerrechtlicher Vertrag eine res inter alios acta[652]. Es ist aber zweifelhaft, ob nicht die tatsächliche langjährige Nichtanwendung der Konvention von 1921 die Bindung der Mitgliedstaaten nach dem Grundsatz der Effektivität aufgehoben hat. Dem kann nicht entgegengehalten werden, daß die Rumpfkommissionen in Rom noch mit der Abwicklung von Pensionsansprüchen tätig seien. Denn hierbei handelt es sich, gemessen an

---

644 Art. 2 der Konvention von 1948, UNTS 33, S. 199.

645 UNTS 33, S. 223.

646 A. a. O., loc. cit.

647 Die östlichen Teilnehmer waren außer der Sowjetunion und der Ukraine, Bulgarien, Ungarn, Rumänien, Tschechoslowakei und Jugoslawien, UNTS 33, S. 221.

648 RGBl 1922, I, S. 290.

649 A. a. O., S. 301.

650 Hahn, a. a. O., S. 200, Anm. 175; Seidl-Hohenveldern, a. a. O., S. 258; Hoyt, a. a. O., S. 151; Gorove, Law and Politics of the Danube, S. 29; Baxter, The Law of International Waterways, S. 136, Anm. 234; Schwantes, a. a. O., S. 50.

651 Seidl-Hohenveldern, a. a. O., S. 257; zur französischen und amerikanischen Ansicht s. Whiteman, a. a. O., Bd. 3, S. 901.

652 Seidl-Hohenveldern, Die Belgrader Donaukonvention von 1948, in Arch VR 7 (1958/59), S. 258.

den eigentlichen Aufgaben der Flußkommissionen, um eine Tätigkeit zweiten Ranges. Die Kommissionen wurden zur Aufrechterhaltung der freien Flußschiffahrt, zur Durchführung von Strombauarbeiten, des Lotsendienstes usw. gegründet[653].

Alle anderen Aufgaben, wie die Verwaltung des Pensionsfonds, sind gegenüber den erstgenannten abgeleiteter Natur. Ihre Durchführung ist nur notwendig, um den Primärzweck der Organisation zu sichern. Es ist somit Hahn zuzustimmen, wenn er ausführt, daß die EDK funktionell, wenn nicht rechtlich erloschen sei[654]. Die internationalen Organisationen sind eben partikularrechtliche Ordnungen, auf die die allgemeinen Grundsätze des Völkerrechts Anwendung finden. Wenn wegen fehlender Einstimmigkeit die vertragliche Auflösungsregelung nach Art. VII des Statuts von 1921 nicht Platz greifen kann, so kommt der allgemeine Vertragsbeendigungsgrund wegen widerstreitender Übung (desuetudo) zum Zug[655].

Als Österreich der Belgrader Konvention im Jahre 1959 beitrat, ratifizierte dieser Staat nur die Konvention, nicht aber das Zusatzprotokoll, da dieses seiner Ansicht nach nach der durchgeführten Vermögensübertragung auf die neue Kommission praktisch gegenstandslos geworden sei[656].

Zusammenfassung

Die Ergebnisse der vorstehend behandelten Sachverhalte können wie folgt zusammengefaßt werden:

In der Regel beruht die Übertragung der Aufgaben, Funktionen, Rechte und Pflichten auf einem Vertrag, bzw. auf mehreren Abkommen, in zwei Fällen auf sogen. korrespondierenden Resolutionen[657].

Die Übernahme erfolgte stets vor der endgültigen Auflösung der übertragenden Organisation.

Die Funktionen und das Vermögen können auf eine oder mehrere Organisationen übertragen werden.

Außer der Gesamtübertragung aller Funktionen, Rechte und Pflichten kennt die internationale Praxis auch Teilübertragungen. In einem

---

[653] S. Art. 1 und 9 ff. Vertrag von 1921, RGBl 1922 I, S. 288, 290 ff.

[654] Hahn, a. a. O., loc. cit., Anm. 175; a. A. Rousseau, Droit International Public, 1953, S. 400; Un Siècle De Coopération International Sur Le Danube 1856—1956 (Jubiläumsschrift der EDK), S. 1 ff.

[655] No. 37 der Beilagen zu den stenograph. Protokollen des Nationalrates IX GP vom 9. 9. 1959, S. 21 f.

[656] Seidl-Hohenveldern, Völkerrecht, S. 81; O'Connell, International Law, Bd. 1, S. 284; Berber, a. a. O., Bd. 1, S. 455.

[657] Dies war der Fall bei der Nachfolge der CITEJA/ICAO und IMO/WMO, s. oben S. 111 f. und S. 115 f.

Es besteht kein Zusammenhang zwischen der Übertragung von Funktionen einerseits und der Übernahme von Rechten und Pflichten andererseits. Was und wieviel übertragen wird bestimmen die beteiligten Staaten und Organisationen.

Der Adressat, Inhalt, Umfang und Zeitpunkt der Übertragung werden in erster Linie von den beteiligten Staaten festgelegt. Dies solchen Fall wird das nicht übergeleitete Vermögen in einem Liquidationsverfahren aufgelöst.
geschieht entweder auf einer zu diesem Zweck einberufenen Konferenz, oder innerhalb der Staatenvertreterorgane der beteiligten Organisationen. Die Durchführung der Übertragungsabkommen wird häufig den anderen Organen der Organisationen überlassen, d. h. dem Exekutivkomitee und dem Sekretariat.

5. Entscheidungen internationaler und nationaler Gerichte

a) Entscheidungen internationaler Gerichte

Der Internationale Gerichtshof hat in jeweils mehreren Entscheidungen zu der Ablösung des Völkerbundes durch die Vereinten Nationen und des Ständigen Internationalen Gerichtshofs durch den Internationalen Gerichtshof Stellung genommen.

aa) Die Rechtsgutachten über die Stellung von Südwest-Afrika

Den drei Rechtsgutachten des IGH vom 11. 7. 1950[658], 7. 6. 1955[659] und 1. 6. 1956[660] liegt folgender Sachverhalt zugrunde:

Am 17. 12. 1920 wurde die ehemalige deutsche Kolonie Südwest-Afrika als C-Mandat in das Mandatssystem des VB eingegliedert. Mandatarmacht wurde die Südafrikanische Union. Mit der Entstehung der OVN und der Auflösung des VB unterstellten die Mandatare, soweit nicht die Mandate durch Verleihung der Unabhängigkeit zu bestehen aufgehört hatten, mit Ausnahme der Südafrikanischen Union ihre Gebiete dem Treuhandsystem der OVN[661]. Die Südafrikanische Union, die anläßlich der Auflösung des VB erklärt hatte, ihr Mandat in das Treuhandsystem der OVN einzubringen, äußerte zu einem späteren Zeitpunkt die Absicht, das Mandatsgebiet in ihren Staat einzubeziehen. Da mehrere Empfehlungen der Vollversammlung der OVN, das Mandatsgebiet dem Treuhandsystem zu unterstellen, erfolglos geblieben waren, ging die Vollversammlung den

[658] RGA über den internationalen Status von Südwest-Afrika, IGH, 1950, S. 128 ff.

[659] RGA über das Abstimmungsverfahren in Fragen von Berichten und Petitionen betreffend Südwest-Afrika, IGH, 1955, S. 67 ff.

[660] RGA über die Zulassung von Petenten zur Anhörung durch den Ausschuß für Südwest-Afrika, IGH, 1956, S. 23 ff.

[661] S. Art. 75—85 UN-Charta, Schätzel, a. a. O., S. 55 ff.

IGH am 6. 12. 1949 um ein Rechtsgutachten über den internationalen Status von Südwest-Afrika an[662]. Das Rechtsgutachten des IGH vom 11. 7. 1950 führte aus, daß mit der Auflösung des VB das südafrikanische Mandat nicht erloschen und die Südafrikanische Union nicht berechtigt sei, die Rechtsstellung des Gebiets eigenmächtig zu verändern. Eine solche Veränderung könne nur im Zusammenwirken mit der OVN erfolgen. Die Südafrikanische Union sei verpflichtet, die früher dem VB erstellten jährlichen Berichte nunmehr der OVN zu liefern, Eingaben der Bevölkerung an diese weiterzugeben und gewisse Kontrollmaßnahmen zu dulden. Die Kontrollfunktion der OVN sei aber begrenzt; sie gehe nicht über das Maß der vom VB ausgeübten Kontrolle hinaus. Die Südafrikanische Union sei aber nicht verpflichtet, das Gebiet unter das Treuhandsystem der OVN zu stellen.

In den beiden anderen Rechtsgutachten hat der IGH das erste Gutachten in seinen Auswirkungen für die Praxis der Vollversammlung bei der Entgegennahme von Berichten und der Behandlung von Petitionen näher erläutert.

Der Inhalt der drei Gutachten ist in diesem Zusammenhang nur insoweit von Bedeutung, als er von der *vertraglichen* Übernahme von Funktionen, Rechten und Pflichten des VB durch die OVN handelt[663]. Der IGH geht dabei in allen drei Gutachten davon aus, daß zwar einige Funktionen, Rechte und Pflichten des VB von der OVN durch Vertrag übernommen wurden, daß dies aber nicht für die auf dem Mandatssystem beruhenden Funktionen und Rechte gelte[664].

Dieser Sachverhalt wurde auch von den Richtern McNair, Read und Alvarez in ihren Separate bzw. Dissenting Opinions zum Rechtsgutachten von 1950[665] sowie von Richter Winiarski in seiner Declaration zum Gutachten von 1956[666] ausdrücklich bestätigt.

bb) Das Urteil im Fall der South West Africa Cases

In seinem Urteil vom 21. 12. 1962 über die Zulassung der Klagen von Äthiopien und Liberia gegen die Südafrikanische Union wiederholt der IGH seinen oben dargelegten Standpunkt[667].

---

[662] UNYB 1948/49, S. 873 ff.

[663] Die in den Rechtsgutachten enthaltenen anderen Gesichtspunkte werden später besprochen, s. unten S. 138 ff.

[664] IGH 1950, S. 134 und 136 f.; IGH 1955, S. 75, und IGH 1956, S. 29.

[665] IGH 1950, S. 146, 150, 157 ff., 165 ff., 172 ff., insbesondere S. 173, 180 und 182; s. auch die Dissenting Opinion von VISSCHER, a. a. O., S. 187.

[666] IGH 1956, S. 33, und die Ausführungen von BADAWI, BASDEVANT, HSU MO, ARMAND-UGON und MORENO QUINTANA, S. 63 ff.

[667] IGH 1962, S. 338 ff.; vgl. auch die Ausführungen in den abweichenden Meinungsäußerungen von BUSTAMENTE, a. a. O., S. 362 ff.; JESSUP, a. a. O., S. 398; SPENDER und FITZMAURICE, a. a. O., S. 477 f., 526 ff., 531 ff., und VAN WYK, a. a. O., S. 602.

Mit der Ablösung des StIGH durch den IGH befassen sich die folgenden Entscheidungen.

cc) Das Urteil im Flugzeugzwischenfall zwischen Israel und Bulgarien

Die Entscheidung beruht auf folgendem Sachverhalt:

Am 27. 7. 1955 geriet ein israelisches Verkehrsflugzeug auf seiner Route von Wien nach Israel versehentlich über bulgarisches Gebiet und wurde dort von der Luftabwehr abgeschossen. Dabei fanden alle Insassen den Tod. Da Israels Bemühungen, von Bulgarien Schadenersatz zu erhalten, erfolglos blieben, rief dieser Staat am 16. 10. 1957 den IGH mit einer Klage gegen Bulgarien auf Schadenersatz an[668].

Israel hatte das Statut des IGH nach Art. 36 Abs. 2 am 3. 10. 1956 anerkannt. Art. 36 Abs. 2 lautet[669]:

„Die an dem vorliegenden Statut beteiligten Staaten können jederzeit die Erklärung abgeben, daß sie von Rechtswegen und ohne besonderes Abkommen gegenüber jedem anderen, die gleiche Verpflichtung übernehmenden Staat die Gerichtsbarkeit des Gerichtshofes für alle Rechtsstreitigkeiten als obligatorisch anerkennen, die zum Gegenstand haben:

a) die Auslegung eines Vertrages,
b) alle Fragen des internationalen Rechtes,
c) das Bestehen einer Tatsache, die, wenn sie bewiesen wäre, die Verletzung einer internationalen Verpflichtung bedeuten würde,
d) die Art und den Umfang des wegen Verletzung einer internationalen Verpflichtung geschuldeten Schadenersatzes.“

Bulgarien hatte durch eine, am 29. 7. 1921 unterzeichnete[670], unbefristete Erklärung das Statut des StIGH mit seinem gleichlautenden Art. 36 Abs. 2 anerkannt[671], und es war am 14. 12. 1955 Mitglied der OVN geworden. Bulgarien war somit nicht ursprüngliches Mitglied der Weltorganisation.

Das Vorgehen Israels stützte sich auf Art. 36 Abs. 5 des Statuts. Diese Bestimmung lautet[672]:

„Erklärungen, die in Anwendung des Art. 36 des Statuts des Ständigen Internationalen Gerichtshofes für einen Zeitraum, der noch nicht abgelaufen ist, abgegeben wurden, sollen in den Beziehungen zwischen den an dem Statut beteiligten Staaten als Annahme der obligatorischen Gerichtsbarkeit des Internationalen Gerichtshofes für

---

[668] IGH 1959, S. 128f.; Bishop, Case concerning the Aerial Incident of July 27th, 1955, in AJIL 53 (1959), S. 923ff.; Pinto, Chronique de jurisprudence, Affaire relative à l'incident aèrien du 27 juillet 1955, in Clunet 87 (1960), S. 232ff.

[669] Schätzel, a. a. O., S. 55; UNYB 1946/47, S. 847.

[670] Die Erklärung wurde am 12. 8. 1921 wirksam, s. IGH 1959, S. 135.

[671] Hudson, a. a. O., Bd. I, S. 539f.

[672] Schätzel, a. a. O., S. 56; UNYB 1946/47, S. 847.

die Dauer des noch nicht abgelaufenen Zeitraumes und entsprechend den in den Erklärungen enthaltenen Bedingungen angesehen werden."

Der IGH erklärte sich in seinem Urteil vom 26. 5. 1959 für unzuständig. Er führte aus, daß Art. 36 Abs. 5 nur bei denjenigen Staaten anwendbar sei, die als ursprüngliche Mitglieder die OVN-Satzung unterzeichnet und ratifiziert haben[673]. Für diejenigen Staaten, die zu einem späteren Zeitpunkt Mitglieder der OVN wurden, seien die Erklärungen nach Art. 36 Abs. 2 StIGH-Statut erloschen. Ein Wiederaufleben der bulgarischen Erklärung könne nicht angenommen werden. Zur Begründung wies der IGH u. a. auf diesbezügliche Erklärungen der Staatenvertreter auf der United Nations Conference on International Organization in San Francisco und auf den Grundsatz der Zustimmung für die Zuständigkeit des IGH hin[674].

Der Entscheidung ist zuzustimmen. Mit der Beendigung des StIGH-Statuts am 18. 4. 1946 erloschen grundsätzlich alle Rechte und Pflichten der Vertragspartner, soweit nicht eine völkerrechtliche vertragliche Regelung oder eine diesbezügliche einseitige Erklärung etwas anderes bestimmten. Eine solche vertragliche Regelung stellt Art. 36 Abs. 5 des IGH Statuts dar, das am 24. 10. 1945 vor der Beendigung des StIGH-Statuts in Kraft trat. Diese Bestimmung gilt aber nur für diejenigen Vertragspartner des StIGH-Statuts, die vor dem Erlöschen des StIGH-Statuts Vertragspartei des IGH-Statuts geworden sind, d. h. die an der Gründung der OVN teilgenommen haben[675]. Die anderen Vertragspartner des StIGH-Statuts konnten durch die Fortbestandsregelung des Art. 35 Abs. 5 zum Zeitpunkt des Inkrafttretens des Statuts nicht gebunden werden, da dem Statut als völkerrechtlicher multilateraler Vertrag nur Inter-partes-Wirkung zukommt. Die bulgarische Erklärung von 1921 erlosch somit am 19. 4. 1946. Als Bulgarien am 14. 12. 1955 Mitglied der OVN wurde, wurde es nach Art. 93 Ziffer 1 der OVN-Satzung auch Vertragspartner des Statuts[676]. Gleichwohl findet Art. 36 Abs. 5 keine Anwendung, denn diese Bestimmung besagt ihrem Wortlaut nach nur, daß völkerrechtlich gültige Erklärungen, die für die obligatorische Gerichtsbarkeit des StIGH abgegeben worden waren, auf den IGH übergeleitet werden,

---

[673] IGH 1959, S. 140 ff.; so z. B. in dem Fall betr. das Durchgangsrecht über indisches Gebiet, wo vor dem IGH Portugal und Indien als Parteien auftraten, s. IGH 1957, S. 127 ff.

[674] IGH 1959, S. 136 ff.; s. zu dem Grundsatz der Zustimmung die Ausführungen des StIGH im Eastern Carelia Case von 1923, PCIJ Series B, No. 5, S. 27; und die des IGH im Corfu Channel Case von 1948, IGH 1948, S. 27; Reparations Case von 1949, IGH 1949, S. 178; Peace Treaties Case von 1950, IGH 1950, S. 71, und im Anglo-Iranian Oil Case von 1952, IGH 1952, S. 102 f.

[675] Zwischen dem 24. 10. 1945 und 18. 4. 1946 sind keine Staaten in die OVN aufgenommen worden, s. UNYB 1946/47, S. 12 f., 43 ff. und 863 f.

[676] UNYB 1946/47, S. 841.

nicht aber, daß ungültig gewordene Erklärungen mit Rückwirkung wieder aufleben[677].

Auch diese Entscheidung wird später noch unter anderen Gesichtspunkten zu besprechen sein[678].

dd) Das Urteil im Fall Tempel von Preah Vihear

In dem Rechtsstreit zwischen Kambodscha und Thailand um den Besitz des Tempels von Preah Vihear war es u. a. auch streitig, ob Thailand sich der Gerichtsbarkeit des IGH unterworfen hatte.
Thailand hatte mit Erklärung vom 29. 9. 1929 die obligatorische Gerichtsbarkeit des StIGH angenommen und diese Erklärung am 3. 5. 1940 und 20. 5. 1950 jeweils für weitere zehn Jahre verlängert[679]. Es war am 16. 12. 1946 Mitglied der OVN geworden[680].

Kambodscha stützte die Zuständigkeit des IGH in seiner im Jahre 1959 erhobenen Klage in erster Linie auf die verlängerte thailändische Erklärung von 1929 und auf Art. 36 Abs. 5 des IGH-Statuts[681]. Thailand machte demgegenüber geltend, daß die Erklärung von 1929 mit der Auflösung des StIGH am 19. 4. 1946 erloschen sei. Die Verlängerung von 1950 sei deshalb rechtlich unwirksam. Auch sei Thailand nicht ursprüngliches Mitglied der OVN; Art. 36 Abs. 5 gelte aber nur, wie der Gerichtshof im Flugzeugzwischenfall zwischen Israel und Bulgarien ausgeführt habe, zwischen den ursprünglichen Mitgliedern der OVN[682].

In seinem Urteil vom 26. 5. 1961 bejahte der Gerichtshof seine Zuständigkeit[683]. Er führte aus, daß die thailändische Note vom 20. 5. 1950 „... a new and independent instrument ..."[684] sei, da Thailand im Jahre 1950 wußte, daß der StIGH aufgelöst worden war[685]. Wenn es sich bei der Erklärung von 1950 auch dem Wortlaut nach um eine Verlängerung der Annahme der Gerichtsbarkeit des

---

[677] Die englische Fassung des Art. 36 Abs. 5 spricht von: „... which are still in force ...", s. UNYB 1946/47, S. 847.

[678] Vergleiche dazu auch S. 144 f.

[679] IGH Case Concerning the Temple of Preah Vihear, Preliminary Objections 1961, S. 23 f.

[680] UNYB 1946/47, S. 864.

[681] IGH, a. a. O., S. 21.

[682] IGH, a. a. O., S. 20 und 24 f.

[683] Vgl. auch die Besprechungen des Urteils bei Cot, Affaire du temple de Préah Vihéar, in AF 7 (1961), S. 229 ff.; Oliver, Case Concerning the Temple of Preah Vihear, in AJIL 55 (1961), S. 978 ff.; IGH, a. a. O., S. 17 ff.; s. auch Kiss, a. a. O., S. 479.

[684] IGH, a. a. O., S. 29.

[685] Thailand war Mitglied des VB bis zu seiner Auflösung; es war aber auf der letzten VB-Sitzung in Genf, auf der auch der StIGH aufgelöst wurde, nicht anwesend, s. Schätzel, a. a. O., S. 106, und Myers, a. a. O., S. 320.

StIGH gehandelt habe, so könne sie sich doch nur auf den neuen Gerichtshof beziehen. Die Bezugnahme auf die Erklärungen von 1929 und 1940 war, wie der IGH es ausdrückte, „.... a convenient method of indicating without stating them in terms, what were the conditions upon which the acceptance was made“[686].

Der IGH war somit der Ansicht, daß es sich nicht um einen Fall der Überleitung einer vor dem StIGH abgegebenen Erklärung handelte, sondern um die Abgabe einer neuen, für den IGH gültigen Erklärung. Zu anderen Ergebnissen gelangen die Richter Fitzmaurice und Tanaka in ihrer Joint Declaration. Sie führen aus, daß die thailändische Erklärung von 1950 nichtig sei, da sie sich auf den erloschenen StIGH bezog[687]. Die Erklärung von 1940 erlosch nicht bei der Auflösung des StIGH, sondern „schlief“ bis zum Beitritt Thailands zum neuen IGH-Statut im Dezember 1946[688]. In diesem Zeitpunkt sei die Erklärung von 1940 gemäß Art. 36 Abs. 5 auf den neuen Gerichtshof übergeleitet worden.

Darauf ist zu erwidern, daß die thailändische Erklärung von 1940 mit der Auflösung des StIGH inhaltlich gegenstandslos wurde und erlosch. Es sprechen keine Anhaltspunkte dafür, daß Thailand schon in diesem Zeitpunkt mit einem Fortbestand seiner Annahme der obligatorischen Gerichtsbarkeit im Hinblick auf den neuen Gerichtshof einverstanden war. Da Thailand nicht am Abschluß des IGH-Statuts im Jahre 1945 beteiligt war, konnte es, wie schon ausgeführt, auch nicht nach Art. 36 Abs. 5 gebunden werden.

ee) Der anglo-iranische Ölstreit

Nachdem der IGH sich im anglo-iranischen Ölstreit durch Urteil vom 22. 7. 1952 für unzuständig erklärt hatte[689], unternahm die Anglo-Persian Oil Company noch einen weiteren Versuch, die iranische Regierung zur schiedsgerichtlichen Erledigung des Rechtsstreites zu veranlassen.

Art. 22 des zwischen der Gesellschaft und Persien geschlossenen Konzessionsvertrages vom 29. 4. 1933 sah vor, daß alle zwischen der persischen Regierung und der Gesellschaft entstehenden Differenzen schiedsgerichtlich erledigt werden sollten, und daß jede der Parteien

---

686 IGH, a. a. O., S. 34.

687 IGH, a. a. O., S. 37.

688 Es heißt wörtlich: „... became dormant (but not extinct) and then, on Thailand becoming a Member of the United Nations in December 1946, was reactivated by the operation of Article 36, paragraph 5, as an acceptance of the compulsory jurisdiction of the present Court.“ IGH, a. a. O., S. 37.

689 IGH, Anglo-Iranian Oil Co. Case, 1952, S. 93 ff.; WIEBRINGHAUS, Die Entscheidung des Haager Gerichtshofes im britisch-iranischen Ölstreit, S. 70 ff. und S. 161 ff.; FENWICK, The order of the International Court of Justice in the Anglo-Iranian-Oil Company Case, in AJIL 45 (1951), S. 723 ff.

das Recht habe, je einen Schiedsrichter zu ernennen. Den so ernannten Schiedsrichtern stand nach Maßgabe des Vertrages das Recht zu, einen Schiedsobmann zu wählen. Für den Fall, daß sie sich über die Wahl des Obmanns nicht einigen könnten, war vorgesehen, daß auf Antrag der einen oder der anderen Partei die Ernennung des Obmanns durch den Präsidenten des StIGH erfolgen sollte. Dementsprechend wandte sich die Gesellschaft nunmehr an den Präsidenten des IGH mit der Bitte, nach Maßgabe des Art. 22 des Konzessionsvertrages einen Obmann zu ernennen. Sie stützte sich hierbei auf Art. 37 des IGH Statuts. Diese Bestimmung lautet[690]:

„Wann immer ein Vertrag oder Abkommen die Überweisung einer Sache an eine vom Völkerbund ins Leben zu rufende Gerichtsbarkeit oder den Ständigen Internationalen Gerichtshof vorsieht, hat der Internationale Gerichtshof diese Gerichtsbarkeit auszuüben, sofern die Parteien an dem vorliegenden Statut beteiligt sind."

Die Gesellschaft machte geltend, der IGH sei der Rechtsnachfolger des StIGH und unter analoger Anwendung dieses Artikels müsse angenommen werden, die dem Präsidenten des StIGH zustehenden Rechte könnten nunmehr von dem Präsidenten des IGH ausgeübt werden[691].

Am 11. 10. 1952 teilte der Vize-Präsident Guerrero der Gesellschaft mit, daß dem Antrag nicht stattgegeben werden könnte, da die Vertragsparteien seit der Errichtung des IGH keine Schritte unternommen hätten, dem Präsidenten des IGH diejenigen Befugnisse zu übertragen, die sie zur Zeit des Bestehens des StIGH dem Präsidenten des letzteren übertragen hatten. Überdies befasse sich Art. 37 des Statuts nur mit der gerichtlichen Erledigung von Streitfällen, nicht aber mit anderen Funktionen des Gerichtshofs[692].

Mit der Auflösung des StIGH wurde die in Art. 22 des Konzessionsvertrages niedergelegte Ernennungsbefugnis des StIGH-Präsidenten wegen Gegenstandslosigkeit rechtlich unwirksam. Die Parteien unterließen es, die alte Regelung durch eine neue zu ersetzen. Art. 37 kann nicht angewandt werden, da er die Beteiligung der Parteien an dem IGH-Statut voraussetzt. Eine solche Beteiligung ist aber für die Anglo-Persian Oil Company nicht möglich, da nur Staaten Vertragspartner des Statuts sein können[693].

---

[690] SCHÄTZEL, a. a. O., S. 56; UNYB 1946/47, S. 847; der IGH setzte sich neuerdings mit dieser Bestimmung im Barcelona-Traction-Fall auseinander, s. IGH 1964, S. 24 ff. (Preliminary Objections); vgl. dazu STEVENSON, Case Concerning The Barcelona Traction, Light and Power Company, Limited, in AJIL 59 (1965), S. 141 ff.

[691] HONIG, Der anglo-iranische Ölstreit, in ZaöRVR 15 (1953/54), S. 700.

[692] Das Schreiben des IGH-Vize-Präsidenten ist abgedruckt in Cour Internationale de Justice, Annuaire 1952/53, S. 39.

[693] Deshalb ging die Gesellschaft wohl auch von einer analogen Anwendung von Art. 37 aus. Im übrigen s. Art. 93 UN-Charta, UNYB 1946/47,

b) Entscheidungen nationaler Gerichte

Der Supreme Court of New York entschied in seinem Urteil vom 18. 1. 1956, daß die Organisation der Vereinten Nationen nicht Nachfolgerin der UNRRA sei[694]. In diesem Prozeß behauptete der Kläger, daß ihm aus einem Unfall Ansprüche gegen die UNRRA zustehen würden. Zur Zeit der Rechtshängigkeit war die UNRRA aber bereits aufgelöst. Deshalb richtete der Kläger seinen Anspruch gegen die OVN, die seiner Ansicht nach gemäß Teil I, Subparagraph 3 (f) des Agreement between the United Nations Relief and Rehabilitation Administration and the United Nations concerning the Transfer to the United Nation of the Residual Assets and Activities of the United Nations Relief and Rehabilitation Administration vom 27. 9. 1948 die Rechtsnachfolger der UNRRA sei[695]. Subparagraph 3 (f) enthielt die Verpflichtung der OVN, unter bestimmten Voraussetzungen gewisse Ansprüche zu befriedigen, die gegenüber der aufgelösten UNRRA nach Beendigung des Liquidationsverfahrens geltend gemacht wurden.

Das Gericht führte dazu in den Urteilsgründen aus[696]:

„The United Nations is in no sense the successor of UNRRA but did undertake to administer the liquidation of that organization. The administration was not an assumption of liabilities upon succession to the assets as is frequently found with business corporations. By treaty dated September 27, 1948, the United Nations agreed to settle such claims as were on the books of UNRRA's administrator for liquidation and other claims if there were sufficient funds and it believed the claim to be just."

Als weitere Entscheidung kommt das Urteil des Brüsseler Tribunal Civil vom 27. 3. 1952 für die vorliegende Untersuchung in Betracht[697]. Ihr liegt folgender Sachverhalt zugrunde:

Ein belgischer Staatsangehöriger, der im Dienst der UNRRA beschäftigt gewesen war, erhielt sein Gehalt irrtümlich einige Zeit nach seinem Ausscheiden aus dem Dienst der UNRRA weiter. Die

S. 841. Art. 37 betrifft die Zuständigkeitsregelungen, die in zwischenstaatlichen Mitgliedern des Statuts Anwendung finden; es gilt dieselbe Proble- la compétence de la Cour, 4. Ausgabe vom 31. 1. 1932 (Série D, No. 6) und die Nachträge dazu im 10. Kapitel der folgenden Jahresberichte des StIGH. Aber auch bei diesen Abkommen kann Art. 37 nur zwischen den ursprünglichen Mitgliedern des Status Anwendung finden; es gilt dieselbe Problematik wie bei Art. 36 Ziffer 5 des IGH-Statuts; s. auch JULLY, a. a. O., S. 404 ff., und OPPENHEIM/LAUTERPACHT, a. a. O., Bd. 1, S. 168.

[694] United States, Supreme Court, Urteil in Sachen Wencak ./. UN, I.L.R., 1956, S. 509 f.

[695] UNTS, Bd. 27, S. 356 ff.

[696] I.L.R., 1956, S. 509 f.

[697] Tribunal Civil, Urteil in Sachen OVN ./. belgischen ehem. UNRRA Beamten, I.L.R., 1952, Case No. 109, S. 490 f.

OVN klagte als Rechtsnachfolger der UNRRA vor dem erwähnten belgischen Gericht auf Rückzahlung der zu Unrecht bezogenen Beträge. Der Beklagte wandte u. a. ein, daß beim Übergang der Forderung von dem ursprünglichen Gläubiger der UNRRA auf die OVN die Vorschriften des belgischen Code Civil über die Zession von Forderungen nicht eingehalten worden seien.

Demgegenüber führte das Gericht in seinen Entscheidungsgründen aus, daß die Nichtbeachtung der belgischen Zessionsvorschriften der Geltendmachung der Forderung nicht entgegensteht, da der Grundsatz locus regit actum anzuwenden sei und der Vertrag, mit dem die UNRRA ihr Vermögen auf die OVN übertrug, nicht in Belgien abgeschlossen wurde.

Die beiden angeführten Entscheidungen stehen nicht zueinander in Widerspruch. Die OVN führten die Liquidation des UNRRA-Vermögens zu Ende. Sie machten im Rahmen dieser Tätigkeit die Forderung der UNRRA auf Rückzahlung der ohne Rechtsgrund gezahlten Gehälter vor dem belgischen Gericht geltend.

Wenn der Supreme Court of New York ausführt, daß die OVN in keinem Fall Nachfolgerin der UNRRA sei, so ist dies nur bedingt richtig, denn mit den Aufgaben und Funktionen der Kinderwohlfahrt, die auf die OVN übergingen[698], wurde auch das mit diesen Funktionen in Zusammenhang stehende Aktivvermögen übertragen. Die Verbindlichkeiten wurden liquidiert[699].

6. Die Stellungnahme der Völkerrechtslehre

Die Völkerrechtsdoktrin geht grundsätzlich davon aus, daß zur Übertragung von Funktionen, Rechten und Pflichten von einer Organisation auf eine andere als Sukzessionstitel neben anderen ferner liegenden Möglichkeiten vor allem ein völkerrechtlicher Vertrag in Betracht kommt[700].

In diesem Zusammenhang ist auf die Frage der Übertragung durch sogenannte Parallelresolutionen einzugehen. Hahn führt bei der Darstellung der Nachfolgesachverhalte CITEJA/ICAO und IMO/WMO aus, daß die Übertragungen der Funktionen und der Vermögen

---

[698] S. oben S. 118 f.; UNTS Bd. 27, S. 349 ff.; Toynbee, a. a. O., S. 117 ff.; UNYB 1946/47, S. 162 ff.

[699] Toynbee, a. a. O., loc. cit.

[700] Hahn, a. a. O., S. 172 ff.; Dahm, a. a. O., Bd. 2, S. 120; Kiss, a. a. O., S. 490; O'Connell, a. a. O., Bd. 1, S. 458; Oppenheim/Lauterpacht, a. a. O., Bd. 1, S. 168; Scheuner, Die Funktionsnachfolge und das Problem der staatsrechtlichen Kontinuität, in Festschrift für Nawiasky, S. 46 ff.; Cansacchi, Istituzioni Di Diritto Internazionale Publico, S. 266 ff.; Jenks, Some Constitutional Problems of International Organizations, in BYIL 22 (1945), S. 69; Siorat, a. a. O., S. 287; Fitzmaurice, The Law and Procedure of the International Court of Justice, in BYIL Bd. 29 (1952), S. 8 ff.; Nettesheim, a. a. O., S. 92.

auf einseitigen korrespondierenden Resolutionen der beteiligten Organisationen und nicht auf Verträgen beruhten[701]. Bei näherer Betrachtung zeigt sich aber, daß es sich auch hier um Verträge handelt. Dabei sind drei Fälle zu unterscheiden:

i) Wenn die Mitglieder der übertragenden und übernehmenden Organisation identisch sind und die Resolutionen jeweils von der Konferenz der Staatenvertreter abgegeben werden, so liegt ein Vertrag zwischen den Mitgliedstaaten zugrunde, der auch auf konkludenter Handlung oder auf Stillschweigen beruhen kann[702]. Die Resolutionen sind nur deklaratorischer Natur; sie drücken das allgemeine Einigsein über die Übertragung aus. Diese Art des Vorgehens hat gegenüber der Fixierung eines Übertragungsabkommens den Vorzug, nicht einem zeitraubenden Ratifizierungsverfahren durch die Mitgliedstaaten unterworfen zu sein. Die Übertragung kann somit schneller vonstattengehen.

ii) Wenn die Vertragsteile der beteiligten Organisationen nicht identisch sind, so liegt in der zeitlich vorausgehenden Resolution die Offerte zum Abschluß des Übertragungsabkommens und in der korrespondierenden Resolution die Annahme der Offerte. In diesem Fall haben die Resolutionen konstitutiven Charakter.

iii) Entsprechendes gilt, wenn die Resolutionen nicht durch Regierungsvertreter, sondern durch weisungsunabhängige Organe der beteiligten Organisationen abgegeben werden.

7. Zusammenfassung

Die vorgenommene Analyse der internationalen Praxis und Rechtsprechung zeigt deutlich, daß in den Fällen der Substitution die Übertragung der Funktionen, Rechte und Pflichten auf Grund des Abschlusses von Verträgen vorgenommen wurde.

Im folgenden ist auf die weiteren Arten des Funktionsträgerwechsels, denen im zwischenstaatlichen Verkehr im Vergleich zur Substitution geringere Bedeutung zukommt, einzugehen.

II. Verschmelzung durch Aufnahme

1. Der Begriff

Im Fall einer Verschmelzung durch Aufnahme wird eine internationale Organisation in den Strukturbereich einer anderen Organisation

[701] Hahn, a. a. O., S. 176 ff. und S. 179 ff.

[702] Berber, a. a. O., Bd. 1, S. 413; McNair, Law of Treaties, 1. Aufl., S. 48. Die völkerrechtlichen Verträge bedürfen auch keiner Form, s. Seidl-Hohenveldern, Völkerrecht, S,. 41.

eingegliedert; letztere bleibt bestehen; die ihre Selbständigkeit aufgebende Organisation besteht im Rahmen der aufnehmenden Organisation, zumindest eine Zeit lang, als Unterorgan der Organisation weiter.

2. Die internationale Praxis

Ernährungs- und Landwirtschaftsorganisation der Vereinten Nationen

Das Internationale Landwirtschaftsinstitut wurde am 7. 6. 1905 gegründet[703]. Sein Sitz war Rom. Seine Aufgaben bestanden in der Verbreitung von Nachrichten, der Vorbereitung von internationalen Tagungen und der Sammlung und Auswertung von wissenschaftlichen Ergebnissen auf dem Agrarsektor[704].

Die Ernährungs- und Landwirtschaftsorganisation der Vereinten Nationen (FAO) begann am 16. 10. 1945 mit ihrer Tätigkeit[705]. Sie übernahm am 1. 8. 1946 das Institut in Rom, das ab 1947 als Regionalbüro der FAO für Europa tätig war[706].

Die Übernahme beruhte auf einer Resolution der FAO-Konferenz vom Oktober 1945, in der die Auflösung des Instituts und die Übernahme der Funktionen und des Vermögens empfohlen wurde[707], auf einem korrespondierenden Beschluß des Permanent Committee des Instituts und auf dem Auflösungsprotokoll vom 30. 4. 1946[708].

Am 28. 1. 1948 wurde das Institut von der FAO aufgelöst. Diese übernahm zu diesem Zeitpunkt das Vermögen des Instituts[709].

---

[703] Martens, N.R.G., 3. Série, Bd. 2, S. 238.

[704] Zollikofer, a. a. O., S. 21 ff.; Wicharz, a. a. O., S. 1; Vitta, La Cooperation Internationale En Matière D'Agriculture, in RdC 56 (1936 II), S. 326 ff.; Hobson, The International Institute of Agriculture, S. 1 ff.; Oppenheim/Lauterpacht definieren das Institut als eine internationale juristische Person, die aber nicht Träger von internationalen Rechten ist; a. a. O., Bd. 1, 7. Aufl., S. 777 Anm. 5, s. dort auch das Urteil des italienischen Kassationsgerichtshofs vom 26. 2. 1931 über die Rechtsnatur des Instituts. Mitglieder waren jedenfalls Staaten.

[705] UNYB 1946/47, S. 685; The Food and Agriculture Organization of the United Nations, in International Organization 1 (1947), S. 121; Parry, Food and Agriculture Organization of the United Nations, in BYIL 23 (1946), S. 412 ff.; Hambidge, The Story of FAO, S. 5 ff.; Weber, Ernährungs- und Landwirtschaftsorganisation der Vereinten Nationen, in WVR, Bd. 1, S. 435 ff.

[706] Wicharz, a. a. O., S. 1.

[707] Hahn, a. a. O., S. 187 f.; UNYB 1946/47, S. 687.

[708] Hahn, a. a. O., S. 187 ff.

[709] Wicharz, a. a. O., S. 1; Oppenheim/Lauterpacht, a. a. O., Bd. 1, S. 995; Food and Agriculture Organization of the United Nations, a. a. O., S. 122.

Weltgesundheitsorganisation

Die Pan American Sanitary Organization (PASO) wurde am 14. 11. 1924 gegründet[710]. Ihre Aufgabe bestand in der Ausarbeitung von Schutzmaßnahmen gegen die Einschleppung und Verbreitung von Krankheiten auf dem amerikanischen Kontinent[711].

Über die Gründung und die Aufgaben der Weltgesundheitsorganisation (WHO) wurde bereits oben berichtet[712].

Die PASO wurde nach der Errichtung der WHO in deren Organisationsbereich eingegliedert. Sie übernahm am 1. 7. 1949 die Aufgaben eines Regionalbüros der WHO für den amerikanischen Erdteil[713].

Der Eingliederungsvorgang beruhte hauptsächlich auf Art. 54 der WHO-Satzung, der von einer Zusammenfassung aller bestehenden zwischenstaatlichen Gesundheitsorganisationen durch die WHO handelt[714], und auf dem Agreement concerning the Integration of the Pan American Sanitary Organization with the World Health Organization vom 14. 5. 1959[715].

3. Ergebnis

In den Fällen, in denen eine Verschmelzung durch Aufnahme stattfand, beruhte diese jeweils auf einem Vertrag.

III. Verschmelzung durch Neubildung

1. Der Begriff

Die Verschmelzung durch Neubildung wird durch eine Vereinigung von zwei Organisationen vollzogen, die ihre Funktionen, Rechte und Pflichten auf die neu zu gründende Organisation übertragen.

2. Die internationale Praxis

Die Satzung der European and Mediterranean Plant Protection Organization trat am 18. 4. 1951 in Kraft[716]. Diese Organisation übernahm die Funktionen und das Vermögen von zwei anderen zwischenstaatlichen Institutionen, nämlich des International Colorado Committee und der European Working Party on Infestation Control[717].

---

[710] Peaslee, Bd. 2, S. 1668; Goodman, International Health Organizations and their Work, S. 245.

[711] Ders., a. a. O., loc. cit.

[712] S. oben S. 114.

[713] Peaslee, Bd. 2, S. 1880; Goodman, a. a. O., S. 249 mit Einzelheiten; Berkov, The World Health Organization, S. 43.

[714] UNYB 1946/47, S. 798.

[715] UNTS Bd. 32, S. 387 ff.

[716] Peaslee, Bd. 1, S. 390.

[717] Ders., a. a. O., loc. cit.

Die Verschmelzung beruht auf der Präambel und Art. 1 der Convention for the Establishment of the European and Mediterranean Plant Protection Organization, in denen die Übernahme festgelegt ist[718].

IV. Transfer

1. Der Begriff

Von Transfer kann man sprechen, wenn einzelne Funktionen einer Organisation auf eine andere Organisation übertragen werden und die übertragende Organisation dabei bestehen bleibt[719]. Es handelt sich also um eine Verringerung bzw. Erweiterung des Aufgaben- und Funktionsbereiches bei zwei bestehenden Organisationen; ein Funktionsträgerwechsel liegt somit nur im Hinblick auf die übertragenen Funktionen vor.

2. Die Internationale Praxis

Office International d'Hygiène Publique — Organisation der Vereinten Nationen für Unterstützung und Wiederaufbau

Da das Office International d'Hygiène Publique (OIHP) während des Zweiten Weltkrieges die ihm übertragenen Funktionen nicht ausüben konnte, wurde ein Teil dieser Funktionen zeitweilig auf die UNRRA übertragen[720]. Dies geschah durch den Abschluß der International Sanitary Convention vom 15. 12. 1944[721] und der International Sanitary Convention for Aerial Navigation vom 15. 12. 1944[722]. Die Funktionen sollten nach Ablauf der genannten Abkommen wieder an das OIHP zurückfallen, vorausgesetzt, daß das Institut in der Lage wäre, die Funktionen auszuüben[723]. Ein solcher Heimfall der Funktionen fand aber nicht statt, da inzwischen das OIHP durch die WHO abgelöst worden war. Die Funktionen wurden von der UNRRA auf die WHO übertragen[724].

---

[718] Peaslee, Bd. 1, S. 393; s. oben S. 105.

[719] Vgl. auch Hahn, a. a. O., S. 171.

[720] Hudson, International Legislation, Bd. 9, S. 236 f.; Hahn, a. a. O., S. 192.

[721] Hudson, a. a. O., S. 237 ff.

[722] Hudson, a. a. O., S. 255 ff.

[723] Es heißt in der Präambel der International Sanitary Convention, Abs. 2: „... will be able at the expiry of the present Convention to resume the above-mentioned duties and functions;“, Hudson, a. a. O., S. 238.

[724] S. oben S. 119; Hahn, a. a. O., S. 192.

Westeuropäische Union — Europarat

In den Jahren 1959/60 fand eine Teilübertragung von Funktionen zwischen der Westeuropäischen Union (WEU) und dem Europarat (ER) statt[725]. Der ER übernahm die kulturellen und sozialen Funktionen der WEU, weil er schon mit Kultur- und Sozialaufgaben betraut worden war[726] und die beteiligten Staaten eine Zusammenfassung dieser Sachgebiete in der Hand einer Organisation für wünschenswert hielten[727]. Die Übertragung beruhte rechtlich auf korrespondierenden Resolutionen des Ministerrats der WEU und des Minister-Komitees des ER sowie auf den Abkommen zwischen den beiden Organisationen[728].

V. Zusammenfassung und Ergebnis

Das Ergebnis der Untersuchung der vorstehend behandelten internationalen Praxis und Entscheidungen kann wie folgt zusammengefaßt werden:

Die internationale Praxis kennt vier Formen des Funktionsträgerwechsels, die Substitution, die Verschmelzung durch Aufnahme oder Neubildung und den Transfer. In den ersten drei Fällen wird die „alte“ Organisation entweder aufgehoben oder in den Strukturbereich der „neuen“ Organisation eingegliedert, beim Transfer werden nur einige Funktionen einer Organisation auf eine andere Organisation übertragen, die übertragende Organisation bleibt dabei bestehen.

Bei den meisten Nachfolgesachverhalten einigten sich die beteiligten Völkerrechtssubjekte über den Fortbestand der Funktionen, Rechte und Pflichten. Dabei wurden die Übertragungsabkommen ausdrücklich oder stillschweigend abgeschlossen.

Neben der Übertragung aller Funktionen, Rechte und Pflichten kennt die internationale Praxis auch Nachfolgesachverhalte, in denen nur einige Funktionen, Rechte und Pflichten übertragen wurden. In diesen Fällen wurde das Restvermögen in einem Liquidationsverfahren aufgelöst.

Die Funktionen, Rechte und Pflichten wurden entweder auf eine einzige Nachfolgeorganisation oder auf mehrere Organisationen übertragen.

---

[725] Council of Europe, European Co-operation in 1959, Report of the Secretary-General, 1960, S. 12 f.

[726] CORNIDES, Der Europarat als politischer Rahmen der europäischen kulturellen Zusammenarbeit, in EA 9 (1954), S. 6995 ff.

[727] WIEBRINGHAUS, A Propos Du Transfert De Compétences Entre Organisations Internationales, in AF 7 (1961), S. 538 f.

[728] Ders., a. a. O., S. 544 ff.; ROBERTSON, The Council of Europe, S. 107 f.

Fehlt ein völkerrechtliches Übertragungsabkommen, wie für die politischen Funktionen des VB, oder herrscht über den Inhalt einer vorhandenen Überleitungsnorm ein Meinungsstreit, wie im Fall der Ablösung des StIGH durch den IGH, so kommt es in Rechtsprechung und Schrifttum bei der Handhabung der gegensätzlichen Betrachtungsweisen zur Heranziehung jeweils ergänzender rechtlicher Gesichtspunkte, die als Maßstab zur Entscheidung dienen, ob die Kontinuität gewahrt ist oder nicht[729].

Solche Versuche zur Kontinuitätswahrung sind der Nachweis der Identität, die Annahme einer allgemeinen, objektiven, völkerrechtlichen Ordnung und der Gedanke der Funktionsnachfolge. Auf sie ist zum Abschluß einzugehen.

DRITTES KAPITEL

Der Fortbestand der Funktionen, Rechte und Pflichten bei Fehlen einer vertraglichen Übereinkunft

I. Einführung in die Problematik

Bei Fehlen einer vertraglichen Übernahmeregelung stellt sich die Frage, ob der Fortbestand der Funktionen, Rechte und Pflichten einer Organisation auf eine andere rechtliche Basis gestützt werden kann.

Ein solcher Versuch der Kontinuitätswahrung beruht auf der Annahme einer durch völkerrechtlichen multilateralen Vertrag verankerten Ordnung, etwa der Friedensordnung der OVN[730].

Weiterhin wurden zur Kontinuitätswahrung die Annahme einer „wesensmäßigen Identität“ von Vorgänger- und Nachfolgeorganisation und der Gedanke der automatischen Sukzession (automatic succession) durch Funktionsnachfolge herangezogen.

II. Der Fortbestand auf Grund der Annahme einer objektiven, völkerrechtlichen Ordnung

1. Die Stellungnahme des Internationalen Gerichtshofs

Wie erwähnt, übernahm die OVN die nichtpolitischen Funktionen des VB[731], die politischen Funktionen wurden nicht auf die OVN

---

[729] SCHEUNER, Die Funktionsnachfolge und das Problem der staatsrechtlichen Kontinuität, in Festschrift für NAWIASKY, S. 13.

[730] Ein anderes Beispiel wäre die auf internationalen Verträgen beruhende Ordnung der Wasserbenutzung, s. BERBER, Die Rechtsquellen des internationalen Wassernutzungsrechts, S. 13 ff.

[731] S. oben S. 107.

übergeleitet[732]. Zu den letzteren gehörte auch die Ausübung der Aufsicht über die Mandate[733].

Anläßlich des Streites über die Rechtsstellung von Südwest-Afrika versuchte der IGH in seinen Rechtsgutachten von 1950, 1955 und 1956, die Fortdauer des Mandats und der Aufsichtsfunktionen mangels vertraglicher Überleitung auf die OVN auf andere rechtliche Überlegungen zu stützen.

Der IGH begründete seinen Standpunkt, daß das Mandatsverhältnis weiterbestehe und die Aufsichtsbefugnisse des VB und der Mandatskommission nunmehr der OVN zustehen müssen, mit dem Hinweis auf eine allgemeine, von der großen Mehrheit der Völkerrechtssubjekte gestützte objektive Ordnung[734]. Der IGH führte dazu aus:

Die Verpflichtung der Südafrikanischen Union nach Art. 22 der VB-Satzung enthielt zwei Seiten:

Die erste bezog sich auf die Verwaltung des Mandats und hatte die Pflicht zum Inhalt, das Wohlergehen und die Entwicklung des Gebietes zu fördern. Der Gerichtshof erklärte zum Fortbestand dieser Rechte und Pflichten:

„Since their fulfilment did not depend on the existence of the League of Nations, they could not be brought to an end merely because this supervisory organ ceased to exist. Nor could the right of the population to have the Territory administered in accordance with these rules depend thereon“[735].

Diese Rechte und Pflichten konnten somit nicht mit dem VB erlöschen, denn:

„... These obligations represent the very essence of the sacred trust of civilization. Their *raison d'être* and original object remain“[736].

Die zweite Verpflichtung der Südafrikanischen Union nach Art. 22 der VB-Satzung bezog sich auf den VB und enthielt u. a. die Pflicht zur Berichterstattung. Diese Pflicht wurde zwar für den Fall einer Nichtunterstellung unter das Treuhandsystem nicht ausdrücklich auf die OVN übertragen, noch von der OVN festgesetzt. Doch auch sie erlosch nicht mit dem VB. Der Schutz der Mandatsbevölkerung erfordert ihren Fortbestand. Das Aufsichtsrecht der OVN folgt aus Art. 10 der OVN-Satzung und aus der Resolution des VB bezüglich des Schicksals der Mandate vom 18. 4. 1946, in der es heißt:

„... that the supervisory functions exercised by the League would be taken over by the United Nations“[737].

---

732 UNYB 1946/47, S. 110 f., 261 f.
733 S. Art. 22 der VB-Satzung, RGBl 1919, S. 739 f.
734 IGH 1950, S. 128 und 132; IGH 1955, S. 73 ff.; IGH 1956, S. 27 ff.
735 IGH 1950, S. 133.
736 IGH 1950, loc. cit.
737 AUFRICHT, a. a. O., S. 611.

Die Südafrikanische Union kann nach der Meinung des IGH den internationalen Status von Südwest-Afrika nicht einseitig ändern. Dies wurde schon durch Art. 7 des Mandatsabkommens untersagt[738]. Da aber der VB aufgelöst und das Gebiet dem Treuhandsystem der OVN nicht unterstellt wurde, ist ein gültiges Abänderungsverfahren nicht vorhanden. Die Ansicht des IGH geht deshalb dahin, die Bestimmungen des XII. Kapitels der OVN-Satzung über die Abänderung des Treuhandstatuts auf diesen Fall entsprechend anzuwenden[739].

Der IGH hat zwar nicht ausdrücklich erklärt, daß die dem VB auf Grund des Mandatsystems zustehenden Rechte und Pflichten auf die OVN übergegangen sind[740]. Nach seiner Auffassung bringt jedoch die Zurechnung zu einer objektiven völkerrechtlichen Ordnung eine Ablösung dieser Rechte und Pflichten von ihrer vertraglichen Grundlage mit sich.

Auch die Richter Alvares, H. Lauterpacht, McNair und Read nehmen in ihren Sondervoten zu den Rechtsgutachten einen Weiterbestand des Mandats an, da das Mandatssystem als objektive Ordnung nicht an die Existenz des VB gebunden ist[741].

2. Die Stellungnahme der Völkerrechtslehre

Die Ansicht, daß durch das Mandatsystem des VB eine objektive Ordnung errichtet worden sei, wird auch in der Völkerrechtslehre vertreten[742].

So führt Dahm im Hinblick auf die Fortdauer des Mandatstatuts von Südwest-Afrika aus, daß das Mandatsabkommen rechtlich als „Statusvertrag“ zu qualifizieren sei. Die Rechtsfolge der Objektivität dieses Abkommens beruhe nicht auf dem das Mandat begründenden

---

[738] League of Nations, Official Journal, Jan.—Febr. 1921, S. 89, oder AJIL 17 (1923) Suppl., S. 176.

[739] IGH 1950, S. 141 f.

[740] IGH 1950, S. 138 ff.; vgl. auch HAHN, a. a. O., S. 198, und Statement submitted by the Government of the Union of South Africa, in IGH, Pleadings, 1950, S. 75 ff.

[741] IGH 1950, S. 153 ff., S. 155 ff.; 166, 169; IGH 1955, S. 96 ff.; IGH 1956, S. 55 ff.; IGH 1950, S. 181 ff.

[742] Vgl. das Statement by M. INGLES in IGH, Pleadings, 1950, S. 263 ff.; HAHN, a. a. O., S. 196 ff.; KISS, a. a. O., S. 480 ff.; OPPENHEIM/LAUTERPACHT, a. a. O., Bd. 1, S. 468 f., und CANSACCHI, a. a. O., S. 266; zur rechtlichen Qualifizierung des Mandats s. DAHM, a. a. O., Bd. 1, S. 563; GUGGENHEIM, a. a. O., Bd. 1, S. 213; MENGES, Die Rechtsstellung von Südwest-Afrika nach dem Zweiten Weltkrieg, S. 51; OPPENHEIM/LAUTERPACHT, a. a. O., Bd. 1, S. 193; SCHWARZENBERGER, A Manual of International Law, Bd. 1, S. 56; SCELLE, Droit International Public, S. 164; ROUSSEAU, Droit International Public, 1953, S. 166.

Rechtsakt selbst, sondern auf der Haltung der Völkerrechtsgemeinschaft[743].

H. Lauterpacht erklärt zu derselben Frage:

„Thus, upon analysis, the doctrine of international status amounts to an affirmation of international legislation. For status implies an area of operation not limited to the original contracting parties or to contracting parties generally. Status operates *erga omnes*"[744].

McNair, Parry und Rousseau vertreten die Ansicht, daß die objektive Wirkung des Mandatsabkommens auf der Rechtsnatur dieses Vertrages beruhe[745]. Das Mandatsabkommen sei ein multilateraler Vertrag, bei dem öffentliche Interessen auf dem Spiele stehen[746].

Fitzmaurice ist der Meinung, daß die objektive Wirkung auf der Basis einer allgemeinen Pflicht der Staaten beruhe, gesetzmäßige internationale Akte anzuerkennen und zu respektieren, die zwischen anderen Völkerrechtssubjekten eingegangen wurden und die Rechte Dritter nicht beeinträchtigen[747].

Demgegenüber führen Hall und Kelsen aus, daß mit dem Erlöschen des VB auch das Mandatsabkommen beendet gewesen sei, da der VB und nicht seine Mitgliedstaaten gegenüber der Südafrikanischen Union Vertragspartner des Mandatsabkommens gewesen sei[748].

3. Zusammenfassung und eigene Stellungnahme

Zusammenfassend kann folgendes festgestellt werden:

a) zu Ablösung des VB

Der VB und die OVN sind nicht identisch. Ein Teil der Funktionen, des Vermögens, der Rechte und Pflichten des VB sind durch Vertrag auf die OVN übertragen worden. Die aus dem Mandatsabkommen resultierenden Rechte und Pflichten des VB sind nicht auf Grund vertraglicher Übereinkunft auf die OVN übergegangen[749].

b) zum Fortbestand der Funktionen, Rechte und Pflichten des VB

Ein Fortbestand derjenigen Funktionen, Rechte und Pflichten des VB, die nicht durch Vertrag auf die OVN übergegangen sind, kann

---

743 DAHM, a. a. O., Bd. 3, S. 173.

744 H. LAUTERPACHT, The Development of International Law, S. 182.

745 MCNAIR, a. a. O., S. 255; ders., Les Effets de la Guerre sur les Traités, in RdC 59 (1937), S. 537 ff.; PARRY, The Legal Nature of the Trusteeship Agreements, in BYIL 27 (1950), S. 164 ff.; ROUSSEAU, a. a. O., S. 43.

746 MCNAIR, Sondervotum zum Rechtsgutachten des IGH, IGH 1950, S. 153.

747 FITZMAURICE, The Law and Procedure of the International Court of Justice, in BYIL 27 (1950), S. 8 ff.

748 HALL, Mandates, Dependencies and Trusteeships, S. 273; KELSEN, The Law of the United Nations, S. 598.

749 Die OVN übt aber auf Grund des XI. Kapitels der OVN-Satzung eine gewisse Aufsicht über das Mandatsgebiet aus.

nicht durch die Annahme einer objektiven, völkerrechtlichen Ordnung begründet werden. Die durch die Mandatserrichtung entstandene Ordnung kann weder aus ihrem *Zweck* noch aus der *Rechtsnatur* des Mandatsabkommens als „objektiv" erklärt werden. Es ist Schwarzenberger zuzustimmen, wenn er in diesem Zusammenhang ausführt:

„Wether it (= the regime or institution) is 'objective' in relation to anybody but themselves (= the partys) (and thus manifestly subjective) is not a question which depends on the intention of the contracting parties, but on the attitude of the other subjects of international law. Recognition, consent, acquiescence and estoppel are the only means by which, in international law, relatives can be transformed into absolutes"[750].

Somit besteht im geltenden Völkerrecht keine Rechtsgrundlage, die eine zwischen bestimmten Völkerrechtssubjekten bestehende vertragliche Ordnung zu einer objektiven Ordnung umgestalten kann, ausgenommen die allgemeine Anerkennung. Wenn die heutige Staatengemeinschaft auch nicht mehr nur mit dem Begriff der Vielheit gleichberechtigter souveräner Staaten umschrieben werden kann, sondern durch die zunehmende Verflechtung eine Ordnung anderer Art bildet, so ist dennoch zu fragen, ob die OVN als Repräsentativorgang der internationalen Staatengemeinschaft befugt ist, das durch die Auflösung des VB entstandene „rechtliche Vakuum"[751] über die Grenzen vertraglicher Funktions- und Rechtsübertragung hinaus auszufüllen. Dies kann nur in denjenigen Formen der Rechtserzeugung geschehen, auf denen die gegenwärtige, historisch gewachsene Gestalt des Völkerrechts als Koordinationsrecht Gleichberechtigter beruht: auf Vertrag, Gewohnheitsrecht und allgemeinen Rechtsgrundsätzen[752]. Ein Rechtssatz über eine außervertragliche Nachfolge in die Funktionen, Rechte und Pflichten einer internationalen Organisation besteht aber bis heute ipso jure nicht[753].

---

[750] SCHWARZENBERGER, International Law, Bd. 1, S. 130.

[751] S. JULLY, a. a. O., S. 404.

[752] S. Art. 38 Abs. 1 c des Statuts des IGH; HUDSON, a. a. O., S. 522.

[753] O'CONNELL, International Law, Bd. 1, S. 458; SCHWARZENBERGER, A Manual of International Law, Bd. 1, S. 82, und Bd. 2, S. 458; sowie die Sondervoten der Richter MCNAIR, IGH 1950, S. 159; READ, IGH 1950, S. 171 f.; WINIARSKY, IGH 1956, S. 33; BUSTAMENTE, SV. zu den South West Africa Cases, IGH 1962, S. 364; WYK, SV. zu den South West Africa Cases, IGH 1962, S. 602 f.; CARNEIRO, SV. im Ambatielos Case, IGH 1952, S. 54; sowie das Statement Submitted by the Government of the Union of South Africa, IGH 1950, Pleadings, S. 75 ff.; und Statement by Dr. STEYN, a. a. O., S. 276 ff.; anderer Ansicht ist ALVAREZ in seinem SV. zum RGA des IGH von 1950, IGH 1950, S. 181 f.; vgl. auch die Darstellung der Fragestellung bei HAHN, a. a. O., S. 196 ff., und KISS, a. a. O., S. 480 ff., sowie LAUTERPACHT in seinem SV. zum RGA 1956, IGH 1956, S. 48, und KERNO, Statement,

Somit sind die Funktionen, Rechte und Pflichten des VB, die nicht durch Vertrag übertragen wurden, erloschen, da für sie ein Sukzessionstitel fehlt. Die im Rahmen des Treuhandsystems verankerten Aufsichtsfunktionen der OVN, sowie die für sie daraus entstehenden Rechte und Pflichten, sind zwar den aus der Mandatsordnung resultierenden Funktionen und Rechten des VB ähnlich, aber nicht mit ihnen identisch. Völkerrechtliche Geltungsgrundlage ist für die genannten Funktionen und Rechte der OVN die UN-Charta bzw. die auf dieser Satzung beruhenden Treuhandsabkommen, jedoch nicht ein mit dem VB abgeschlossener Übertragungsvertrag.

c) zum Fortbestand der Rechte und Pflichten der Südafrikanischen Union

Bei den Rechten und Pflichten der Südafrikanischen Union, die sich aus Art. 22 der VB-Satzung und aus dem Mandatsabkommen ergeben, ist zwischen den Rechten und Pflichten gegenüber dem VB und den Rechten und Pflichten gegenüber dem Mandatsgebiet zu unterscheiden. Die erste Gruppe ist mit der Auflösung des VB auf die OVN untergegangen. Die Rechte und Pflichten gegenüber dem Mandatsgebiet bestehen jedoch fort, aber nicht mit der Begründung des IGH, d. h. weil der „sacred trust of civilization" ihren Fortbestand erfordert, sondern auf Grund der Erklärung über ihren Fortbestand, die von der Südafrikanische Union anläßlich der Auflösung des VB abgegeben wurde sowie der Resolution Nr. 4 anläßlich der Auflösung des VB vom 18. 4. 1946, die Mandatsfrage betreffend[754]. Diese Erklärung und die Resolution bilden den Völkerrechtstitel für den Fortbestand der erwähnten Rechte und Pflichten und für einen Übergang der Aufsichtsfunktionen und -rechte des VB auf die OVN.

III. Der Fortbestand auf Grund der Annahme einer „wesensmäßigen Identität" von Vorgänger- und Nachfolgeorganisationen

1. Stellungnahme des Internationalen Gerichtshofs

Der Gedanke der „wesensmäßigen Identität" von Vorgänger- und Nachfolgeorganisation wurde im Zusammenhang mit dem Urteil des IGH im Flugzeugzwischenfall zwischen Israel und Bulgarien zur Kontinuitätswahrung herangezogen.

IGH 1950, Pleadings, S. 212, der einen Fortbestand der Mandatsfunktionen annimmt, weil VB und OVN Repräsentanten der allgemeinen Staatengemeinschaft seien. Vgl. im übrigen die Ausführungen zur Funktionsnachfolge, s. unten S. 145 ff.

[754] Erklärung der Südafrikanischen Union vom 9. 4. 1946, s. IGH 1950, S. 134 f.; AUFRICHT, a. a. O., S. 629 f.; s. auch UNYB 1946/47, S. 575.

Die Richter Lauterpacht, Koo und Spender erläuterten in ihrem gemeinsamen Sondervotum zu dem genannten Urteil, daß Art. 36 Abs. 5 des IGH-Statuts auch für die später hinzutretenden Staaten Geltung habe. Sie weisen u. a. zur Begründung auf die „Wesensmäßige Identität" der beiden Gerichtshöfe hin und führen aus:

„... there was general agreement as to the substantial identity of these two organs"[755].

2. Die Stellungnahme der Völkerrechtslehre

Zu demselben Ergebnis kommen Dahm und Shachor-Landau. Dahm bezeichnet mit diesem Begriff die weitgehende Ähnlichkeit der beiden Gerichtshöfe in ihrer Struktur und in ihrem Verfahren[756]. Nach ihm ist der IGH nur der Form nach ein neues Gericht, der Sache nach aber ein reformierter StIGH[757].

Ähnlich argumentiert Shachor-Landau, die, nachdem sie zuerst festgestellt hatte, daß keine rechtliche Kontinuität (no legal continuity strictu sensu) zwischen den beiden Gerichtshöfen besteht[758], in ihren folgenden Ausführungen erklärt:

„Inasmuch as both Courts are the result of the desire of all peace-loving nations to commonly maintain a judicial tribunal to adjudicate upon their disputes and in view of the fact that both Courts are subject to the same rules of substantive and adjective law, it is difficult to see that any real change of substratum attended the substitution of the one Court by the other"[759].

Die Autorin sieht die Frage der Weitergeltung der vor dem StIGH abgegebenen Erklärungen zur obligatorischen Gerichtsbarkeit in erster Linie als ein Interpretationsproblem der Art. 36 Abs. 5 IGH-Statut an und stellt zur Auslegung von multilateralen Konventionen fest:

„... the technique of historical interpretation and the use of preparatory work may have their proper place"[760].

---

[755] IGH 1959, S. 158.

[756] Dahm, a. a. O., Bd. 2, S. 474.

[757] S. oben S. 108 ff.

[758] Shachor-Landau, The Judgment of the International Court of Justice in the Aerial Incident Case, in Arch VR 8 (1959/60), S. 288; vgl. auch die abwägenden Stellungnahmen von Conac, L'Affaire Relative à L'Incident Aérien du 27 Juillet 1955, in RGDIP 64 (1960), S. 711 ff., und Shihata, The power of the International Court of Justice to determine its own jurisdiction, S. 154 ff.

[759] Dies., a. a. O., S. 289.

[760] Dies., a. a. O., S. 282; dabei übersieht die Autorin, daß die Auslegung eines Rechtssatzes logischerweise erst dann erfolgen kann, wenn die Anwendbarkeit dieses Rechtssatzes bejaht worden ist. Wie oben ausgeführt wurde, kann Art. 36 Abs. 5 IGH-Statut auf die bulgarische Erklärung nicht angewandt werden, s. S. 127.

3. Eigene Stellungnahme

Der Fortbestand der bulgarischen Erklärung zur obligatorischen Gerichtsbarkeit kann nicht auf den Nachweis der „wesensmäßigen Identität" der beiden Gerichtshöfe gestützt werden, sondern nur auf die im Völkerrecht gültigen Formen der Rechtserzeugung: Vertrag, Gewohnheitsrecht und allgemeine Rechtsgrundsätze[761].

Dem Nachweis der „wesensmäßigen Identität" liegt eine, auf dem Gebiet der Staatensukzession geübte, vergleichende Betrachtungsweise zugrunde, die sich an den Wesensmerkmalen der Staaten ausrichtet und die durch die abwägende Feststellung des Fortbestandes dieser Elemente eine gültige Aussage über die Kontinuität des Rechtsträgers zu erlangen hofft. Wie oben ausgeführt, entfällt bei den internationalen Organisationen ein solches Vorgehen, denn die Frage nach dem Fortbestand der Organisation als zwischenstaatliche partikularrechtliche Ordnung beantwortet sich nach den allgemeinen völkerrechtlichen Regeln der Vertragsbeendigung[762].

IV. Der Fortbestand auf Grund von Funktionsnachfolge

1. Der Begriff der Funktionsnachfolge

In der neueren deutschen Völkerrechtsliteratur ziehen Dahm und Scheuner zur Wahrung der Kontinuität von Rechten und Pflichten im Falle der Nachfolge bei internationalen Organisationen den im Bereich des nationalen Rechts entwickelten Begriff der Funktionsnachfolge heran[763].

a) Definition der Funktionsnachfolge

Unter Funktionsnachfolge versteht man die rechtliche Verknüpfung zwischen einem bestimmten Aufgabenbereich einerseits und bestimmten Rechten und Verbindlichkeiten andererseits in der Weise, daß bei Übergang dieses Aufgabenbereichs von einer Rechtsperson auf eine andere Rechtsperson dieser neue Aufgabenträger auch ipso iure in die Rechte und Verbindlichkeiten des Vorgängers eintritt[764].

Der Funktionachfolge liegt das Problem der Kontinuität von Rechtsbeziehungen trotz Fortfalls oder organisatorischer Umwandlung ihrer Träger zugrunde. Sie entwickelte sich vor allem in der

---

[761] Jenks, The Proper Law of International Organisations, S. 258.

[762] S. oben S. 27 und S. 35.

[763] In beiden Fällen geschah dies im Zusammenhang mit dem RGA des IGH über den internationalen Status von Südwest-Afrika vom 11. 7. 1950, s. Dahm, a. a. O., Bd. 2, S. 120 f., doch einschränkend S. 121, und Scheuner, Die Funktionsnachfolge und das Problem der staatsrechtlichen Kontinuität, in Festschrift für Nawiasky, S. 46 ff.

[764] Diese Darstellung folgt Steinbömer, Die Funktionsnachfolge, S. 1 ff.

Praxis zur Begründung des Überganges von Verbindlichkeiten bei Trägern von öffentlichen Aufgaben, die durch den Niedergang und Wiederaufbau Deutschlands aufgelöst oder umgestaltet worden waren.

Ein Vermögensübergang wird bei der Funktionsnachfolge nicht vorausgesetzt; auch die bloße Aufgabenfortbildung begründet schon die Haftung[765]. Die Schulden folgen hier nicht dem Vermögen, sondern den öffentlichen Aufgaben, zu deren Erfüllung ihre Aufnahme gedient hatte, d. h. die Begleichung dieser Schulden ist Sache der Organisation, welche die Aufgaben erledigt oder fortführt. Die wesentliche Voraussetzung ist die Ausübung der gleichen oder überwiegend gleichen Funktionen[766].

b) Die rechtsdogmatische Begründung

Die rechtsdogmatische Begründung Steinbömers erhellt das eigentliche Wesen der Funktionsnachfolge. Die wichtigsten Gesichtspunkte der Begründung sind:

i) Begründung aus dem Rechts- und Sozialstaatsgedanken

Auf dem Rechtsstaatsgedanken beruht der Vertrauensschutz auf die mit der fortbestehenden Funktion der Behörde verbundenen notwendigen Garantien[767]. Dasselbe gilt für das Vertrauen in die Kontinuität der Verwaltung. Aus dem Sozialstaatsgedanken läßt sich die unveränderte Fortsetzung früherer Rechtsverhältnisse durch die Abhängigkeit des einzelnen vom Staat ableiten. Da die eigenen Daseinsreserven schwinden, fordert dies das natürliche Sekuritätsbedürfnis.

ii) Begründung durch die Lehre der Verbandsnachfolge

Der Gedanke der sozialen Hinterlassenschaft (Verlassenschaft) und die Theorie der realen Verbandspersönlichkeit, die von Otto von Gierke entwickelt wurden[768], und die in einigen Bestimmungen des

---

[765] Däubler, Funktionsnachfolge, ein neuer Rechtsbegriff in NJW 1954, S. 25 ff.; Reinhardt, Identität und Rechtsnachfolge, in NJW 1952, S. 441 ff.; vgl. auch Enneccerus/Nipperdey, Allgemeiner Teil des Bürgerlichen Rechts, 1. Band, 2. Halbband, 15. Aufl., S. 879 f.; sowie die kritische Stellungnahme von Féaux De La Croix, Die Problematik der Reichsverbindlichkeiten, S. 10 f.

[766] Dieser Gedanke ist verankert in § 82 Gesetz zu Art. 131 GG, BGBl 1953, I, S. 1307.

[767] Art. 20 und 34 GG; BGHZ 8/169 ff.; Lahr, Die Funktions- und Betriebsnachfolge, eine Abgrenzung, Diss. Köln, S. 3 ff.; Coing, Zur Abwicklung der Reichsschulden, in NJW 1954, S. 819; BGHZ 8/169; s. auch die Ausführungen von Kern, Die Rechtsstellung des Europäischen Beamten, S. 50 ff.; vgl. dazu die Ausführungen von Forsthoff, Verwaltungsrecht, Bd. 1, 7. Aufl., § 16, S. 279 ff., der den Gedanken einer allgemeinen Garantie- und Risikoübernahme des Staates herausstellt.

deutschen Zivilrechts verankert sind[769], kennen eine eigenständige Daseinsberechtigung von Funktionen in Unabhängigkeit von der relativen Existenz ihrer Träger. Diese Funktionen müssen solchen sozialen Zwecken des Gemeinschaftslebens dienen, die in den öffentlichen Bereich des Staatsgefüges fallen und von gesellschaftserhaltender Struktur sind.

Die Funktionsnachfolge beruht also letztlich auf dem Gedanken, daß bei der fortgeschrittenen Aufgabenteilung des modernen Staates und der daraus resultierenden Abhängigkeit des einzelnen in allen Lebensbereichen von der Personenfürsorge des Staates gewissen sozialen Funktionen eine eigenständige Daseinsberechtigung zukommt. Der einzelne kann auf Grund des Rechtsstaatsgedankens auf die Kontinuität der Rechte und Pflichten vertrauen, die mit der Funktionsausübung verbunden sind. Daraus folgt für die Lehre von der Funktionsnachfolge, daß es sich um Gesamtnachfolgetatbestände handelt und daß die Rechtsform von Vorgänger und Nachfolger nicht unbedingt gleich sein muß. Der Rechtsvorgänger muß als Rechtssubjekt untergegangen oder handlungsunfähig geworden sein. Der Nachfolger muß in den früheren sozialen Aufgabenbereich des Vorgängers eingetreten sein.

2. Die Anwendbarkeit der Funktionsnachfolge im Völkerrecht bei den internationalen Organisationen

Ganz abgesehen von dem Problem, ob ein Begriff einer nationalen Rechtsordnung in das Völkerrecht transponiert werden kann und wenn ja, unter welchen Voraussetzungen dies zu geschehen hätte[770], ergibt sich schon aus Sinn und Zweck des Begriffes seine Unanwendbarkeit auf die völkerrechtliche Kontinuitätsprobleme bei den internationalen Organisationen. In seiner gegenwärtigen historischen Gestalt ist das Völkerrecht Koordinationsrecht von Völkerrechtssubjekten, die in der Mehrzahl aus unabhängigen souveränen Staaten bestehen[771]. Der Über- und Unterordnungscharakter, der dem öffent-

[768] Gierke, Die Genossenschaftstheorie und die deutsche Rechtsprechung, 1887; Vereine ohne Rechtsfähigkeit, 1902; Das Wesen der menschlichen Verbände, Neudruck 1954.

[769] §§ 45 Abs. 3, 46 und 47 BGB, besonders § 46 Satz 2 BGB, auch der Gedanke, daß die Eintragung eines Vereins an dem Organisationskörper nichts ändert, sondern nur eine Abstufung der rechtlichen Verselbständigung bedeutet.

[770] Guggenheim, Landesrechtliche Begriffe im Völkerrecht, vor allem im Bereich der internationalen Organisation, in Festschrift für Wehberg, S. 133 ff.; Scheuner, L'influence du droit interne sur la formation du droit international, in RdC 68 (1939 II), S. 99 ff.; Rueggeer, Privatrechtliche Begriffe im Völkerrecht, in Niemeyer 28 (1920), S. 426 ff.

lichen nationalen Recht eigen ist, ist dem Völkerrecht bis auf wenige Ausnahmen unbekannt[772]. Daher kommen dort die tragenden Gesichtspunkte, auf denen die Funktionsnachfolge aufbaut, nicht zur Anwendung.

Die zunehmende zwischenstaatliche Verflechtung politischer und wirtschaftlicher Art kann nicht mit der ausgebildeten Aufgabenteilung der Staaten verglichen werden. Auch ein Rechtsschutz aus dem Gedanken der Abhängigkeit entfällt. Der Begriff der Funktionsnachfolge ist somit auf das Völkerrecht nicht übertragbar. Er ist seinem eigentlichen Inhalt nach für rechtliche und soziale Verhältnisse geschaffen, die im Völkerrecht nicht in Erscheinung treten[773]. Dieses Ergebnis deutet auch Dahm an, wenn er ausführt:

„Namentlich auch der im deutschen Rechtskreis entwickelte Gedanke der Funktionsnachfolge läßt sich auf das internationale Rechtsleben wohl nicht ohne weiteres übertragen. Im innerstaatlichen Rechtskreis ist die Erfüllung gewisser Funktionen nicht zu entbehren, ist daher die Erwartung begründet, daß sie von dem einen oder anderen Organ des Staates erfüllt werden können. Dann hat nachdem Erlöschen des bisherigen Funktionsträgers der Rechtsnachfolger möglicherweise in die Lücke zu treten. Aber dieser Gedanke setzt das Bestehen einer verhältnismäßig geschlossenen Rechtsordnung, eine gewisse Vollständigkeit des Funktionsmechanismus voraus. In der noch unentwickelten internationalen Rechtsordnung fehlt es daran, und auch die internationale Praxis hat allgemeine Regeln dieser Art bisher nicht entwickelt“[774].

3. Ergebnis

Der Begriff der Funktionsnachfolge ist im Völkerrecht nicht anwendbar, weil er für rechtliche und soziale Verhältnisse geschaffen wurde, die im Völkerrecht nicht auftreten.

---

[771] S. oben S. 13 ff.

[772] Berber, a. a. O., Bd. 1, S. 147 ff. mit Beispielen.

[773] Scheuner, Die Funktionsnachfolge und das Problem der staatsrechtlichen Kontinuität, in Festschrift für Nawiasky, S. 48.

[774] Dahm, a. a. O., Bd. 2, S. 120 f.; s. auch Wengler, a. a. O., Bd. 2, S. 1305; Hahn, a. a. O., S. 199, Anm. 170, führt im Zusammenhang mit der Erörterung der RGA des IGH über den Status von Südwest-Afrika aus, daß in gewissem Umfang „... the concept of Funktionsnachfolge ... finds expression in the law of international organizations“; zur Stellungnahme s. oben S. 141 ff.; vgl. auch Imbert, Le Régime Juridique Actuel Du Danube, in RGDIP 55 (1951), S. 90 f., der den Fortbestand der Rechte und Pflichten auch im Völkerrecht an die Funktionsausübung knüpfen will.

Zusammenfassung

Die Ergebnisse der Arbeit können wie folgt zusammengefaßt werden:

Bei den internationalen Organisationen setzt sich der Begriff der Kontinuität mit der Frage nach dem Fortbestand desjenigen internationalen Normenkomplexes auseinander, der sich als partikularrechtliche, auf dem Grundsatz der Nebenordnung der Staaten aufgebaute und mit eigenen Organen ausgestattete Rechtsgemeinschaft in der Sphäre des Völkerrechts zwischen den Einzelstaat und die durch das allgemeine Völkerrecht gebildete Rechtsgemeinschaft schiebt.

Die Frage nach der Kontinuität einer solchen partikularrechtlichen Ordnung kann nur durch Rückgang zu dem Erzeugungstatbestand dieses Normenkomplexes beantwortet werden. Die Staaten sind die Rechtserzeuger der zwischenstaatlichen Ordnungen, das von ihnen gesetzte Recht ist Grundlage jeder Staatenverbindung. Für ihren Fortbestand ist somit der Wille der Staaten relevant, auf Grund ihrer Rechtssetzungsbefugnis eine zwischenstaatliche Ordnung zu schaffen oder aufzulösen. Die Staaten bleiben Herren über das von ihnen gesetzte Recht. Diese Regel gilt auch für die sogenannten supranationalen Organisationen.

Die Staaten sichern den Fortbestand der Organisationen durch die einzelnen Formen der Satzungsbestätigung, durch Maßnahmen, die den Fortbestand während eines Krieges oder anderer Störungen sicherstellen, durch Änderung der Satzung und durch Kontinuitätsregelungen im Fall der Auflösung und Neuerrichtung von Organisationen.

Im einzelnen gilt folgendes:

Es wurde keine Organisation aus Gründen des bloßen Zeitablaufs aufgelöst.

In keinem Fall wurde eine Organisation durch Krieg aufgelöst. Diejenigen Bestimmungen der Satzung, die sich mit den Beziehungen zwischen den untereinander kriegführenden Mitgliedern auseinandersetzen, werden für die Dauer des Krieges suspendiert.

Die Satzungsänderung tastet den Bestand der Organisation als zwischenstaatliche Ordnung nicht an, sie kann aber auf den Fortbestand der Funktionen, auf die Beschlüsse und Empfehlungen der Organe, und auf die Mitgliedschaftsrechte und -pflichten der durch Mehrheitsbeschluß überstimmten oder an der Satzungsänderung nicht beteiligten Mitgliedstaaten einwirken. Es läßt sich aber beim gegenwärtigen Stand des Völkerrechts kein Rechtssatz erkennen, der besagt, daß im Rahmen eines Revisionsverfahrens ein Mitgliedstaat ohne seine, im voraus ad hoc gegebene, ausdrückliche oder stillschweigende Zustimmung an die veränderte Satzung gebunden werden kann.

Es gibt im gegenwärtigen Völkerrecht, weder im universalen Völkerrecht noch im Recht der Regionalorganisationen, einen Rechtssatz des Inhalts, daß bei der Auflösung einer internationalen Organisation ihre Funktionen, Rechte und Pflichten ipso facto auf eine andere Organisation übergehen. Es bedarf in jedem Fall zur Übertragung eines vertraglichen Sukzessionstitels. Die Übertragung von Rechten und Pflichten der Mitgliedstaaten kann mur mit deren ausdrücklicher Zustimmung erfolgen. Es besteht im geltenden Völkerrecht keine Rechtsgrundlage, die eine zwischen bestimmten Völkerrechtssubjekten bestehende vertragliche Ordnung zu einer objektiven Ordnung umgestalten kann, ausgenommen die allgemeine Anerkennung.

FSC
www.fsc.org
MIX
Papier | Fördert gute Waldnutzung
FSC® C083411

Kolibri 360 GmbH
Ferdinand-Jühlke-Straße 7
99095 Erfurt, Deutschland
produktsicherheit@kolibri360.de